福祉用具専門相談員更新研修(ふくせん認定)テキスト

監修 ▶ 一般社団法人全国福祉用具専門相談員協会
一般社団法人シルバーサービス振興会

中央法規

はじめに

　2000（平成12）年4月から始まった介護保険制度で、福祉用具専門相談員という専門職が新しく位置づけられました。具体的には、「福祉用具貸与」「介護予防福祉用具貸与」「特定福祉用具販売」および「特定介護予防福祉用具販売」の四つのサービスにおいて、利用者の福祉用具の選定にあたり必要な専門知識を有する者として、福祉用具専門相談員が位置づけられました。これら四つのサービスを実施する事業所では、福祉用具専門相談員を2名以上配置することが義務づけられました。現状では、福祉用具貸与・販売事業所の数は、全国で約6400か所まで増加し、福祉用具専門相談員の数も2万7000人を超えるまでに発展してきました。

　福祉用具専門相談員になるために、都道府県知事の指定を受けた研修事業者が実施する福祉用具専門相談員指定講習を受講し、40時間のカリキュラムを修了することからスタートしました。その後、福祉用具サービス計画の作成が義務づけられ、福祉用具専門相談員は利用者に福祉用具を選定する際に、利用者やその環境についてのアセスメントを行い、最適な福祉用具の選定過程を明文化することになり、従来の40時間から50時間へと研修時間が増加し、さらに、研修においては学習内容の習得度を確認するための修了評価の仕組みが設けられました。このようにして、福祉用具専門相談員は専門職としての地位を着実にあげてきました。

　さらに、2013（平成25）年12月20日の第54回社会保障審議会介護保険部会で、さらなる専門性向上等の観点から、福祉用具貸与事業所の人員基準2名のうち、1名の福祉用具専門相談員について、「より専門的知識及び経験を有する者の配置を促進」することが提案されました。しかしながら、2018（平成30）年度の福祉用具に関連する改正には含まれませんでした。そのため、積み残された課題となっています。

　こうした動向を受け、一般社団法人全国福祉用具専門相談員協会では、2015（平成27）年度の厚生労働省・老人保健健康増進等事業を受けて、「専門的知識、経験を有する福祉用具専門相談員の配置に向けた研修カリキュラム等に関する調査研究事業」を実施してきました。その結果をもとに、「福祉用具専門相談員更新研修（ふくせん認定）」を全国で取り組み、先取りをし、福祉用具専門相談員制度全体のレベルアップを推進していくこととなりました。それは、福祉用具選定等の実務経験3年程度を有する者を対象にして、3年に1度の更新として、20時間研修を行うものです。

　本書『福祉用具専門相談員更新研修（ふくせん認定）テキスト』は、文字

どおり、全国福祉用具専門相談員協会が進める20時間の福祉用具専門相談員の更新研修テキストとして作成されたものです。当然、本テキストは、2015（平成27）年度に実施した厚生労働省・老人保健健康増進等事業である「専門的知識、経験を有する福祉用具専門相談員の配置に向けた研修カリキュラム等に関する調査研究事業」の結果をもとに作成されたものです。

　この研修事業は、国が「より専門的知識及び経験を有する者」の研修を制度化していくための牽引的な役割を意識してのものです。このような福祉用具専門相談員のレベルアップはほかの専門職もたどってきた過程であり、専門職としてのキャリアパスを確立していくことにほかなりません。

　現在、福祉用具専門相談員のスキルアップが求められる社会的背景があります。第一に、日本だけでなく先進諸国では、家族内でも労働力としても、介護人材が不足しており、この介護人材を補うハード面とソフト面での整備が最大のテーマになっています。その意味では、福祉用具は介護を補う有力な方法であり、福祉用具専門相談員が利用者に最適な福祉用具の選定とその活用を支援することができれば、極めて注目される専門職になることができます。第二は、福祉用具専門相談員は日本にしかない資格であり、その専門性が高まれば、世界に発信することで、日本だけでなく世界の高齢化社会に貢献できる専門職になる可能性を秘めていることです。第三は、介護を補うには福祉用具に加えて介護ロボットの開発も進められており、現状では十分な開発はなされていませんが、将来介護ロボットが活用できる時代を迎えたときに、こうしたロボットの操作を支援することに最も近い位置にいるのが福祉用具専門相談員であります。その意味でも、福祉用具専門相談員への期待は大きいです。

　以上のように、福祉用具専門相談員に求められる社会からの期待が大きいなかで、一人でも多くの福祉用具専門相談員に、本テキストを活用して「福祉用具専門相談員更新研修（ふくせん認定）」を受講していただきたいと願っています。

平成30年11月吉日
編集委員代表　白澤政和

更新研修の目的と意義

1 更新研修ができた背景

　団塊の世代が後期高齢者となる2025年に向けて、介護人材の確保とともに、自立支援、介護負担の軽減に資する福祉用具や、実用化が進められている介護ロボットの積極的な活用が期待されています。そして、これらを適切なサービスとして提供するためには、個々の福祉用具利用者の心身の状態はもとより、住まい方、生活目標、さらに機器を用いた生活に対する心理的抵抗への配慮などにも考慮した対応が望まれます。また、医療との連携においてもこれまで以上に多くの情報共有の必要性が高まり、多職種間の連携が重要となります。こうした状況に対応していくためには、福祉用具専門相談員のさらなる専門性の向上が課題となっています。

　国は、2015（平成27）年4月に①福祉用具専門相談員指定講習のカリキュラム等の見直し、②福祉用具専門相談員の資格要件の厳格化（国家資格保有者と、指定講習修了者に限定）、③福祉用具専門相談員の「自己研鑽努力義務」の運営基準への明文化を行いました。これら一連の見直しは、福祉用具専門相談員の質的向上の必要性に対応した制度設計の一環です。

　そして、2013（平成25）年12月の社会保障審議会介護保険部会の意見書では、さらなる専門性向上等の観点から、福祉用具貸与事業所の人員基準の2名のうち、1名の福祉用具専門相談員について、「より専門的知識及び経験を有する者の配置を促進」することへの検討を求めていました。一方、「一般社団法人全国福祉用具専門相談員協会（ふくせん）」では福祉用具専門相談員の職能団体として、日本の社会保障制度の維持・発展に貢献すべき新たな研修体系を検討しました。

2 更新研修の目的

　超高齢社会が急速に進むなか、高齢者の自立支援や介護者の介護負担軽減を図るため、福祉用具の効果的活用が求められています。そのためには、今後の法令改正や新製品情報等を理解し、利用者に福祉用具を適正に提供する体制が求められています。この体制を実現するには、更新研修体制を実現させ、新たな知識を研修する機会を提供し、より質の高い福祉用具専門相談員の適正な配置を行う方策の検討が必要です。

　そこで、ふくせんでは前述の介護保険部会の意見で示された「より専門的知識及び経験を有する者」の配置に向けて、適切な養成方法のあり方について具現化することを意図して、2015（平成27）年度、2016（平成28）年度の老人保健健康増進等事業により、研修カリキュラムの内容や経験年数等の受講要件、研修の運用方法、指導要領等、具体的な仕組みを検討し、モデル研修を実施しました。

　そして、このモデル研修を「福祉用具専門相談員更新研修（ふくせん認定）」として発展させ、3年に1度の更新制度を導入することにより、福祉用具専門相談員の新たな研修体系として、また協会独自の自主事業として全国各地で研修会を実施することとしました。

3 更新研修の位置づけ

(1) キャリアパスにおける研修の位置づけとねらい

図1に示した「基本的な知識・能力」を有する者を指定講習修了者レベルとし、更新研修は中段の「専門性の高い知識・能力」を有する者の養成カリキュラムを構築しました。

「指導」や「スーパービジョン」の視点は、上段「今後さらに期待される知識・能力」で求められるため、今回の養成研修カリキュラムの視点には含まないこととしました。

現状の福祉用具専門相談員の養成プロセスを考慮し、厳密なハードルを設けてより高い専門性を確立することやそれを認定することを目的とするのではなく、指定講習の次のステップの研修として、より多くの福祉用具専門相談員が受講し、業界全体の質の底上げを図ることを目指した位置づけとしました。ただし、地域包括ケアシステムにおいて多職種との連携のなかで専門性を発揮していくためには、福祉用具にかかわる領域において高い専門性の確立を目指すことが重要

図1 福祉用具専門相談員に求められる知識・能力

	知識	能力
今後さらに期待される知識・能力	・高齢者の心身の機能や変化の特徴に関する経験に基づいた幅広く具体的な知識 ・高齢者の日常生活の基本動作、個別性、生活リズム等についての経験に基づく具体的な知識 ・リハビリテーションの考え方や福祉用具との関係に関する知識 ・高齢者に多い疾患・疾病とその症状・進行に関する知識 ・チームケアに関する知識	・専門性や経験に基づく積極的な選定・提案、アドバイスの提供（状況を読んだプラスアルファの提案、先を見越した提案、複数の選択肢、自立に向けたアドバイスなど） ・利用者の気持ちを汲み取ろうとする姿勢や制度等に関する相手にあわせたわかりやすく丁寧な説明など ・チームの一員としての主体的な参加（担当者会議出席、発言、熱意、一緒に取り組む姿勢） ・福祉用具に関わる事故の防止に努め、問題発生時に迅速・適切な対応を行う能力 ・福祉用具の選定理由、想定される効果やできること、生活のイメージを利用者・家族やケアチームに対してわかりやすく説明する能力 ・適切に福祉用具の調整・メンテナンスを行う能力 ・チームの他職種の要望に対応したサービス提供 ・事業所や地域内で、経験の浅い福祉用具専門相談員に対する育成・指導、業務におけるスーパービジョンを行う能力
専門性の高い知識・能力	・介護保険サービスに関する最新かつ正確な知識 ・多様な福祉用具に関する知識 ・新製品に関する詳細な知識 ・機種別の構造、機能の違い、適用に関する知識 ・住環境と福祉用具の関連に関する経験に基づく具体的な知識 ・接遇・コミュニケーションに関する豊富な知識 ・認知症の症状や特徴を踏まえた関わり方に関する知識	・福祉用具に関する情報提供・生活全般についての相談対応能力 ・的確なアセスメント（利用者・環境の評価）能力 ・利用者や環境の状況に応じた適切な用具選定能力 ・搬入・設置・搬出のきめこまかい調整能力 ・利用者や環境の状況に応じた利用指導・適合調整能力 ・状況変化をとらえるフォロー・モニタリング能力 ・状況に応じた利用者・家族とのコミュニケーション能力 ・サービス担当者会議での発言・説明・提案能力 ・ケアマネジャーと円滑に連携する能力
基本的な知識・能力	・介護保険制度の基本的な知識 ・福祉用具サービスに関する基本的な知識 ・福祉用具の種類・機構・特性等に関する基本的な知識 ・サービス提供の基本的な手順 ・住環境と住宅改修に関する基本的な知識	・（基本的な）用具選定能力 ・（基本的な）搬入・設置・搬出の能力 ・（基本的な）利用指導・適合調整の能力 ・（基本的な）フォロー・モニタリング能力 ・（基本的な）利用者・家族とのコミュニケーション能力

資料：平成26年度老人保健事業推進費等補助金事業「専門的知識を有する福祉用具専門相談員の養成に向けた研修内容に関する調査研究事業」より抜粋。

です。こうした高度な専門性の獲得は、さらに次のステップで目指すことが望まれます。

(2) 更新研修のカリキュラム

　モデル研修結果を踏まえ、単元ごとの内容や時間配分について再検討し、より研修の目的に合致したカリキュラム構成を提示しました。

　日程、プログラム配分について、連日開催、隔日開催ともに、受講可能であること、受講生の都合によって選択可能とすることが必要です。全国の貸与事業所からのこの研修の参加可能性を高めるため、3日間、20時間研修としてカリキュラムを構成しました。

図2　指定講習と更新研修の関係

指定講習（50時間）

科目名	時間	区分
福祉用具と福祉用具専門相談員の役割（2時間）		
福祉用具の役割	1時間	講義
福祉用具専門相談員の役割と職業倫理	1時間	講義
介護保険制度等に関する基礎知識（4時間）		
介護保険制度等の考え方と仕組み	2時間	講義
介護サービスにおける視点	2時間	講義
高齢者と介護・医療に関する基礎知識（16時間）		
からだとこころの理解	6時間	講義
リハビリテーション	2時間	講義
高齢者の日常生活の理解	2時間	講義
介護技術	4時間	講義
住環境と住宅改修	2時間	講義
個別の福祉用具に関する知識・技術（16時間）		
福祉用具の特徴	8時間	講義
福祉用具の活用	8時間	演習
福祉用具に係るサービスの仕組みと利用の支援に関する知識（7時間）		
福祉用具の供給の仕組み	2時間	講義
福祉用具貸与計画等の意義と活用	5時間	講義
福祉用具の利用の支援に関する総合演習（5時間）		
福祉用具による支援の手順と福祉用具貸与計画等の作成	5時間	演習

更新研修（20時間）

科目名	時間	区分
福祉用具と福祉用具専門相談員の役割（30分）		
福祉用具と福祉用具専門相談員の役割	30分	講義
介護保険制度の最近の動向（50分）		
介護保険制度の最近の動向	50分	講義
高齢者の医療・介護に関する知識（3時間10分）		
こころとからだのしくみの理解　障害の理解　発達と老化の理解	50分	講義
認知症の理解	40分	講義
コミュニケーションに関する技術	50分	講義
介護技術と福祉用具	50分	講義
福祉用具および住宅改修に関する知識・技術（3時間）		
住環境と住宅改修	90分	講義
福祉用具の特徴と活用	60分	講義
最近の福祉用具の動向・活用	30分	講義
業務プロセスに関する知識・技術（7時間30分）		
福祉用具貸与計画書等の作成	150分	講義演習
ケアチームにおける福祉用具専門相談員の役割	150分	講義演習
業務プロセスに関するスキルの向上	150分	講義演習
総合演習（5時間）		
総合演習	5時間	演習

表1　更新研修カリキュラム

		大項目	小項目	内容等	形式	時間
1日目	0	オリエンテーション		本研修の目的と意義 ※20時間には含まれない	講義	(10分)
	1	福祉用具と福祉用具専門相談員の役割		専門的知識・経験を有する福祉用具専門相談員に求められる役割 福祉用具の定義と種類、役割 介護保険制度における福祉用具専門相談員の位置づけと役割の確認 福祉用具専門相談員の仕事内容の確認	講義	30分

v

				職業倫理		
	2	介護保険制度の最近の動向		介護保険制度の仕組みと動向 地域包括ケアの考え方と福祉用具専門相談員のかかわり	講義	50分
	3	高齢者の医療・介護に関する知識	こころとからだのしくみの理解 障害の理解 発達と老化の理解	（こころとからだのしくみ）（応用編） 発達・老化、障害等のかかわり方に関する知識 加齢に伴う心身機能の変化の特徴 ケアにおける新しい概念の理解	講義	50分
			認知症の理解	認知症の理解と対応	講義	40分
			コミュニケーションに関する技術	利用者、家族、ケアチームの他職種とのコミュニケーションに関する具体的な知識	講義	50分
			介護技術と福祉用具	（介護技術）（応用編） 介護技術と福祉用具に関する具体的な知識	講義	50分
	4	福祉用具および住宅改修に関する知識・技術	住環境と住宅改修	住環境と福祉用具に関する経験に基づく具体的な知識	講義	90分
			福祉用具の特徴と活用	福祉用具の種類、機能、構造および利用方法 基本的動作と日常の生活場面、高齢者の状態像・生活スタイルに応じた福祉用具の特徴 各福祉用具の選定・適合技術	講義	60分
			最近の福祉用具の動向・活用	最近の福祉用具の動向・特徴・利用方法	講義	30分
2日目	5	業務プロセスに関する知識・技術	福祉用具貸与計画書等の作成	（計画書の意義の理解と作成、活用）（応用編） 的確なアセスメント（利用者・環境の評価）能力 利用者や環境の状況に応じた適切な用具選定能力	講義 演習	150分
			ケアチームにおける福祉用具専門相談員の役割	ケアマネジャーと円滑に連携する能力 サービス担当者会議での発言・説明・提案能力 医療・福祉などの他職種との連携	講義 演習	150分
			業務プロセスに関するスキルの向上	福祉用具に関する情報提供・生活全般についての相談対応能力 状況に応じた利用者・家族とのコミュニケーション能力 搬入・設置・搬出のきめ細かい調整能力 利用者や環境の状況に応じた利用指導・適合調整能力	講義 演習	150分
3日目	6	総合演習		学習内容を踏まえた総合演習 一連のプロセスの実践、チェック	演習	5時間
					計	20時間

※　上記とは別に、筆記の方法による修了評価（1時間程度）を実施すること。
※　到達目標に示す知識・技術等の習得が十分でない場合には、必要に応じて補講等を行い、到達目標に達するよう努めるものとする。

(3) 更新研修の研修方法

研修方法は、地域ごとの集合研修としています（アンケート結果からも、多くの事業所が外部研修を受講し、その有効性を感じていることが確認されています）。

一定の基礎能力を有する福祉用具専門相談員を対象とし、より専門性の高い知識を習得し、実践する能力を養うための内容とします。そのため、新たな知識や技能の習得にとどまらず、実務により蓄積した経験に基づき、知識と実践を結びつける内容とします。具体的には、演習を取り入れ、実践的な能力を養います。また、多職種との連携、サービス担当者会議等での発言力を強化する内容とします。

そして、一定期間ごとに最新の福祉用具に関する知識や制度の動向を学び、知識を維持・更新することが必要と考えられるため、更新制を導入します。

(4) 更新制のイメージ

業務の経験を重ねることにより、福祉用具専門相談員としての熟達度は向上します。一方で、下記にあげるような知識については、一定頻度で、最新の動向を踏まえて、新しい情報を獲得する必要があると考えられます。具体的には下記の内容です。

・最新の福祉用具に関する知識（介護ロボット等の動向も含む）
・介護保険制度の動向
・認知症や高齢者の心身の状態に関する新たな知見およびそれに基づく適切な対応のあり方

図3　更新制のイメージ

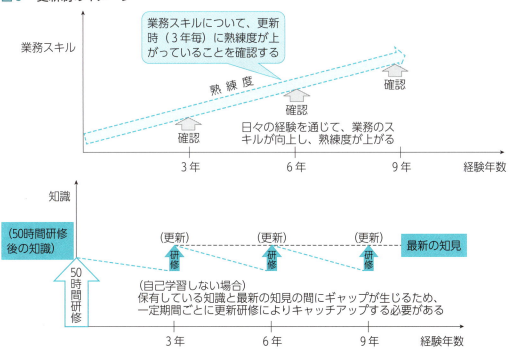

CONTENTS

福祉用具専門相談員
更新研修（ふくせん認定）テキスト

はじめに ………………………………………………………………………… I

更新研修の目的と意義 ………………………………………………………… III

第1章 福祉用具と福祉用具専門相談員の役割 ……………………… 1

第1節 ●専門的知識・経験を有する福祉用具専門相談員に求められる役割 ……………………………………………………… 2

1 介護保険制度における福祉用具専門相談員の位置づけと役割……2
2 福祉用具専門相談員の仕事内容……2
3 福祉用具専門相談員の職業倫理と専門性……3
4 今後の福祉用具専門相談員の方向性……6

第2節 ●福祉用具の定義と種類 ………………………………………… 8

1 福祉用具の研究開発及び普及の促進に関する法律の定義……8
2 介護保険制度における福祉用具の定義と種類……8
3 障害者総合支援法における福祉用具……12
4 福祉用具の種類……15

第3節 ●福祉用具の役割 …………………………………………………16

1 日常生活動作の自立の支援……16
2 介護負担の軽減……17

第2章 介護保険制度等の最近の動向 ……………………………… 19

第1節 ●介護保険制度等の仕組みと動向 ……………………………… 20

1 介護保険法の目的と理念……20
2 介護保険制度の仕組み……20
3 介護保険法によるサービス……30
4 介護保険における福祉用具の選定の判断基準について……34

第2節●障害者総合支援法の仕組みと動向 ……………………………………… 36
　　　1 障害者自立支援法から障害者総合支援法へ……36
　　　2 サービスの種類と内容……36

第3節●在宅介護に関する法制度の変遷 ……………………………………… 40
　　　1 老人福祉法……40
　　　2 老人福祉法等によるサービス……40
　　　3 高齢者の医療の確保に関する法律……41

第4節●福祉用具サービスに関する法制度の変遷 …………………………… 42
　　　1 福祉用具の研究開発及び普及の促進に関する法律……42

第5節●地域包括ケアシステムの考え方と
　　　福祉用具専門相談員とのかかわり ……………………………………… 43
　　　1 地域包括ケアシステムの理念……43
　　　2 地域包括ケアシステムの仕組み……44
　　　3 地域ケア会議の役割……46
　　　4 多職種連携……46
　　　5 地域包括ケアシステムと福祉用具専門相談員のかかわり……47

第3章 高齢者の医療・介護に関する知識 ……………………………………… 49

第1節●こころとからだのしくみの理解 ……………………………………… 50
　　　1 老化に伴うからだの変化……50
　　　2 老化に伴うこころの変化……55
　　　3 リハビリテーションの理解……57

第2節●認知症の理解 …………………………………………………………… 62
　　　1 認知症とは……62
　　　2 認知症ケアの理念……62
　　　3 認知症の医学的理解……62
　　　4 認知症の症状（中核症状）の理解……65

　　　　5 BPSD（行動・心理症状）の理解……65
　　　　6 認知症の人とのコミュニケーション……66

第3節●コミュニケーションに関する技術 68

　　　　1 ケアにおけるコミュニケーション技術……68
　　　　2 コミュニケーションがもたらす効果……71
　　　　3 利用者や家族とのコミュニケーション技術……73
　　　　4 ケアチームのコミュニケーション技術……78

第4節●介護技術と福祉用具 81

　　　　1 生活動作の理解……81
　　　　2 介護を必要とする利用者の状態像……87
　　　　3 配慮を必要とする場面における介護技術と福祉用具……90

第4章 福祉用具および住宅改修に関する知識と技術 99

第1節●住環境と住宅改修 100

　　　　1 住宅改修の目的と意義……100
　　　　2 主な住宅の工法とメリット・デメリット……101
　　　　3 疾患別の住宅改修のポイント……104

第2節●福祉用具の特徴と活用 111

　　　　1 福祉用具の種類・機能・構造および利用方法……111
　　　　2 福祉用具の選定・適合技術……125
　　　　3 高齢者の状態像・生活スタイルに合わせた福祉用具……126

第3節●最近の福祉用具の動向と活用 129

　　　　1 最近の福祉用具開発の動向……129
　　　　2 最近の福祉用具の種類・機能・構造および利用方法……129
　　　　3 介護ロボットの開発の動向……131

第5章 業務プロセスに関する知識と技術 ……………………… 135

第1節 福祉用具サービス計画書の作成 ……………………… 136

　　1 福祉用具による支援の考え方……136
　　2 「ふくせん版 福祉用具サービス計画書」の書き方と手順……138
　　3 モニタリングの目的と内容……146
　　4【演習①】サービス計画書の評価（グループワーク）……149
　　5【演習②】モニタリングの評価（グループワーク）……150
　　6 福祉用具サービス計画書を通じた連携……155
　　　〈参考様式〉福祉用具サービス計画書　点検シート……156
　　　　　　　　モニタリング記録　点検シート……157

第2節 ケアチームにおける福祉用具専門相談員の役割 ……………………… 158

　　1 人間の尊厳の理解……158
　　2 ケアマネジメントの理解……158
　　3 ケアチームにおける福祉用具専門相談員の役割……161
　　4 サービス担当者会議……163
　　5 医療・福祉の多職種連携……166
　　6【演習①】ケアマネジャーとの連携……168
　　7【演習②】サービス担当者会議……168

第3節 業務プロセスに関するスキルの向上 ……………………… 171

　　1 介護保険制度における福祉用具の供給……171
　　2 利用者の生活全般についての相談対応……179
　　3 利用者・家族とのコミュニケーション……180
　　4 利用者の状況に応じた福祉用具サービス計画書の説明……184
　　5【演習①】グループディスカッション—利用者・家族とのコミュニケーション……192
　　6【演習②】ロールプレイング—利用者・家族とのコミュニケーション……192

CONTENTS

**福祉用具専門相談員
更新研修（ふくせん認定）テキスト**

第6章 総合演習 ……………………………………………… 193

1 総合演習の概要……194
2 事例演習の展開……196
3 ロールプレイ演習の展開……200

索　引……………………………………………………………… 205

福祉用具と福祉用具専門相談員の役割

目 的

- 福祉用具の定義と、高齢者等の暮らしを支えるうえで果たす福祉用具の役割を確認する。
- 介護保険制度における福祉用具専門相談員の位置づけと役割を確認するとともに、専門的知識・経験を有する福祉用具専門相談員に求められる役割や知識、能力について理解する。
- 専門的知識・経験を有する福祉用具専門相談員としての職業倫理の重要性を理解する。

到達目標

- 福祉用具の定義について、自立支援の考え方を踏まえて正しく説明できる。
- 福祉用具の種類を正しく説明できる。
- 高齢者等の暮らしを支えるうえで福祉用具の果たす役割を、具体的に説明できる。
- 福祉用具による支援の手順に沿って、福祉用具専門相談員の役割を説明できる。
- 「専門的知識・経験を有する福祉用具専門相談員」の役割や、事業所に必ず一人配置されていることの意味を説明することができる。
- 専門的知識・経験を有する福祉用具専門相談員の職業倫理の重要性を理解し、倫理性が求められる具体的な場面での留意点を列挙し、説明できる。

第1節 専門的知識・経験を有する福祉用具専門相談員に求められる役割

1 介護保険制度における福祉用具専門相談員の位置づけと役割

　福祉用具関連のサービスを適正に供給していくうえで、福祉用具を必要とする高齢者等に対して、その選定の援助、適合状況の確認、その後のモニタリングから効果等の評価までを支援していく専門職として、介護保険制度のなかに位置づけられたのが「福祉用具専門相談員」です。介護保険制度における「指定居宅サービス等の事業の人員、設備及び運営に関する基準」（平成11年3月31日厚生省令第37号）および「指定介護予防サービス等の事業の人員、設備及び運営並びに指定介護予防サービス等に係る介護予防のための効果的な支援の方法に関する基準」（平成18年3月14日厚生労働省令第35号）においては、事業の一般原則として、利用者の意思および人格を尊重して、常に利用者の立場に立ったサービスの提供に努めなければならないことや、地域との結び付きを重視し、市町村、他の居宅サービス事業者（介護予防サービス事業者）その他の保健医療サービスおよび福祉サービスを提供する者との連携に努めなければならないことが定められています。

　さらに、福祉用具貸与・販売サービスの基本方針として、利用者が可能な限りその居宅において、自立した日常生活を営むことができるよう、利用者の心身の状況、希望およびそのおかれている環境を踏まえ、適切に選定の援助、取り付け、調整等を行い、利用者の生活機能の維持または改善を図ることとされています。これを実現するため、人員に関する基準においては、事業所ごとにおくべき福祉用具専門相談員の員数が常勤換算で2人以上と定められています。

2 福祉用具専門相談員の仕事内容

(1) 福祉用具貸与・特定福祉用具販売の具体的取扱方針

　介護保険制度で求められる福祉用具専門相談員の仕事内容は、おおむね次のとおりです。

❶ 利用者の心身の状況、希望およびそのおかれている環境等をアセスメントし、福祉用具の選定や使用などについて専門的知識に基づき相談に応じること。
❷ 利用者に対して、パンフレットやカタログなどの文書を用い、福祉用具の機能、使用方法、利用料、全国平均貸与価格等に関する十分な情報提供を行い、十分に説明して個別の福祉用具の貸与・販売に係る契約について同意を得ること。
❸ 福祉用具の機能、安全性、衛生状態等についての点検を行うこと。
❹ 利用者の身体の状況等に応じて福祉用具の調整を行うこと。
❺ 福祉用具の使用方法、使用上の留意事項、故障時の対応等を記載した文書を利用者に交付し、十分な説明を行ったうえで、必要に応じて利用者に実際に当該福祉用具を使用してもらいながら使用方法の指導を行うこと。

❻ 利用者等からの要請等に応じて、福祉用具の使用状況を確認し、必要な場合は、使用方法の指導や修理等を行うこと。
❼ 居宅サービス計画に福祉用具貸与が位置づけられる場合には、当該計画にその必要な理由が記載されるとともに、利用者に係る介護支援専門員により、必要に応じて随時その必要性が検討されたうえで、継続が必要な場合にはその理由が居宅サービス計画に記載されるように必要な措置を講じること。
❽ 福祉用具貸与の提供にあたっては、同一種目における機能または価格帯の異なる複数の福祉用具に関する情報を提供すること。

(2)「福祉用具貸与計画」「特定福祉用具販売計画」の作成

❶ 福祉用具専門相談員は、利用者の希望、心身の状況およびそのおかれている環境を踏まえ、福祉用具貸与・販売の目標、当該目標を達成するための具体的なサービスの内容等を記載した福祉用具貸与・販売計画を作成しなければならない。
❷ 福祉用具貸与・販売計画は、すでに居宅サービス計画が作成されている場合は、居宅サービス計画の内容に沿って作成しなければならない。
❸ 福祉用具専門相談員は、福祉用具貸与・販売計画の作成にあたっては、その内容について利用者またはその家族に対して説明し、利用者の同意を得なければならない。
❹ 福祉用具専門相談員は、福祉用具貸与・販売計画を作成した際には、福祉用具貸与・販売計画を利用者に、さらに福祉用具貸与計画については当該利用者に係る介護支援専門員に交付しなければならない。
❺ 福祉用具専門相談員は、福祉用具貸与については、福祉用具貸与計画の作成後、当該計画の実施状況の把握を行い、必要に応じて当該計画の変更を行うものとする。

3 福祉用具専門相談員の職業倫理と専門性

(1) 介護サービス事業者としての社会的責任

　介護保険制度においては、基本理念として**利用者本位**、**高齢者の自立支援**、**利用者による選択（自己決定）**が掲げられており、すべての介護サービス事業者およびその従事者は、これらを踏まえたサービス提供を行わなければなりません。
　このため、「指定居宅サービス等の事業の人員、設備及び運営に関する基準」や「指定介護予防サービス等の事業の人員、設備及び運営並びに指定介護予防サービス等に係る介護予防のための効果的な支援の方法に関する基準」で定められた福祉用具貸与・販売事業の基本方針においては、利用者の心身の状況、希望およびそのおかれている環境を踏まえた適切な福祉用具の選定の援助、取り付け、調整等を行うことができるよう、常に自己研鑽に励み、必要な知識および技能の修得、維持および向上に努めなければならないとされています。

(2) 医療・介護連携とチームアプローチ

　わが国においては、高齢者が住み慣れた地域で安心して暮らし続けられる社会の構築および持続可能な社会保障制度の確立のため、社会保障と税の一体的な改革が進められています。その一環として、地域における医療および介護の総合的な確保をさらに推進するため、2014（平成26）年6月25日に「地域における医療及び介護の総合的な確保を推進するための関係法律の整備等に関する法律」が公布されました。これに基づき、効率的かつ質の高い医療提供体制を構築するとともに、日常生活圏域内において、医療、介護、予防、住まい、生活支援サービスが切れ目なく、有機的かつ一体的に提供されるための地域包括ケアシステムの構築が目指されます。

　地域包括ケアシステムにおいても、「それぞれの生活のニーズにあった住まいが提供され、そのなかで、生活支援サービスを利用しながら個人の尊厳が確保された生活（住まい方）が実現されること」が地域包括ケアシステムの前提条件であり基盤でもあるとされています。

(3) 福祉用具専門相談員の職業倫理

　どのようなサービスであれ、職業としてサービスを提供する者は、高いレベルの専門知識と技術を有することはいうまでもなく、職業倫理の確立とともに、スキルアップが求められます。介護保険制度の下でのサービス提供にあたっては、常に社会的責務の重さを自覚し、常に利用者・家族はもちろん社会の信頼の確保に努めなければなりません。

　このため、一般社団法人シルバーサービス振興会では、1988（昭和63）年に、会員はじめシルバーサービスに関係する者が遵守する行動規範として「倫理綱領」を定めるとともに、1989（平成元）年に「シルバーマーク制度」、2004（平成16）年に「福祉用具の消毒工程管理認定制度」を創設しています。

　また、保健・医療・福祉分野のサービス提供従事者には専門職としての職業倫理が確立されているものが多いですが、福祉用具専門相談員にも、福祉用具や住宅改修に係る専門性を高めることはいうまでもなく、利用者が高齢者や障害者等であることを踏まえ極めて高度な職業倫理が求められています。このため、一般社団法人全国福祉用具専門相談員協会は、2008（平成20）年に倫理綱領を採択し、福祉用具専門相談員としての職業倫理の規範を示しています。

一般社団法人全国福祉用具専門相談員協会　倫理綱領

　わたくしたち福祉用具専門相談員は、高齢者、障害者、その家族等の方々（以下「利用者等」という。）が、福祉用具を利用される際に、福祉用具にかかる専門的知識、技術等をもって相談援助、適合等を行うとともに、福祉用具の導入後も適切な利用についてサポートする専門職です。

　介護保険のスタートとともに福祉用具サービスが制度に位置づけられましたことから、その利用は順調に拡大していますが、少子高齢化に伴う社会的な介護力の低下や介護ニーズの多様化に伴って福祉用具の必要性が高まり、それに関わる福祉用具専門相談員の職務領域も急速に広がりを見せており、その役割と責任は益々重要性を増しています。

　福祉用具専門相談員は、このような社会的な要請に応えるために、福祉用具の利用者等の尊厳を重んじ、住みなれた地域や環境で、自立した生活を支援するための最適な福祉用具サービスの提供に努める必要があります。

　全国福祉用具専門相談員協会では、ここに「福祉用具専門相談員の倫理綱領」を定めて、福祉用具の専門職としての立場を明確にし、会員一人ひとりがこれを遵守し、自らの専門性を高めて福祉

用具サービスの提供に努めていくものとします。

1．法令遵守

　福祉用具専門相談員は、福祉用具サービスの提供において、法令等を遵守しなければならない。

2．平等原則

　福祉用具専門相談員は、人の尊厳を守り、人種、性別、思想、信条、社会的身分、門地等によって差別してはならない。

3．守秘義務

(1) 福祉用具専門相談員は、利用者等から情報を得る場合、業務上必要な範囲にとどめ、その秘密を保持する。

(2) 福祉用具専門相談員は、業務上で利用者等の個人情報を用いる場合は、あらかじめ同意を得なければならない。

(3) 福祉用具専門相談員は、業務上で知りえた利用者等の個人情報については、業務を退いた後もその秘密を保持する。

4．説明責任

　福祉用具専門相談員は、福祉用具の利用者等が福祉用具を利用する際に必要となる情報を、分かりやすい表現や方法等を用いて提供し、同意を得なければならない。

5．不当な報酬・利益供与の禁止

　福祉用具専門相談員は、福祉用具の利用者等から不当な報酬を得てはならない。また、関係者に対して、金品その他の財産上の利益を供与してはならない。

6．利用者情報の活用

　福祉用具専門相談員は、福祉用具の利用者等とのコミュニケーションを重視して、福祉用具に関わる要望や苦情等の情報を理解するとともに、今後の福祉用具の適正な使用や開発等に有効に活用するよう努める。

7．他職種との連携

　福祉用具専門相談員は、福祉用具の利用者等に質の高い福祉用具サービスを総合的に提供していくため、福祉、保健、医療、その他関連する専門職と連携を深めることに努める。

8．普及・啓発

　福祉用具専門相談員は、常に福祉用具に係る調査・研究や普及・啓発に心掛けるとともに、利用者等に対して利便性の高い福祉用具サービスの提供に努める。

9．専門性の向上

　福祉用具専門相談員は、常に福祉用具の専門的な知識・技術等の研鑽に励むとともに、後進を育成し、専門職としての社会的信用を高めるよう努める。

10．社会貢献

　福祉用具専門相談員は、常に福祉用具サービスの充実を図るとともに、利用者等に対し自己及び所属する組織がもつ知識、技術等を積極的に提供して社会貢献に努める。

平成 20 年 6 月 25 日採択

4 今後の福祉用具専門相談員の方向性

　介護保険制度は施行後も進化し続けていますが、福祉用具専門相談員の業務に関しても適宜見直されてきています。福祉用具専門相談員は、福祉用具の適切な利用のために専門的な知識や技能を高めていくことが求められていますが、これまでの見直しの方向性や内容をみますと、今後の福祉用具専門相談員の目指すべき姿がみえてきます。

(1) 「福祉用具サービス計画」の策定と利用者およびケアマネジャーへの交付

　2012（平成24）年度より、福祉用具貸与事業者および特定福祉用具販売事業者は、利用者ごとに福祉用具サービス計画（個別サービス計画）を作成し、利用者へ交付することが義務づけられています。また、これに加えて2018（平成30）年度からは、この福祉用具サービス計画のさらなる充実に向け、当該計画をケアマネジャー（介護支援専門員）に交付することも義務づけられています。

　こうした改正により、福祉用具専門相談員の専門職としての適切なアセスメント、マネジメント能力の向上が求められます。また、福祉用具サービス計画の策定により、ケアマネジャーをはじめ他の専門職との情報の共有はもとより、その後の実効性のある定期的なモニタリングや利用者の状態像の変化に応じた機種変更等が、迅速かつ適切に行える環境が整えられます。

(2) 福祉用具専門相談員の資質の向上

　2015（平成27）年度より、福祉用具専門相談員の資質の向上の観点から、福祉用具専門相談員養成のための指定講習カリキュラムについて、福祉用具サービス計画等に関する内容が追加されるとともに、時間数も50時間に引き上げられ、さらに学習内容の習熟度を確認するための修了評価（1時間）の仕組みも設けられています。これと併せて、福祉用具専門相談員の必要な知識の修得および能力の向上に関する自己研鑽の努力義務規定が設けられています。また、この改正の際の社会保障審議会介護保険部会の「介護保険制度の見直しに関する意見」（2013（平成25）年12月20日）では、福祉用具専門相談員のさらなる専門性向上の観点から、「福祉用具貸与事業所に配置されている福祉用具専門相談員の一部について、より専門的知識及び経験を有する者の配置を促進していくことについて検討する必要がある」とされ、その後、業界団体等においてそのための研修が検討され、具体的な配置に向けて養成が開始されているところです。

　地域包括ケアシステムの構築にあたっては、各専門職の専門性を発揮したチームアプローチが求められているところですが、こうした改正により、福祉用具についての複数の提案や、福祉用具サービス計画のケアマネジャーへの交付などに向け、福祉用具専門相談員のさらなる資質の向上と説明責任が求められることとなります。

(3) 福祉用具貸与価格の適正化

　2018（平成30）年度より、介護サービスの適正化の観点から、全国平均貸与価格の公表と、これに基づいた貸与価格の上限が設定されることとなりました。また、同一種目における機能または価格帯の異なる複数の福祉用具に関する情報を利用者に提供することも義務づけられています。

こうした改正により、前述した改正事項や、介護サービス情報の公表制度等によるサービスの見える化（可視化）などと併せて、利用者の状態に対してどういう福祉用具の利用を提案するのかといった具体的なサービス内容と、価格の適正化が常に利用者から厳しくチェックされることとなります。

(4) 福祉用具専門相談員に求められる資質

　これまで説明してきたとおり、介護サービスの適正化・重点化が図られるなかにあって、福祉用具貸与事業者および特定福祉用具販売事業者には、より高いレベルでのサービスの質の向上が求められています。これに伴い、福祉用具専門相談員にも、専門職としての知識や技術の向上と併せて、自ら提供したサービス内容に対する説明責任が求められることとなります。

　このように、福祉用具専門相談員には、より専門的知識に基づいて利用者またはその家族に助言をし、各専門職と連携を図りながら、適切なアセスメントやモニタリングを行うとともに、利用者の状態の変化を考慮した定期的なマネジメントができる能力を備えることが求められています。さらには、個々の利用者の状態像や生活環境の変化に応じて、どのように福祉用具を選定するのかといったことが、福祉用具専門相談員の個々人の経験や勘のみに委ねられるのではなく、客観的・標準的な評価指標が構築できるよう、個々の事例を関係者間で共有しながら、継続的にモニタリングを行う過程でその効果に関するデータの蓄積や分析について積極的に取り組んでいくことが求められます。

第2節 福祉用具の定義と種類

1 福祉用具の研究開発及び普及の促進に関する法律の定義

「福祉用具の研究開発及び普及の促進に関する法律」（福祉用具法）は、高齢化や人口減少等の社会構造の変化に伴い、高齢者や障害者が住み慣れた地域や家庭で安心して暮らし続け、できる限り自立して積極的に社会参加できるようにするとともに、介護者の負担の軽減を目的として、1993（平成5）年に制定されました。この福祉用具法の第2条において、福祉用具とは、「心身の機能が低下し日常生活を営むのに支障のある老人（以下、「老人」）又は心身障害者の日常生活上の便宜を図るための用具及びこれらの者の機能訓練のための用具並びに補装具」と定義されました。これを受けて、それまで用途に応じた呼称で区分されていた福祉機器、補装具、自助具、日常生活用具、介護用補助用具、機能回復訓練機器、リハビリテーション機器等は福祉用具の範疇となり、福祉用具という言葉が示す範囲はより広いものとなりました。老人福祉法における日常生活用具、障害者の日常生活及び社会生活を総合的に支援するための法律（障害者総合支援法）における補装具、介護保険法における福祉用具等もこの概念に包括されます。つまり福祉用具とは、高齢者・障害者の活動・参加を支援するための機器の総称といえます。

2 介護保険制度における福祉用具の定義と種類

福祉用具は、高齢者・障害者の活動・参加を支援するための機器の総称でありますが、介護保険での福祉用具の定義は、「心身の機能が低下し日常生活を営むのに支障がある要介護者等の日常生活上の便宜を図るための用具及び要介護者等の機能訓練のための用具であって、要介護者等の日常生活の自立を助けるためのもの」（介護保険法第8条第12項）とされており、「貸与」と「販売」により給付されます。介護保険給付の対象である要介護者・要支援者は身体状況や介護度が変化しやすいので、新たな福祉用具が開発されるなどの状況に応じて、適時・適切な福祉用具が利用者に提供できるよう、「貸与」を原則としつつ、排泄や入浴に関する用具など「貸与」になじまないものは「特定福祉用具」（介護給付）「特定介護予防福祉用具」（予防給付）として「販売」の対象としています。

(1) 介護保険における福祉用具の範囲の考え方

❶ 要介護者等の自立促進または介助者の負担軽減を図るもの
❷ 要介護者等でない者も使用する一般の生活用品でなく、介護のために新たな価値づけを有するもの（例えば、平ベッド等は対象外）
❸ 治療用等医療の観点から使用するものではなく、日常生活の場面で使用するもの（例えば、吸入器、吸引器等は対象外）
❹ 在宅で使用するもの（例えば、特殊浴槽等は対象外）

⑤ 起居や移動等の基本的動作の支援を目的とするものであり、身体の一部の欠損または低下した特定の機能を補完することを主たる目的とするものではないもの（例えば、義手義足、眼鏡等は対象外）
⑥ ある程度の経済的負担感があり、給付対象とすることにより利用促進が図られるもの（一般的に低い価格のものは対象外）
⑦ 取り付けに住宅改修工事を伴わず、賃貸住宅の居住者でも一般的に利用に支障のないもの（例えば、天井取り付け型天井走行リフトは対象外）

(2) 居宅介護福祉用具購入費の対象用具の考え方

① 介護保険制度では、福祉用具の給付については、対象者の身体の状況、介護の必要度の変化等に応じて用具の交換ができること等の考え方から原則貸与によることとされています。
② このため、購入費の対象用具は例外的なものでありますが、次のような点を判断要素として対象用具を選定することとします。
・他人が使用したものを再利用することに心理的抵抗感が伴うもの（入浴・排泄関連用具）
・使用により、もとの形態・品質が変化し、再度利用できないもの（つり上げ式リフトのつり具）

(3) 新たに開発・普及する製品の取り扱い

　要介護者の便宜の観点、技術革新や製品開発努力等を評価する観点から新たに開発された用具や普及が進んだ用具についても、前述の福祉用具の範囲の考え方の判断要素に照らし、必要に応じ保険の対象となるような取り扱いとします。

(4) 福祉用具貸与および特定福祉用具販売の対象種目

　貸与（13種目）および販売（5種目）の種目等は、厚生労働省の告示によって定められている。

(5) 福祉用具の種目の追加

　介護保険の給付対象となる福祉用具や住宅改修について、新たな種目・種類の取り入れや、種目・種類の拡充を行おうとする場合に、その是非や内容等について、厚生労働省老健局が運営する「介護保険福祉用具・住宅改修評価検討会」において検討されます。

表1-1　厚生労働大臣が定める福祉用具貸与および介護予防福祉用具貸与にかかる福祉用具の種目

種目	機能または構造等
車いす	自走用標準型車いす、普通型電動車いすまたは介助用標準型車いすに限る。
車いす付属品	クッション、電動補助装置等であって、車いすと一体的に使用されるものに限る。
特殊寝台	サイドレールが取り付けてあるもの、または取り付け可能なものであって、次のいずれかの機能を有するもの。 ●背部または脚部の傾斜角度が調整できる機能 ●床板の高さが無段階に調整できる機能
特殊寝台付属品	マットレス、サイドレール等であって、特殊寝台と一体的に使用されるものに限る。
床ずれ防止用具	次のいずれかに該当するものに限る。 ●送風装置または空気圧調整装置を備えた空気マット ●水等によって減圧による体圧分散効果をもつ全身用のマット
体位変換器	空気パッド等を身体の下に挿入することにより、居宅要介護者等の体位を容易に変換できる機能を有するものに限り、体位の保持のみを目的とするものを除く。
手すり	取り付けに際し工事を伴わないものに限る。
スロープ	段差解消のためのものであって、取り付けに際し工事を伴わないものに限る。
歩行器	歩行が困難な者の歩行機能を補う機能を有し、移動時に体重を支える構造を有するものであって、次のいずれかに該当するものに限る。 ●車輪を有するものにあっては、体の前および左右を囲む把手等を有するもの ●四脚を有するものにあっては、上肢で保持して移動させることが可能なもの
歩行補助つえ	松葉づえ、カナディアン・クラッチ、ロフストランド・クラッチ、プラットホーム・クラッチおよび多点杖に限る。
認知症老人徘徊感知機器	認知症高齢者が屋外へ出ようとしたときなど、センサーにより感知し、家族、隣人等へ通報するもの。
移動用リフト（つり具の部分を除く）	床走行式、固定式または据置式であり、かつ、身体をつり上げまたは体重を支える構造を有するものであって、その構造により、自力での移動が困難な者の移動を補助する機能を有するもの（取り付けに住宅の改修を伴うものを除く）。
自動排泄処理装置	尿または便が自動的に吸引されるものであり、かつ、尿や便の経路となる部分を分割することが可能な構造を有するものであって、居宅要介護者等またはその介護を行う者が容易に使用できるもの（交換可能部品（レシーバー、チューブ、タンク等のうち、尿や便の経路となるものであって、居宅要介護者等またはその介護を行う者が容易に交換できるものをいう）を除く）。

資料：一般社団法人全国福祉用具専門相談員協会HPを一部改変。

表1-2 厚生労働大臣が定める特定福祉用具販売および特定介護予防福祉用具販売にかかる福祉用具の種目

種目	機能または構造等
腰掛便座	次のいずれかに該当するものに限る。 ●和式便器の上に置いて腰掛式に変換するもの（腰掛式に交換する場合に高さを補うものを含む） ●洋式便器の上に置いて高さを補うもの ●電動式またはスプリング式で便座から立ち上がる際に補助できる機能を有しているもの ●便座、バケツ等からなり、移動可能である便器（水洗機能を有する便器を含み、居室において利用可能であるものに限る） ただし、設置に要する費用については従来通り、法に基づく保険給付の対象とならないものである。
自動排泄処理装置の交換可能部品	尿または便が自動的に吸引されるもので居宅要介護者等またはその介護を行う者が容易に使用できるもの。
入浴補助用具	入浴に際しての座位の保持、浴槽への出入り等の補助を目的とする用具であって、次のいずれかに該当するもの。 ●入浴用いす（座面の高さがおおむね35cm以上のもの、またはリクライニング機能を有するもの） ●入浴台（浴槽の縁にかけて浴槽への出入りを容易にすることができるもの） ●浴槽用手すり（浴槽の縁を挟み込んで固定することができるもの） ●浴室内すのこ（浴室内に置いて浴室の床の段差解消を図ることができるもの） ●浴槽内いす（浴槽内に置いて利用することができるもの） ●浴槽内すのこ（浴槽の中に置いて浴槽の底面の高さを補うもの） ●入浴用介助ベルト（居宅要介護者等の身体に直接巻き付けて使用するものであって、浴槽への出入り等を容易に介助することができるもの）
簡易浴槽	空気式または折りたたみ式等で容易に移動できるものであって、取水または排水のための工事を伴わないもの。 ※「空気式または折りたたみ式等で容易に移動できるもの」とは、硬質の材質であっても使用しないときに立て掛けることなどにより収納できるものを含むものであり、また、居室において必要があれば入浴が可能なもの。
移動用リフトのつり具部分	身体に適合するもので，移動用リフトに連結可能なもの。

資料：表1-1に同じ。

3 障害者総合支援法における福祉用具

　障害者の日常生活及び社会生活を総合的に支援するための法律（障害者総合支援法）により障害者に対して給付される福祉用具は、**補装具**と**日常生活用具**です。

(1) 補装具

　障害者総合支援法では、障害者（児）に対して身体機能を補完または代償する機能をもった福祉用具として、補装具が給付されます。補装具は、利用者の申請に基づき、補装具の購入または修理（あるいは貸与）が必要と認められたときは、市町村がその費用を補装具費として利用者に支給するものです。現物給付ではなく、費用を支給する制度です。

① 補装具の種目

　補装具の種目は、表1-3のとおりです。

表1-3　補装具の種目

障害者、障害児 義肢　装具　座位保持装置　盲人安全つえ　義眼　眼鏡　補聴器　車いす　電動車いす　歩行器　歩行補助つえ　重度障害者用意思伝達装置
障害児のみ 座位保持いす　起立保持具　頭部保持具　排便補助具

(2) 日常生活用具

　障害者総合支援法に基づき、地域生活支援事業のメニューの一つとして日常生活用具が給付されます。日常生活用具の対象種目は、次に示す要件、ならびに用途および形状（表1-4）が定められているのみで、具体的な品目については、利用者負担とともに市町村が決定することができます。日常生活用具は補装具とは異なり、障害の状況に応じて個別に適合を図るものではないことから、介護保険の保険給付の対象となる種目（特殊寝台、体位変換器、歩行器、移動用リフト、自動排泄処理装置、入浴補助用具、簡易浴槽など）については、介護保険から貸与や購入費の支給が行われます。

> ❶　障害者等が安全かつ容易に使用できるもので実用性が認められるもの
> ❷　障害者等の日常生活上の困難を改善し、自立を支援し、かつ、社会参加を促進すると認められるもの
> ❸　用具の製作、改良または開発にあたって障害に関する専門的な知識や技術を要するもので日常生活品として一般に普及していないもの

表1-4　日常生活用具の用途および形状

用具	説明
❶介護・訓練支援用具	特殊寝台、特殊マットその他の障害者等の身体介護を支援する用具ならびに障害児が訓練に用いるいす等のうち、障害者等および介助者が容易に使用することができるものであって、実用性のあるもの
❷自立生活支援用具	入浴補助用具、聴覚障害者用屋内信号装置その他の障害者等の入浴、食事、移動等の自立生活を支援する用具のうち、障害者等が容易に使用することができるものであって、実用性のあるもの
❸在宅療養等支援用具	電気式たん吸引器、盲人用体温計その他の障害者等の在宅療養等を支援する用具のうち、障害者等が容易に使用することができるものであって、実用性のあるもの
❹情報・意思疎通支援用具	点字器、人工喉頭その他の障害者等の情報収集、情報伝達、意思疎通等を支援する用具のうち、障害者等が容易に使用することができるものであって、実用性のあるもの
❺排泄管理支援用具	ストーマ装具その他の障害者等の排泄管理を支援する用具および衛生用品のうち、障害者等が容易に使用することができるものであって、実用性のあるもの
❻居宅生活動作補助用具	障害者等の居宅生活動作等を円滑にする用具であって、設置に小規模な住宅改修を伴うもの

表1-5　日常生活用具参考例

種目	品目	対象要件
介護・訓練支援用具	特殊寝台	下肢または体幹機能障害
	特殊マット	
	特殊尿器	
	入浴担架	
	体位変換器	
	移動用リフト	
	訓練いす（児のみ）	
	訓練用ベッド（児のみ）	
自立生活支援用具	入浴補助用具	下肢または体幹機能障害
	便器	
	頭部保護帽	平衡機能又は下肢もしくは体幹機能障害（頭部保護帽：上記障害およびてんかん等による転倒の危険性が高い知的障害等）
	T字状・棒状のつえ	
	歩行支援用具→移動・移乗支援用具（名称変更）	
	特殊便器	上肢機能障害
	火災警報器	障害種別にかかわらず火災発生の感知・避難が困難
	自動消火器	
	電磁調理器	視覚障害
	歩行時間延長信号機用小型送信機	

	聴覚障害者用屋内信号装置	聴覚障害
在宅療養等支援用具	透析液加温器	腎臓機能障害等
	ネブライザー（吸入器）	呼吸機能障害等
	電気式たん吸引器	
	酸素ボンベ運搬車	在宅酸素療法
	盲人用体温計（音声式）	視覚障害
	盲人用体重計	
情報・意思疎通支援用具	携帯用会話補助装置	音声言語機能障害
	情報・通信支援用具　※	上肢機能障害又は視覚障害
	点字ディスプレイ	盲ろう、視覚障害
	点字器	視覚障害
	点字タイプライター	
	視覚障害者用ポータブルレコーダー	
	視覚障害者用活字文書読上げ装置	
	視覚障害者用拡大読書器	
	盲人用時計	
	聴覚障害者用通信装置	聴覚障害
	聴覚障害者用情報受信装置	
	人工喉頭	喉頭摘出
	福祉電話（貸与）	聴覚障害または外出困難
	ファックス（貸与）	聴覚または音声障害もしくは言語機能障害で、電話では意思疎通困難
	視覚障害者用ワードプロセッサー（共同利用）	視覚障害
	点字図書	
排泄管理支援用具	ストーマ用装具（ストーマ用品、洗腸用具） 紙おむつ等（紙おむつ、サラシ・ガーゼ等衛生用品） 収尿器	ストーマ造設 高度の排便機能障害、脳原性運動機能障害かつ意思表示困難 高度の排尿機能障害
居宅生活動作補助用具	居宅生活動作補助用具	下肢、体幹機能障害または乳幼児期非進行性脳病変

※情報・通信支援用具とは、障害者向けのパーソナルコンピュータ周辺機器や、アプリケーションソフト等をいいます。

4 福祉用具の種類

　福祉用具の普及促進を行っている公益財団法人テクノエイド協会では、ISO の分類に準拠した福祉用具分類コード 95 で商品をデータベース化し、インターネット上で情報提供しています。

表1-6　福祉用具分類コード95（CCTA95）での分類

分類	説明
❶治療訓練用具	訓練および治療だけのための用具と性行為補助具を含む。
❷義肢・装具	義肢は四肢の切断者もしくは欠損者に装着して失われた手足の機能と形態を代用するものであり、装具は身体の一部を固定あるいは支持して変形の予防や矯正をはかったり機能の代用を行うものである。生体内に埋め込まれる補填材料（人工骨、人工関節など）は含まない。
❸パーソナルケア関連用具	失禁患者、人工肛門患者用補助具、更衣用補助具、衣類、靴、体温計、時計、体重計を含む。
❹移動機器	人の移動を目的として使用する個人用の移動機器。物を運ぶ運搬用の機器を除く。
❺家事用具	炊事、洗濯、掃除、裁縫、その他の家事役割を遂行するための設備品や道具、また食事動作に必要とされる食事用の器や用具、障害者が使用しやすい工夫がされている。
❻家具・建具、建築設備	住宅、職場、教育施設の改善のための家具や用具、備品が含まれる。キャスターの有無を問わない。休憩用、作業用を問わない。
❼コミュニケーション関連用具	読書、書字、電話、警報などが可能なコミュニケーション関連機器を扱う。
❽操作用具	ものを操作するための補助に用いる用具。他の機器に取り付けて取り扱いを容易にするための部品類はこの項目に分類するが、特定の機器に取り付ける付属品はその機器の分類項目に含める。
❾環境改善機器・作業用具	環境改善機器は環境の影響から人間を保護する機器で、身体に装着しないもの。作業用具は重量計などの計測機器、工具や作業台などの作業用家具などを含む。
❿レクリエーション用具	遊び、趣味、スポーツ、その他の余暇活動に用いる用具。職業を目的としている機器は除く。

第3節 福祉用具の役割

1 日常生活動作の自立の支援

　人は用具をつくり、それを操作することで文明を発展させてきました。毎日、目的や必要に応じてさまざまな用具を使い分けて生活しています。福祉用具もこのような用具の一つで、疾病や加齢の影響による生活の不便さを解消もしくは軽減することを目的につくられています。

　人の日常生活における福祉用具の役割は、①自立を支援すること、②日常生活を活性化させること、③安全・安心な生活を支えること、④介護者が用いる場合は、介護者の負担を軽減して介護者の心身を守ること、ができることにあります。

　介護保険では、利用者の意思に基づいて、その有する能力に応じ自立した日常生活を営むこと、利用者が自らの能力の維持や向上に努めることを目的としたサービスを提供することが必要で、福祉用具専門相談員は、福祉用具サービスにより要介護者・要支援者が自らできることが増えるといった自立を支援することが重要です。

(1) 福祉用具の安全性

　福祉用具の役割の一つに安全・安心な生活を支えることがありますが、これには製品としての福祉用具の技術的安全性が担保されていることが前提です。福祉用具の品質や安全性に関する制度等は、次のとおりです。

① 日本工業規格（JIS：Japanese Industrial Standards）

　　工業標準化法に基づく JIS は、鉱工業品の品質の改善、性能・安全性の向上、生産効率の増進等のための国家規格で、登録認証機関が、製品試験と品質管理体制等を審査し、JIS マーク表示を認める仕組みです。主な試験項目は、外観、寸法、性能、安全性、耐久性、衝突試験等です。

② SG（Safe Goods）基準

　　一般財団法人製品安全協会が安全を保障する SG 基準は、生命または身体に対して危害を与えるおそれのある製品について、安全な製品として必要な要件を委員会において審議して決定しています。試験は同協会が委託した検査機関が行い、SG マーク表示を認めます。主な試験項目は、外観および構造、寸法、機能、強度、耐久性等です。SG マークには、1 億円を限度とする対人賠償保険が付帯しています。

図 1-1　JIS マーク

図 1-2　SG マーク

表1-7 SGマークの福祉用具

・棒状つえ	0073
・簡易腰掛便器	0074
・シルバーカー	0075
・手動車いす	0078
・歩行車	0120
（ロレータおよびウォーキングテーブル）	
・電動介護用ベッド	0121
・ポータブルトイレ	0127
・入浴用いす	0129
・電動立ち上がり補助いす	0131

(2) 福祉用具を活用するために

　福祉用具の使用においては、転倒、けが等、福祉用具の使用による事故を防止する必要があります。安全とは、受容できないリスクのないこと（freedom from unacceptable risk）といわれており、福祉用具の使用環境において、予測される危険性をみつけ、安全対策を講じて、危険をできる限り小さくしなければなりません。家電や乗用車と同様に、福祉用具も毎年新たな機能をもった製品が開発されています。利用者の生活上の課題を解決するためのケアマネジメントを通じて福祉用具専門相談員が担う役割は、福祉用具の展示会、開発企業や販売事業所の説明会などを通じて積極的に情報を収集し、どのような機能や特徴をもった福祉用具が世の中にあるのかを利用者に提示し、安全な使い方を指導することです。

2　介護負担の軽減

　前述のとおり、加齢による心身機能の低下、疾病による麻痺や関節の痛みなどから生じる生活上の困難さを軽減して、生活の自立を支援することが福祉用具の最も大切な役割です。一方、福祉用具を使って自分でできることが増える分だけ介助が不要になるため、介護者の負担が軽減することになります。

　また、心身機能の障害が重度で、自力ではまったく起居・移動動作ができない人に対して、離床しての食事、トイレでの排泄、浴室での入浴、外出などの通常の生活を支援することは介護の基本です。これを人手のみで行うのは大変で、ベッドと車いすの移乗に移乗リフトを用いる、移動に介助用の車いすを用いることにより、介護者の負担は軽減します。このように、福祉用具は利用者の自立支援とともに、介護者の負担を軽減するという役割を担っています。

　介護負担の軽減には、ベッドと車いすの移乗に移乗リフトを用いる例のように単に介護者の身体的負担が軽減されるだけではありません。認知症老人徘徊感知機器により介護者の心理的負担が軽減する、あるいは浴槽を立ってまたぐ動作から入浴台に座ってまたぐ動作に変えることで介助動作が安定し、介護が効率化する、介護の時間が短縮するといったことがあります。特に在宅介護においては、効率化によって生じた時間が有効活用できる、介護者の気持ちに余裕ができコミュニケーションが充実するなどの心理的効果が介護者の負担の軽減として期待できます。

第2章 介護保険制度等の最近の動向

目 的

- 介護保険制度等の目的と、基本的な仕組みを確認したうえで、直近の制度改正の動向、内容と意義について理解する。
- 地域包括ケアに係る関連施策について理解し、福祉用具専門相談員が積極的に果たすべき役割、他職種からの期待について理解する。
- 地域包括ケアを担う各専門職の役割・責務について確認し、福祉用具専門相談員としての具体的なかかわり方について理解する。

到達目標

- 介護保険制度をめぐる動向や、直近の制度改正の内容、意味について説明できる。
- 地域包括ケアの理念や、地域包括ケアの構成要素、支える主体に関する理解をもとに、地域における地域包括ケアの現状や課題について、見解を述べることができる。
- 地域包括ケアを担う各専門職の役割・責務を踏まえ、福祉用具専門相談員として果たすべき役割について説明できる。

第1節 介護保険制度等の仕組みと動向

1 介護保険法の目的と理念

　介護保険法では、制度の目的として、要介護状態または要支援状態になった者が「尊厳を保持し、その有する能力に応じ自立した日常生活を営むことができるよう、必要な保健医療サービス及び福祉サービスに係る給付を行う」ことを規定し、**高齢者の自立支援**をその理念として掲げています。

　そして、その保険給付にあたっては、「利用者の心身の状況、その置かれている環境等に応じて、利用者の選択に基づき、適切な保健医療サービス及び福祉サービスが、多様な事業者又は施設から、総合的かつ効率的に提供されるよう配慮して行われなければならない」（介護保険法第2条第3項。下線部の「利用者」は法文では「被保険者」）とされ、**利用者本位**のサービス提供や**利用者による選択（自己決定）**が基本的な理念として掲げられています。

2 介護保険制度の仕組み

　介護保険制度は国民の連帯と相互扶助を基本とし、保険料の負担と給付の対応関係が明確な「社会保険方式」となっています。

(1) 保険者

　利用者に最も身近な行政主体である市町村と特別区（以下、「市町村」）が保険者として介護保険を運営します。

(2) 被保険者

　自らの老後や親の介護が現実的な問題として感じられるようになる40歳以上の者が被保険者です。さらに、被保険者は、①市町村の区域内に住所をもつ65歳以上の者（**第1号被保険者**）、②市町村の区域内に住所をもつ40歳以上65歳未満の医療保険加入者（**第2号被保険者**）の二つに区分されています（表2-1）。

(3) 住所地特例

　指定介護老人福祉施設などの介護保険施設、特定施設および養護老人ホームへの入所により、住所を施設のある市町村に移した被保険者については、住所を移す前の市町村が保険者となる特例が設けられています。これを**住所地特例**といい、介護保険施設のある市町村の介護費用にかかる財政負担が重くなることを避けるための措置となっています。

(4) サービスを受けられる者（受給権者）

　市町村から、**要介護状態・要支援状態**と認定された場合に保険給付を受けることができます。

表2-1　第1号被保険者と第2号被保険者

	第1号被保険者	第2号被保険者
対象者	65歳以上の者	40歳以上65歳未満の医療保険加入者
受給権者	・要介護者 ・要支援者	左のうち、初老期における認知症、脳血管疾患等の加齢に伴って生じる疾病によるもの
保険料負担	・原則として各市町村が所得段階に応じた定額保険料を設定 ・低所得者への負担を軽減する一方、高所得者の負担は所得に応じたものとなる	それぞれ加入している医療保険者ごとに設定 ・健保：(標準報酬＋標準賞与)×介護保険料率 　(事業主負担あり) ・国保：所得割、均等割等に按分 　(国庫負担あり)
賦課・徴収方法	年金額が年額18万円以上は年金天引き、それ以外は普通徴収	医療保険者が医療保険料として徴収し、介護給付費・地域支援事業支援納付金として一括して納付

(5) 介護サービスを受けるまでの手続き

① 要介護(要支援)認定

　要介護状態であるかどうか、要介護状態であれば介護の必要性はどの程度であるのかを判定するのが**要介護認定**です。要介護と認定されれば、その介護の必要性に応じて「要介護1」から「要介護5」までの五つに、要支援と認定されれば「要支援1」と「要支援2」の二つに区分されます。

　介護サービスを受けるには、被保険者はまず要介護認定等の申請を市町村に行い、認定を受けることが必要です。申請を受けた市町村は被保険者を認定調査し、この結果と主治医の意見書を踏まえた介護認定審査会における審査・判定に基づき、市町村が要介護認定等を行います。要介護・要支援の申請から認定までの手続きは**図2-1**のような流れで行われます。

　なお、第2号被保険者が認定を受けるためには、要介護状態(もしくは要支援状態)の原因である身体上または精神上の障害が、加齢に伴って生じる疾病であることが必要になります。この疾病を、**特定疾病**といい、これは介護保険法施行令に定められる筋萎縮性側索硬化症(ALS)などの16の疾病です。

② 居宅サービス計画・介護予防サービス計画の作成

　居宅介護支援とは、居宅で生活する要介護状態と認定された利用者の依頼を受けて、その心身の状況、生活環境、本人やその家族の希望等を考慮したうえで、介護サービスの種類および内容等を決定することです。これらを定めた計画を**居宅サービス計画**といい、この業務にあたる専門職を**ケアマネジャー(介護支援専門員)**といいます。

　介護予防支援の場合は同様に、**介護予防サービス計画**を作成します。なお、「介護予防サービス計画」の作成は、地域包括支援センターの職員が行います。

　介護サービスのうち、居宅サービスを利用するには、居宅サービス計画の作成が必要になり

ます。ケアマネジャーは、利用者の選択を助けるため、利用者に、地域でサービス事業者等が実施しているサービスの内容、利用料等の情報を提供し、居宅サービス計画を作成します。その作成の手順は、図2-2のようになります。

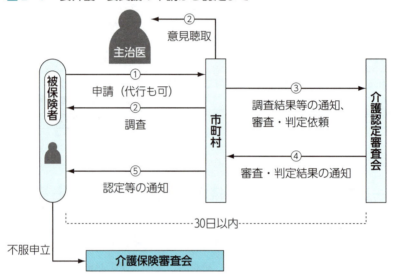

図2-1 要介護・要支援の申請から認定まで

図2-2 居宅サービス計画作成の手順

①利用者の状態把握（アセスメント）
（健康状態、家族の状態等の評価等）

↓

②サービスニーズの把握
（問題の特定・ニーズの把握）

↓

③サービス担当者会議の運営と今後のサービス提供方針の検討
（各介護サービス提供者および利用者本人あるいは家族の参加による意見交換等）

↓

④居宅サービス計画の作成
〇介護の基本方針、目標
〇サービス内容（メニュー、量など）

↓

⑤利用者および家族に対する説明と文書による同意

↓

⑥成果に対する評価と再アセスメント

(6) 保険給付の種類

　保険給付には、市町村から要介護者と認定された場合に受けられる**介護給付**、要支援者と認定された場合に受けられる**予防給付**、要介護状態等の軽減または悪化の防止に資するものとして条例で定める**市町村特別給付**の三つがあります。

　「介護給付」「予防給付」「市町村特別給付」には、それぞれ表2-2に示す種類があります。制度上、利用者はサービスを利用するにあたって必要となった費用を支払い、その後、市町村から利用者負担分を除いた費用を受けとります（償還払い）。ただし、このうち、九つのサービスについては、利用者が支払うべき「費用」を、市町村が利用者に代わって、介護サービス事業者に支払います（現物給付化）。

表2-2　「介護給付」「予防給付」「市町村特別給付」の種類

給付	サービスを受けられる者	種類
介護給付	要介護者	①居宅介護サービス費 ②特例居宅介護サービス費 ③地域密着型介護サービス費 ④特例地域密着型介護サービス費 ⑤居宅介護福祉用具購入費 ⑥居宅介護住宅改修費 ⑦居宅介護サービス計画費 ⑧特例居宅介護サービス計画費 ⑨施設介護サービス費 ⑩特例施設介護サービス費 ⑪高額介護サービス費 ⑫高額医療合算介護サービス費 ⑬特定入所者介護サービス費 ⑭特例特定入所者介護サービス費
予防給付	要支援者	①介護予防サービス費 ②特例介護予防サービス費 ③地域密着型介護予防サービス費 ④特例地域密着型介護予防サービス費 ⑤介護予防福祉用具購入費 ⑥介護予防住宅改修費 ⑦介護予防サービス計画費 ⑧特例介護予防サービス計画費 ⑨高額介護予防サービス費 ⑩高額医療合算介護予防サービス費 ⑪特定入所者介護予防サービス費 ⑫特例特定入所者介護予防サービス費
市町村特別給付	要介護者または要支援者	介護給付、予防給付のほか、条例で定めるもの

注：＿＿＿は「現物給付化」が可能なもの。

① 介護給付

表2-2に示したもののうち、ここでは、主要な、居宅介護サービス費、地域密着型介護サービス費、居宅介護福祉用具購入費、居宅介護住宅改修費、居宅介護サービス計画費、施設介護サービス費、高額介護サービス費について述べます。

● 居宅介護サービス費

次の居宅サービスを、都道府県知事が指定した指定居宅サービス事業者から受けた場合に支払われる費用。

> ❶訪問介護、❷訪問入浴介護、❸訪問看護、❹訪問リハビリテーション、❺居宅療養管理指導、❻通所介護、❼通所リハビリテーション、❽短期入所生活介護、❾短期入所療養介護、❿特定施設入居者生活介護、⓫福祉用具貸与

● 地域密着型介護サービス費

次の地域密着型サービスを、市町村長が指定した指定地域密着型サービス事業者から受けた場合に支払われる費用。

> ❶定期巡回・随時対応型訪問介護看護、❷夜間対応型訪問介護、❸地域密着型通所介護、❹認知症対応型通所介護、❺小規模多機能型居宅介護、❻認知症対応型共同生活介護、❼地域密着型特定施設入居者生活介護、❽地域密着型介護老人福祉施設入所者生活介護、❾複合型サービス（看護小規模多機能型居宅介護）

● 居宅介護福祉用具購入費

入浴または排泄等に使用する福祉用具（特定福祉用具）を購入した場合に支払われる費用。

● 居宅介護住宅改修費

手すりの取り付け等の住宅改修を行った場合に支払われる費用。

● 居宅介護サービス計画費

市町村が指定した指定居宅介護支援事業者から居宅介護支援を受けた場合に支払われる費用。

● 施設介護サービス費

次の施設サービスを受けた場合に支払われる費用。ただし、居住費、食事の提供に必要な費用、理美容代等、日常生活に要した費用は除く。

> ❶介護福祉施設サービス（指定介護老人福祉施設）、❷介護保健施設サービス（介護老人保健施設）、❸介護医療院サービス（介護医療院）、❹介護療養施設サービス（指定介護療養型医療施設）（2024年3月末に廃止）

● 高額介護サービス費

利用者の自己負担が著しく高額になる場合に支払われる費用。

② 予防給付

予防給付のうち、ここでは、介護予防サービス費、地域密着型介護予防サービス費、介護予防福祉用具購入費、介護予防住宅改修費、介護予防サービス計画費、高額介護予防サービス費について取り上げます。

●介護予防サービス費

次の介護予防サービスを、都道府県知事が指定した指定介護予防サービス事業者から受けた場合に支払われる費用。

> ❶介護予防訪問入浴介護、❷介護予防訪問看護、❸介護予防訪問リハビリテーション、❹介護予防居宅療養管理指導、❺介護予防通所リハビリテーション、❻介護予防短期入所生活介護、❼介護予防短期入所療養介護、❽介護予防特定施設入居者生活介護、❾介護予防福祉用具貸与

●地域密着型介護予防サービス費

次の地域密着型介護予防サービスを、市町村長が指定した指定地域密着型介護予防サービス事業者から受けた場合に支払われる費用。

> ❶介護予防認知症対応型通所介護、❷介護予防小規模多機能型居宅介護、❸介護予防認知症対応型共同生活介護

●介護予防福祉用具購入費

入浴または排泄等に使用する福祉用具（特定介護予防福祉用具）を購入した場合に支払われる費用。

●介護予防住宅改修費

手すりの取り付け等の住宅改修を行った場合に支払われる費用。

●介護予防サービス計画費

市町村長が指定した指定介護予防支援事業者から介護予防支援を受けた場合に支払われる費用。

●高額介護予防サービス費

利用者の自己負担が著しく高額になる場合に支払われる費用。

③ 市町村特別給付

市町村は、「介護給付」「予防給付」のほかに条例により独自の保険給付を行うことができます（市町村特別給付）。具体的には配食サービス等が考えられます。

(7) 介護報酬

介護サービスに要した「費用」の額は、サービスの種類ごとに、サービスの内容もしくは要介護状態区分、または要支援状態区分によって決められている単位数に1単位の単価を掛けて算出されます。この基準に基づいて事業者が介護サービスを提供した場合に、その対価として支払われる報酬のことを**介護報酬**といいます。

また、福祉用具購入費および住宅改修費については、支給限度基準額（後出）の範囲内で、実

際の介護サービスに要した費用が支給されます。

(8) 居宅介護サービスにおける支給限度基準額

　支給限度基準額とは、保険給付として支給される居宅介護サービス費および地域密着型介護サービス費の、1か月の総額に上限を設けているものです（表2-3）。支給限度基準額の範囲内であれば、利用者は基本的にこれらのサービスを自由に組み合わせて利用できます。

　また、居宅介護福祉用具購入費については、同一年度で1種目1回に限り10万円まで、居宅介護住宅改修費については、同一住宅で20万円までの支給限度基準額が定められています。

表2-3　居宅サービスの支給限度基準額

要介護度	居宅サービスの支給限度基準額
要介護1	16,692単位／月
要介護2	19,616単位／月
要介護3	26,931単位／月
要介護4	30,806単位／月
要介護5	36,065単位／月

(9) 介護予防サービスにおける支給限度基準額

　介護予防サービスについても同じように、保険給付として支給される介護予防サービス費および地域密着型介護予防サービス費の支給限度基準額が決められています（表2-4）。

　また、介護予防福祉用具購入費については10万円まで、介護予防住宅改修費については20万円までの支給限度基準額が決められています。

表2-4　介護予防サービスの支給限度基準額

要支援度	介護予防サービスの支給限度基準額
要支援1	5,003単位／月
要支援2	10,473単位／月

(10) 利用者負担（自己負担）

　介護保険制度では、サービスを利用する人としない人との負担の公平性を図り、サービスの利用について費用意識を喚起するという観点から、**利用者負担**が設けられています。利用者負担は、前述の支給限度基準額の範囲内で、原則として**サービスに必要となった費用の1割**です。ただし、一定以上の所得のある第1号被保険者については、**自己負担が2割もしくは3割**となります。その際、利用者負担の額が一定の上限額を超えた場合には、高額介護サービス費、高額介護予防サービス費が給付されます。

　なお、食事の提供に必要となった費用、理美容代などの日常生活に必要となる費用などは全額が自己負担となります。

⑾ 地域支援事業

　地域支援事業は、介護予防・日常生活支援総合事業、包括的支援事業、任意事業の三つで構成されています（図2-3）。

① 地域包括支援センター

- **目的**

　　地域包括支援センターは、包括的支援事業等を地域において一体的に実施する役割を担う中核的機関として設置されます。

- **事業内容**

　　包括的支援事業の四つの業務（第1号介護予防支援事業、総合相談支援業務、権利擁護業務、包括的・継続的ケアマネジメント支援業務）を一体的に行うほか、在宅医療・介護連携推進事業、生活支援体制整備事業、認知症総合支援事業の三つの事業も行います。

- **事業の定期点検等**

　　地域包括支援センターは、前記の事業を有効に機能させるために、専門職種（保健師、社会福祉士、主任介護支援専門員等）が職員として配置され、多職種が、その専門知識や技能を互いに生かしながら、連携（チームケア）によって、事業を展開するものです。

図2-3　地域支援事業の全体像

```
介護予防・日常生活支援総合事業
（要支援1～2、それ以外の者）
○介護予防・生活支援サービス事業
　・訪問型サービス　・生活支援サービス（配食等）
　・通所型サービス　・介護予防ケアマネジメント
○一般介護予防事業

包括的支援事業
○地域包括支援センターの運営
　・総合相談支援業務、権利擁護業務、包括的・継続的ケアマネジメント支援業務
　・第1号介護予防支援事業（要支援者を除く）
○在宅医療・介護連携推進事業
○認知症総合支援事業
　（認知症初期集中支援チーム、認知症地域支援推進員等）
○生活支援体制整備事業
　（生活支援コーディネーターの配置、協議体の設置等）
○地域ケア会議推進事業

任意事業
○介護給付等費用適正化事業
○家族介護支援事業　○その他の事業
```

⑿ **介護サービス情報の公表**

　介護サービス事業者は**介護サービス情報**を都道府県知事に報告し、都道府県知事は当該報告の内容を公表することを義務づけられています。「介護サービス情報」とは、具体的には、報告が必須の「基本情報」と「運営情報」、報告が任意の「任意報告情報」で構成され、サービスごとに厚生労働省令で定められています（図2-4）。

図2-4　介護サービス情報の公表の仕組み

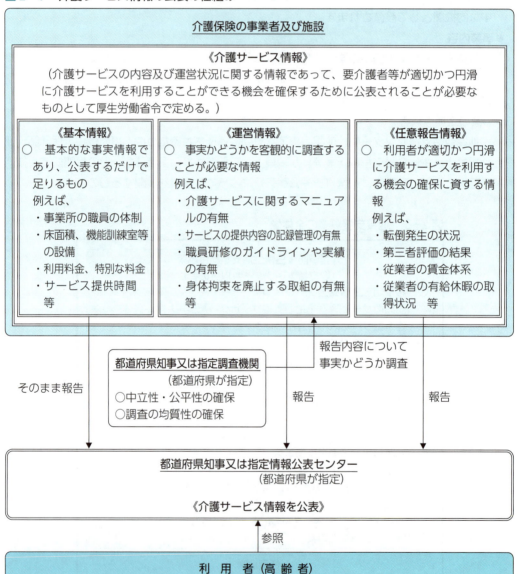

資料：厚生労働省資料を一部改変。

⒀ 保険料

保険料は、第1号被保険者、第2号被保険者によって異なります。

① 第1号被保険者の保険料

第1号被保険者の保険料は、市町村ごとに所得段階（原則9段階）に応じて定額が設定されます。

② 第2号被保険者の保険料

第2号被保険者の保険料は、介護給付費・地域支援事業支援納付金として医療保険者に賦課され、第2号被保険者がそれぞれ加入する医療保険の保険者が、第2号被保険者の負担すべき費用を一括納付しています。従来、その額は「加入者一人あたりの負担見込額×加入者（被保険者）数」に応じて決められていましたが、2017（平成29）年の介護保険制度改正により、被用者保険（健康保険組合、全国健康保険協会（協会けんぽ）、共済組合など）間において、「加入者数」ではなく「報酬額」に比例させて決めることとなりました（総報酬割）。

⒁ 財源構成

保険給付に必要な費用は、利用者の自己負担を除き、その50％が公費で負担されています。その負担割合は、施設等給付費については、国が20％、都道府県が17.5％、市町村が12.5％であり、居宅給付費については、それぞれ総給付費の国が25％、都道府県が12.5％、市町村が12.5％です（図2-5）。

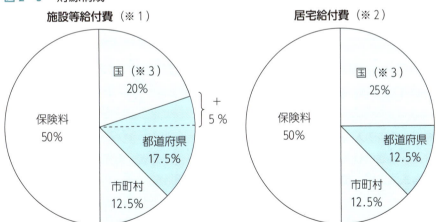

図2-5　財源構成

※1　施設等給付費とは、都道府県知事が指定権限を有する介護老人福祉施設、介護老人保健施設、介護医療院、特定施設に係る給付費。
　2　居宅給付費とは、施設等給付費以外の給付費。
　3　国の負担割合には調整交付金相当（5％）を含む。

⒂ 介護保険審査会

被保険者証の交付の請求、要介護認定または要支援認定など、保険給付に関する処分や保険料

等に関する処分に不服がある場合には、都道府県に置かれる介護保険審査会に審査請求ができます。介護保険審査会は、被保険者を代表する委員、市町村を代表する委員、公益を代表する委員で組織されています。

⒃ 障害者自立支援制度との関係

　介護保険法による給付と障害者の日常生活及び社会生活を総合的に支援するための法律（障害者総合支援法）に基づくサービスのうち、両者に共通するサービスについては、**介護保険法による給付が優先**されます（図 2-6）。

図 2-6　障害者自立支援制度との関係

［上乗せ部分］
全身性障害者に対する介護保険の支給限度額を超える部分は障害者自立支援制度から給付

障害者自立支援制度

介護保険と障害者自立支援制度で共通するサービス
➡ 介護保険からの給付が優先

［横出し部分］
同行援護（ガイドヘルプサービス）や補装具などの介護保険にないサービスは障害者自立支援制度から給付

3　介護保険法によるサービス

⑴ 居宅サービス

　保険給付として、その費用が支払われる**居宅サービス**とは、次のサービスをいいます。

❶訪問介護、❷訪問入浴介護、❸訪問看護、❹訪問リハビリテーション、❺居宅療養管理指導、❻通所介護、❼通所リハビリテーション、❽短期入所生活介護、❾短期入所療養介護、❿特定施設入居者生活介護、⓫福祉用具貸与、⓬特定福祉用具販売

①　福祉用具貸与

　適切な福祉用具の選定の援助・取り付け・調整などを行って、表 2-5 の左欄に示す福祉用具を貸与します。利用者の日常生活上の便宜を図り、その機能訓練に資するとともに、介護者の負担の軽減を図ることを目的とします。ただし、利用者の状態像をみてその利用が想定しにくい、要介護 1 と認定された利用者に対する①特殊寝台（付属品を含む）、②車いす（付属品を含む）、③床ずれ防止用具および体位変換器、④認知症老人徘徊感知機器、⑤移動用リフト、要介護 1～3 と認定された利用者に対する⑥自動排泄処理装置（尿のみを自動的に吸引する機能の

ものを除く）については、一定の例外（例えば、日常的に起き上がりの困難な利用者が利用する場合の特殊寝台）を除いて、保険給付の対象となりません。

② **特定福祉用具販売**

　福祉用具のうち、貸与になじまない入浴・排泄に使用される特殊尿器などを販売することをいいます。このような福祉用具を**特定福祉用具**といい、その種目は**表2−5**の右欄に示すものです。その購入にあたり、保険給付として、「居宅介護福祉用具購入費」が支給されます。

表2−5　福祉用具貸与および特定福祉用具販売の対象となる福祉用具

貸与される福祉用具	特定福祉用具
❶車いす ❷車いす付属品 ❸特殊寝台 ❹特殊寝台付属品 ❺床ずれ防止用具 ❻体位変換器 ❼手すり ❽スロープ ❾歩行器 ❿歩行補助つえ ⓫認知症老人徘徊感知機器 ⓬移動用リフト（つり具の部分を除く） ⓭自動排泄処理装置	❶腰掛便座 ❷自動排泄処理装置の交換可能部品 ❸入浴補助用具 ❹簡易浴槽 ❺移動用リフトのつり具の部分

③ **住宅改修**

　利用者に、住宅内におけるより安全な生活を確保するとともに、住宅設備の改修により、移動しやすく、暮らしやすい居宅にすることを目的として、居宅介護住宅改修費が支給されます。
　その対象は、①手すりの取り付け、②段差の解消、③滑りの防止および移動の円滑化等のための床または通路面の材料の変更、④引き戸等への扉の取り替え、⑤洋式便器等への便器の取り替え、⑥その他①〜⑤の住宅改修に付帯して必要となる住宅改修です。

(2) 地域密着型サービス

　保険給付として、その費用が支払われる**地域密着型サービス**とは、次のサービスをいい、「地域密着型サービス」を利用できるのは、居宅で生活を送る、「要介護」と認定された利用者であり、加えて原則としてサービスを提供する事業所のある市町村に住む人に限られます。

> ❶定期巡回・随時対応型訪問介護看護、❷夜間対応型訪問介護、❸地域密着型通所介護、❹認知症対応型通所介護、❺小規模多機能型居宅介護、❻認知症対応型共同生活介護、❼地域密着型特定施設入居者生活介護、❽地域密着型介護老人福祉施設入所者生活介護、❾複合型サービス（看護小規模多機能型居宅介護）

(3) 居宅介護支援

　利用者の依頼を受けて、利用するサービスの種類や内容、これを担当する者などを定めた計画（居宅サービス計画）を立案し、その計画に基づいてサービスが提供されるよう、事業者などと連絡・調整を行うことをいいます。

(4) 介護保険施設

　指定介護老人福祉施設、介護老人保健施設、介護医療院、指定介護療養型医療施設をいいます。

(5) 施設サービス

　保険給付として、その費用が支払われる施設サービスとは、次のサービスをいいます。

> ❶介護福祉施設サービス、❷介護保健施設サービス、❸介護医療院サービス、❹介護療養施設サービス

① 介護医療院サービス

　2017（平成29）年の介護保険法の改正により、介護医療院サービスは「長期療養のための医療」と「日常生活上の世話（介護）」を一体的に提供することを目的として、主として長期にわたり療養が必要である要介護者に対し、施設サービス計画に基づいて療養上の管理、看護、医学的管理のもとにおける介護および機能訓練その他必要な医療ならびに日常生活上の世話を行うことを目的とする施設として創設されました。地方公共団体（都道府県・市町村等）、医療法人、社会福祉法人などが開設者となり、都道府県知事の承認を受けた医師が施設の管理をしなければなりません。

(6) 介護予防サービス

　保険給付として、その費用が支払われる介護予防サービスとは、次のサービスをいいます。

> ❶介護予防訪問入浴介護、❷介護予防訪問看護、❸介護予防訪問リハビリテーション、❹介護予防居宅療養管理指導、❺介護予防通所リハビリテーション、❻介護予防短期入所生活介護、❼介護予防短期入所療養介護、❽介護予防特定施設入居者生活介護、❾介護予防福祉用具貸与、❿特定介護予防福祉用具販売

　なお、介護予防とは、身体上の、または精神上の障害があるために、入浴や排泄、食事などの日常生活における基本的な動作の全部もしくはその一部について常に介護が必要である状態であったり、またはそのために日常生活に支障がある状態であったりしたときに、その状態を軽減させたり、その悪化を防止したりすることをいいます。

　また、介護予防サービスを利用できるのは、居宅で生活を送る、「要支援」と認定された利用者です。

① **介護予防福祉用具貸与**

　福祉用具のうち、介護予防に効果があるとして厚生労働大臣が定めた福祉用具を貸与することをいいます。具体的な種目は福祉用具貸与の対象となるもの（31頁の**表2-5**）と同様ですが、利用者の状態像をみてその利用が想定しにくい、要支援1・2と認定された利用者に対する①特殊寝台（付属品を含む）、②車いす（付属品を含む）、③床ずれ防止用具および体位変換器、④認知症老人徘徊感知機器、⑤移動用リフト、⑥自動排泄処理装置については、一定の例外（例えば、日常的に起き上がりの困難な利用者が利用する場合の特殊寝台）を除いて保険給付の対象となりません。

② **特定介護予防福祉用具販売**

　福祉用具のうち、介護予防に効果のあるものであって、入浴や排泄の際に用いられるなどの理由によって貸与にはなじまないもの（特定介護予防福祉用具）を販売することをいいます。具体的な種目は、特定福祉用具販売の対象となるもの（31頁の**表2-5**）と同様です。

(7) 地域密着型介護予防サービス

　保険給付として、その費用が支払われる**地域密着型介護予防サービス**とは、次のサービスをいい、「地域密着型介護予防サービス」を利用できるのは、居宅で生活を送る、「要支援」と認定された利用者であり、加えて原則としてサービスを提供する事業者のある市町村に住む人に限られます（つまり、隣の市町村にある事業所のサービスは利用できません）。

> ❶介護予防認知症対応型通所介護、❷介護予防小規模多機能型居宅介護、❸介護予防認知症対応型共同生活介護

(8) 介護予防支援

　利用者の依頼を受けて、利用するサービスの種類や内容、これを担当する人などを定めた計画を立案し、その計画に基づいてサービスが提供されるよう、事業者などと連絡・調整を行うことをいいます。

　介護予防支援を行うのは、地域包括支援センターの職員のうち、保健師その他介護予防支援に関する知識をもつ者です。

(9) 共生型サービス

　2017（平成29）年の介護保険法の改正により、障害者が65歳以上になっても使い慣れた事業所のサービス利用が容易になることなどを目的として、共生型サービスが位置づけられました。すなわち、障害福祉サービス事業所等であれば、介護保険事業所の指定も受けやすくなる特例が設けられました。対象となるのは、訪問介護、通所介護、地域密着型通所介護、療養通所介護、短期入所生活介護、介護予防短期入所生活介護にかかる事業所です。

4 介護保険における福祉用具の選定の判断基準について

(1) 介護保険における福祉用具

　介護保険における「福祉用具」は、「心身の機能が低下し日常生活を営むのに支障がある要介護者等の日常生活上の便宜を図るための用具及び要介護者等の機能訓練のための用具であって、要介護者等の日常生活の自立を助けるためのもの」と規定されています。

　その利用状況をみると、要介護者等の日常生活を支える道具として急速に普及、定着していますが、その一方で要介護度の軽い者に対する特殊寝台、車いすの貸与など利用者の状態像からその必要性を想定しにくい福祉用具が給付され、介護保険法の理念である自立支援の趣旨に沿わない事例もみられるようになっていました。

　そこで、福祉用具が要介護者等に適正に選定されるために、使用が想定しにくい福祉用具を示した**介護保険における福祉用具の選定の判断基準**が2004（平成16）年に作成されました。この「判断基準」では、個々の福祉用具ごとに福祉用具の特性、利用者の状態から判断して明らかに「使用が想定しにくい状態像」および「使用が想定しにくい要介護度」が示されており、「使用が想定しにくい状態像」は、要介護認定における認定調査項目および利用者の心身の状況により選択された選択肢別に整理されています。

　ただし、この「判断基準」で示されているものは、福祉用具の選定を行う場合の標準的な目安（ガイドライン）であって、ここで示されている福祉用具の使用が想定しにくいとされる場合であっても、利用者一人ひとりの生活環境や解決すべき課題等によっては、使用が考えられる場合もあります。

　具体的には、認定調査のうち「基本調査」の結果を用いて、次の状態に該当すると判断された場合に福祉用具貸与を利用することができます。

①車いすおよび車いす付属品（次のいずれかに該当する者）
  ・日常的に歩行が困難な者
  ・日常生活範囲において移動の支援が特に必要と認められる者
②特殊寝台および特殊寝台付属品（次のいずれかに該当する者）
  ・日常的に起きあがりが困難な者
  ・日常的に寝返りが困難な者
③床ずれ防止用具および体位変換器
  ・日常的に寝返りが困難な者
④認知症老人徘徊感知機器（次のいずれにも該当する者）
  ・意思の伝達、介護を行う者への反応、記憶または理解に支障がある者
  ・移動において全介助を必要としない者
⑤移動用リフト（つり具の部分を除き、次のいずれかに該当する者）
  ・日常的に立ち上がりが困難な者
  ・移乗が一部介助または全介助を必要とする者
  ・生活環境において段差の解消が必要と認められる者
⑥自動排泄処理装置（次のいずれにも該当する者）
  ・排便において全介助を必要とする者
  ・移乗において全介助を必要とする者

また、次の場合に該当すると認められたときも例外的に福祉用具貸与を利用できます。

❶ 疾病その他の原因により、状態が変動しやすく、日によってまたは時間帯によって、頻繁に告示で定める福祉用具が必要な状態に該当する者
❷ 疾病その他の原因により、状態が急速に悪化し、短期間のうちに告示で定める福祉用具が必要な状態になることが確実に見込まれる者
❸ 疾病その他の原因により、身体への重大な危険性または症状の重篤化の回避等医学的判断から告示で定める福祉用具が必要な状態に該当すると判断できる者

なお、❶～❸に該当するとして福祉用具貸与を利用するには、①「医師の医学的な所見」に基づき判断され、②サービス担当者会議等を経た適切なケアマネジメントの結果を踏まえていることを、③市町村が「確認」、している必要があります。

第2節　障害者総合支援法の仕組みと動向

1　障害者自立支援法から障害者総合支援法へ

障害者の自立や社会への参加を支援するためのさまざまな福祉サービスの多くは、**障害者の日常生活及び社会生活を総合的に支援するための法律（障害者総合支援法）**によって提供されています。障害者総合支援法は、それまでの障害者自立支援法を改正し、2014（平成26）年4月より本格的に運用されました。

2　サービスの種類と内容

(1) 自立支援給付と地域生活支援事業

障害者総合支援法で提供されるサービスは大きく分けて、**自立支援給付**と**地域生活支援事業**の2種類になります（図2-7）。

まず、自立支援給付は介護給付、訓練等給付、地域相談支援給付、計画相談支援給付、補装具、自立支援医療等があり、障害者一人ひとりに対して、日常生活に欠かすことができない介護や訓練、医療などを全国各地で格差を生むことなく提供することを目的としています。

一方、地域生活支援事業は、各地域の特性を活かしたサービスを柔軟に提供することを目的としています。

(2) 自立支援給付

① 介護給付

介護給付費の支給は、介護にかかわる個別給付で、サービスの種類は**表2-6**のとおりです。

② 訓練等給付

訓練等給付費が支給されるサービスは、**表2-7**のとおりです。

③ 補装具

補装具は、障害者の車いすや義肢、視覚障害者の盲人安全つえなど、障害によって「損なわれた身体機能を補完・代替する」用具で、国が種目や耐用年数などを定めています。補装具の購入または修理の費用は、補装具費として支給されます。また、2018（平成30）年4月からは、成長に伴い短期間で取り替える必要のある障害児の場合等に、貸与の活用が可能となる制度が設けられています。なお、一定の所得額を超える人を支給対象からはずすなどの制約（所得制限）が設けられています。

④ 自立支援医療

公費負担医療制度のうち、従来の児童福祉法上の育成医療、身体障害者福祉法上の更生医療、

図2-7 自立支援給付と地域生活支援事業

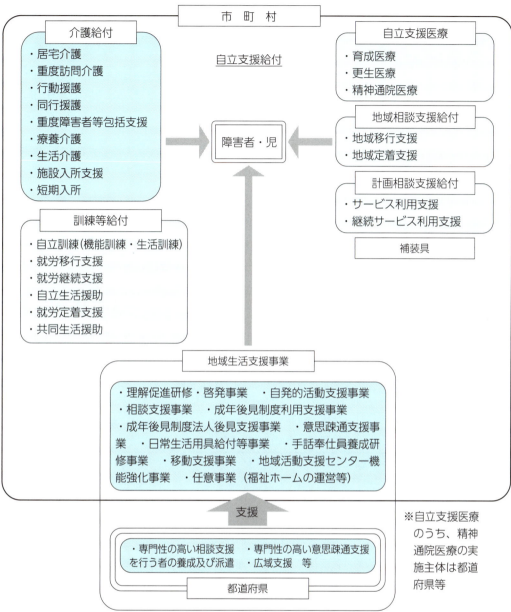

資料:厚生労働省資料を一部改変。

精神保健及び精神障害者福祉に関する法律上の精神通院医療、の三つの医療を一本化したのが自立支援医療です。

⑤ 地域相談支援給付

相談支援事業者による、障害者支援施設の入所者や精神科病院に入院している精神障害者などの地域生活への移行にかかる支援や、施設・病院からの退所・退院および家族との同居から一人暮らしに移行した障害者への地域定着を図るために、福祉サービス事業所への同行や緊急事態への相談・対応が、地域相談支援として実施されます。

表2-6 介護給付事業一覧

区分	サービス名称	内容
訪問系	居宅介護（ホームヘルプ）	自宅で、入浴、排泄、食事の介護等を行う。
	重度訪問介護	重度の肢体不自由者や重度の知的障害または精神障害により行動上著しい困難がある人で、常に介護を必要とする人に、自宅で入浴、排泄、食事の介護、外出時における移動支援などを総合的に行う。また、医療機関への入院時において一定の支援を行う。
	行動援護	知的または精神障害によって自己判断能力が制限されており、常時介護を要する人が行動するとき、危険を回避するために必要な支援、外出支援を行う。
	同行援護	視覚障害により移動に著しい困難を有する人に、移動時およびそれに伴う外出先において必要な視覚的情報の支援、移動の援護、排泄、食事等の介護その他外出する際に必要となる援助を行う。
	重度障害者等包括支援	介護の必要性がとても高い人に、居宅介護等複数のサービスを包括的に行う。
日中系	療養介護	医療と常時介護を必要とする人に、昼間、医療機関で機能訓練、療養上の管理、看護、介護および日常生活の世話を行う。
	生活介護	常に介護を必要とする人に、昼間、入浴、排泄、食事の介護等を行うとともに創作的活動または生産活動の機会を提供する。
居住系	施設入所支援	施設に入所する人に、主として夜間、入浴、排泄、食事の介護等を行う。
その他	短期入所（ショートステイ）	自宅で介護する人が病気の場合などに短期間、夜間も含め施設で、入浴、排泄、食事の介護等を行う。

資料：厚生労働省パンフレットをもとに作成。

表2-7 訓練等給付事業一覧

区分	サービス名称	内容
日中系	自立訓練（機能訓練・生活訓練）	自立した日常生活または社会生活ができるよう、一定期間、身体機能または生活能力の向上のために必要な訓練等を行う。
	就労移行支援	就労を希望する障害者に、一定期間、就労に必要な知識および能力の向上のために必要な訓練等を行う。
	就労継続支援（A型・B型）	一般企業等での就労が困難な障害者に、働く場の提供等をするとともに知識および能力の向上のために必要な訓練を行う。
	就労定着支援	通常の事業所に新たに雇用された障害者に、一定期間、就労の継続を図るために必要な事業主、障害福祉サービス事業を行う者、医療機関などとの連絡調整等を行う。
居住系	共同生活援助（グループホーム）	主として夜間、共同生活を行う住居において、相談、入浴、排泄、食事の介護や日常生活上の援助を行う。
その他	自立生活援助	施設入所支援やグループホームを利用していた障害者が居宅で自立した日常生活を営むために、一定期間、定期的な巡回訪問等により、情報提供・助言等の援助を行う。

資料：厚生労働省パンフレットをもとに作成。

⑥ 計画相談支援給付

相談支援事業者による、障害福祉サービスや地域相談支援を利用するすべての障害者を対象に、サービス等利用計画の作成や計画の見直し（モニタリング）が計画相談支援として実施されます。

(3) 地域生活支援事業

地域生活支援事業は市町村が実施するものと、都道府県が実施するものとに分けられます。
市町村が提供する地域生活支援事業は必須事業と任意事業などに分けられます。そのなかでも、必須事業はすべての市町村で例外なく実施すべき事業として位置づけられています。

表2-8 市町村地域生活支援事業の必須事業

- 理解促進研修・啓発事業
- 自発的活動支援事業
- 相談支援事業
- 成年後見制度利用支援事業
- 成年後見制度法人後見支援事業
- 意思疎通支援事業
- 日常生活用具給付等事業
- 手話奉仕員養成研修事業
- 移動支援事業
- 地域活動支援センター機能強化事業

(4) 介護保険制度と障害者自立支援制度の関係

障害者総合支援法の障害福祉サービス利用対象の障害者であっても、65歳以上となった場合や、40歳以上で介護保険制度の対象となる16の特定疾病による障害者には、同様の福祉サービスが介護保険制度にある場合、原則として介護保険制度によるサービスが優先されます。この場合、それまで障害者総合支援法のサービスの提供を受けていた障害者であっても、介護保険制度に基づくサービス利用の手続きをとらなければなりません。

ただし、国は介護保険の対象となる障害者が障害福祉サービスを利用できる場合として、表2-9のケースをあげています。

表2-9 介護保険の被保険者が障害福祉サービスを利用できる場合

❶ 介護保険にはない障害者総合支援法固有のサービス（同行援護、行動援護、自立訓練（生活訓練）、就労移行支援、就労継続支援など）を利用する場合
❷ 必要な支給量が、介護保険サービスのみによって確保することができないとき、足りない部分について障害福祉サービスを利用する場合
❸ 利用可能な介護保険サービスを提供する施設や事業所が身近にない、あっても定員に空きがない場合
❹ 障害者が要介護認定等を受けた結果、非該当と判定された場合

第3節 在宅介護に関する法制度の変遷

1 老人福祉法

(1) 目的

　老人福祉法は、その目的として第1条に「老人の福祉に関する原理を明らかにするとともに、老人に対し、その心身の健康の保持及び生活の安定のために必要な措置を講じ、もって老人の福祉を図ること」としています。

2 老人福祉法等によるサービス

　老人福祉法に規定される主なサービスには、「居宅における介護等」「老人ホームへの入所等」などがあります。

(1) 居宅における介護等（第10条の4）

　老人福祉法では、老人居宅生活支援事業として、次の事業が定められており、市町村は必要に応じて、措置をとることができます。

> ❶老人居宅介護等事業、❷老人デイサービス事業、❸老人短期入所事業、❹小規模多機能型居宅介護事業、❺認知症対応型老人共同生活援助事業、❻複合型サービス福祉事業

(2) 老人ホームへの入所等（第11条）

　老人福祉法では、「老人ホームへの入所等」として、次の事業が定められており、市町村は必要に応じて、措置をとらなければなりません。

> ❶養護老人ホームへの入所、❷特別養護老人ホームへの入所、❸養護委託

　なお、介護保険制度の導入に伴い、老人居宅生活支援事業および特別養護老人ホームへの入所については、例えば虐待を受けているなどの、やむを得ない事由により介護保険法に規定するサービスを利用することが著しく困難であると認められるときに、老人福祉法による措置の対象となることになっています。

3 高齢者の医療の確保に関する法律

(1) 目的

　高齢者の医療の確保に関する法律（高齢者医療確保法）の目的は、その第1条に「国民の高齢期における適切な医療の確保を図るため、医療費の適正化を推進するための計画の作成及び保険者による健康診査等の実施に関する措置を講ずるとともに、高齢者の医療について、国民の共同連帯の理念等に基づき、前期高齢者に係る保険者間の費用負担の調整、後期高齢者に対する適切な医療の給付等を行うために必要な制度を設け、もって国民保健の向上及び高齢者の福祉の増進を図ること」とされています。

① 特定健康診査

　糖尿病など生活習慣病に関する健康診査で、その対象は、40歳以上の、国民健康保険の被保険者および健康保険などの被保険者とその被扶養者です。

　特定健康診査は、糖尿病等の生活習慣病の発症や重症化を予防することを目的として、メタボリックシンドロームに着目し、この該当者および予備群を減少させるための特定保健指導を必要とする者を、的確に抽出するために行うものです。

② 特定保健指導

　特定健康診査の結果により健康の保持に努める必要がある人に対して行われる保健指導を「特定保健指導」といいます。

(2) 後期高齢者医療制度

① 運営主体

　後期高齢者医療制度は、75歳以上の後期高齢者を被保険者として保険料を徴収し、医療給付を行う仕組みとなっており、独立した医療保険制度です。

　運営主体は、都道府県単位で全市町村が加入する広域連合（後期高齢者医療広域連合）であり、各広域連合の条例で保険料が決定されます。

② 被保険者

　被保険者の範囲は、広域連合の区域内に住所を有する、①75歳以上の高齢者、②65歳以上75歳未満の高齢者のうち寝たきり等で広域連合の認定を受けた高齢者、です。

第4節 福祉用具サービスに関する法制度の変遷

1 福祉用具の研究開発及び普及の促進に関する法律

(1) 目的

福祉用具の研究開発及び普及の促進に関する法律（福祉用具法）の目的は、第1条に「心身の機能が低下し日常生活を営むのに支障のある老人及び心身障害者の自立の促進並びにこれらの者の介護を行う者の負担の軽減を図るため、福祉用具の研究開発及び普及を促進し、もってこれらの者の福祉の増進に寄与し、あわせて産業技術の向上に資することを目的とする」と定められています。この第1条は、1993（平成5）年の制定以後、改正はされていません。

(2) 福祉用具の定義

「福祉用具」とは、福祉用具法において、「心身の機能が低下し日常生活を営むのに支障のある老人又は心身障害者の日常生活上の便宜を図るための用具及びこれらの者の機能訓練のための用具並びに補装具」と定義されています（第2条）。

(3) 福祉用具の種類

福祉用具法に定義される福祉用具の範囲は幅広く、ここでは、介護保険法に規定される保険給付の対象となる福祉用具（表2-10）、老人福祉法における老人日常生活用具（表2-11）についてまとめています。

なお、公益財団法人テクノエイド協会では、福祉用具を、①治療訓練用具、②義肢・装具、③パーソナルケア関連用具、④移動機器、⑤家事用具、⑥家具・建具、建築設備、⑦コミュニケーション関連用具、⑧操作用具、⑨環境改善機器・作業用具、⑩レクリエーション用具、⑪その他、の11に分類しています。

表2-10 介護保険法に規定される保険給付の対象となる福祉用具

貸与される福祉用具 貸与される介護予防福祉用具	特定福祉用具 特定介護予防福祉用具
車いす、車いす付属品、特殊寝台、特殊寝台付属品、床ずれ防止用具、体位変換器、手すり、スロープ、歩行器、歩行補助つえ、認知症老人徘徊感知機器、移動用リフト（つり具の部分を除く）、自動排泄処理装置	腰掛便座、自動排泄処理装置の交換可能部品、入浴補助用具、簡易浴槽、移動用リフトのつり具の部分

表2-11 老人福祉法における老人日常生活用具

種目
電磁調理器、火災警報器、自動消火器、老人用電話

第5節 地域包括ケアシステムの考え方と福祉用具専門相談員とのかかわり

1 地域包括ケアシステムの理念

　わが国では、少子高齢化、晩婚化、非婚化など社会的変化が大きく、わが国の家族形態の特徴としては、単独世帯が中心になりつつあります。その世帯数は、総人口が減少していく一方で、個人として生きる人々が増加していくことになり、孤独な余生を送る高齢者が増えてきます。

　特に日本は、諸外国に例をみないスピードで高齢化が進行しており、団塊の世代（約800万人）が75歳以上となる2025年以降は、家族介護力の低下と扶養意識の変化により、国民の医療や介護の需要が、さらに増加することが危惧されています。今後、現在の税制、年金制度や介護制度などの社会保障制度では、社会の変化に対応できなくなっていくことが予測されます。

　国は、2025年を目途に、高齢者の尊厳の保持と自立生活の支援の目的のもとで、可能な限り住み慣れた地域で、自分らしい暮らしを人生の最期まで続けることができるよう、地域の包括的な支援・サービス提供体制（地域包括ケアシステム）の構築を推進しようとしています。しかし、家庭の機能の縮小によって、地域社会への依存傾向を強めようとしても、旧来の地域共同体は崩壊してきており、地域社会における連帯意識も減退しています。

　私たちは、地域で生まれ、地域で育ち、自分の好きなことを楽しみ、年老いて一人暮らしであったとしても、自分で食事ができなくなっても、近所に見守られ、サービスを利用して、みんなのつながりを大切にしながら最期まで安心して自宅で暮らせる地域をつくることが求められています。そのためには、地域の人たちでどうするかを話し合い、これまでのつながりを大切にしながら、みんなで、みんなの幸せのために自分たちにふさわしい地域をつくることを目指していく時期に来ています。

(1) 地域包括ケアシステムの動向

　地域包括ケアは、高齢者が住み慣れた地域で、尊厳あるその人らしい生活を継続することを目指すもので、できる限り要介護状態にならないよう介護予防サービスを適切に確保するとともに、要介護状態になっても高齢者のニーズや状態の変化に応じて必要なサービスが切れ目なく提供される「包括的かつ継続的なサービス提供体制」を確立する必要があるとされています。

　2017（平成29）年には、「地域包括ケアシステムの強化のための介護保険法等の一部を改正する法律」の成立により、医療と介護の連携の推進を図る介護医療院の創設、「地域共生社会」の実現に向け、①高齢者と障害児者が同一事業所でサービスを受けやすくする共生型サービスの創設、②市町村による地域住民と行政等との協働による包括的支援体制づくり、③福祉分野の共通事項を記載した地域福祉計画の策定の努力義務化、といったように、「地域包括ケアシステムの深化・推進」が図られました。この改正は、2016（平成28）年7月に厚生労働省に設置された「我が事・丸ごと」地域共生社会実現本部の議論を踏まえた内容となっています。

図2-8 地域における住民主体の課題解決力強化・包括的な相談支援体制のイメージ

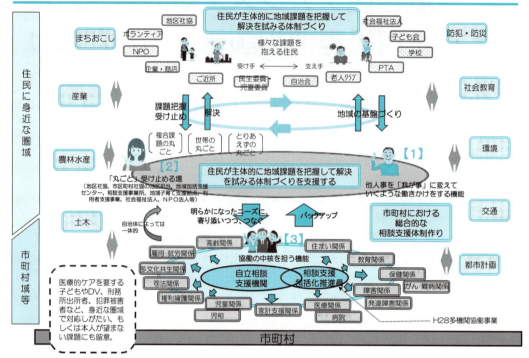

資料：厚生労働省

(2) 地域共生社会

「我が事・丸ごと」地域共生社会実現本部では、介護保険、障害福祉、子育て支援など、幅広い検討を行います。同本部の設置により、政府が一億総活躍社会づくりを進めるなか、支援の支え手側と受け手側に分かれるのではなく、地域のあらゆる住民が役割をもち、地域で支援を必要とするすべての者の暮らしを支えられるよう、地域包括ケアを深化させる**地域共生社会**の実現を目指すこととなりました。

2 地域包括ケアシステムの仕組み

地域包括ケアシステムは、概念的には五つの要素から構成されており、**介護**、**医療**、**予防**という専門的なサービスと、その前提としての**住まい**と**生活支援・福祉サービス**が相互に関係し、連携しながら在宅の生活を支えていくこととされています。

(1) 住まいと住まい方

生活の基盤として必要な住まいが整備され、利用者の希望と経済力にかなった住まい方が確保されていることが、地域包括ケアシステムの前提になります。

(2) 生活支援・福祉サービス

心身の能力の低下、経済的な理由、家族関係の変化などでも尊厳ある生活が継続できるよう生活支援を行います。

(3) 介護・医療・予防

個々人の抱える課題に合わせて**介護・リハビリテーション**、**医療・看護**、**保健・予防**が専門職によって提供されます（有機的に連携し、一体的に提供）。

(4) 利用者・家族の選択と心構え

単身・高齢者のみ世帯が主流になるなかで、在宅生活を選択することの意味を、利用者・家族が理解し、そのための心構えをもつことが重要です。

なお、要支援者に対する介護予防が介護予防・日常生活支援総合事業として実施され始めており、介護予防と生活支援は多様な担い手による一体的な体制となっています。そのため、地域包括ケアシステムの構成要素の「予防」について考え方が整理し直されています（図2-9）。

図2-9 地域包括ケアシステムにおける「五つの構成要素」

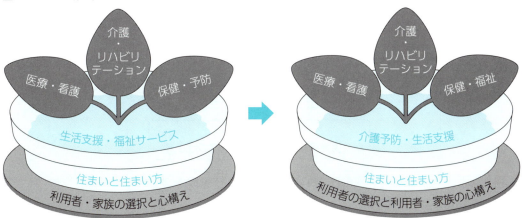

- 「介護予防・生活支援」は、介護予防・日常生活支援総合事業における取り扱いにもみられるように、専門職のかかわりを受けながらも、その中心はセルフマネジメントや地域住民、NPO等も含め、それぞれの地域の多様な主体の自発性や創意工夫によって支えられる以上、全国一律な支援・サービスではなく、それぞれの地域の特性を反映した要素から構成されます。
- したがって、これまで「葉」の中に位置づけられてきた軽度者向けの予防活動の多くは、自助や互助などの取り組みを通して、社会参加の機会が確保され、それぞれの人の日常生活の中で生活支援や介護予防の機能が発揮されるため、今回の図では、生活支援と介護予防を一体のものとして再整理しました。

資料：地域包括ケア研究会「地域包括ケアシステム構築に向けた制度及びサービスのあり方に関する研究事業報告書 地域包括ケアシステムと地域マネジメント」15～16頁、2016年を一部改変。

3 地域ケア会議の役割

　地域ケア会議の役割としては、高齢者個人に対する支援の充実と、それを支える社会基盤の整備を同時に進めていくための地域包括ケアシステムの実現に向けた手法であり、**地域包括支援センター**等が中心となって、「地域課題の把握」「地域づくり・資源開発」「政策形成」を通じて、住民が尊厳を保持した生活を地域で継続できることを目指すものとされています。

図2-10　地域ケア会議の推進

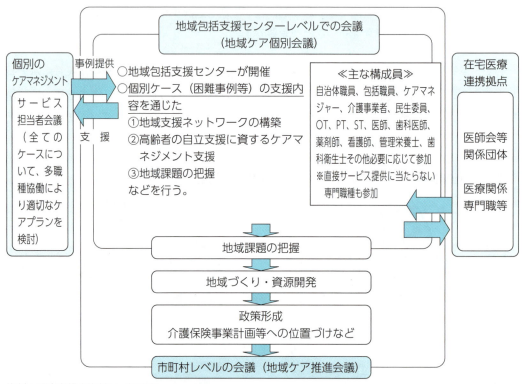

資料：厚生労働省資料を一部改変。

4 多職種連携

　地域包括ケアシステムでは、ケアマネジャー（介護支援専門員）、医師、看護師、介護福祉士等の専門職が、それぞれの専門的機能の発揮と最新の知識・技術の蓄積はもとより、それぞれの専門的機能を通して個々のサービス利用者の状態に応じた臨床的な協働の仕組み、例えば「顔の見える関係」の構築や、相互の「共通言語の理解」「コミュニケーションの促進」によって、連携機能の高度化を図っていく重要な役割を担います。

5 地域包括ケアシステムと福祉用具専門相談員のかかわり

　地域包括ケアシステムが機能する要素のなかで、要介護になる前から、要介護になっても、在宅での生活を支える大きな役割を果たしているのが福祉用具です。

　機能低下を起こしてくるさまざまな高齢者の個々のニーズや生活環境に適確に対応し、そのもてる力を最大限に活かすことを前提に福祉用具のサービスは成り立っています。

　サービスにあたっては、ケアマネジャーが作成するケアプランをもとに福祉用具の選定に入りますが、実際どのような福祉用具があるか、またその活用方法はどのようなものか、高齢者自身の状態に応じた適切な用具はどのようなものかの情報を高齢者はもちえていません。

　これらを支援する専門的な人材が介護保険制度には設けられており、それが福祉用具専門相談員です。

　専門的な見地からのアセスメントを踏まえて、具体的な福祉用具を選定し、その福祉用具が実際の高齢者の生活を支えていくことができるかをモニタリングします。継続的にも可能か、不具合はないか、また状態変化に応じた変更をどのように考えるか、高齢者や家族に代わって解決の方策をアドバイスする総合的で柔軟な支援を福祉用具専門相談員は担っています。

　人口減少社会に入りつつあるわが国において、人に頼るサービスにはおのずと限界があり、高齢者自身が自らの力を発揮して、自己の自立した生活を支えるためには福祉用具の力は不可欠です。

　このため地域における在宅生活を支える地域包括ケアシステムには、福祉用具専門相談員は地域の社会資源の一員としても今後ますます活躍が期待されます。

　また、多職種の連携も重要な要素になります。特に軽度の要介護高齢者との関係性のある福祉用具専門相談員が、日々の活動で得られた利用者との情報を個人情報保護に配慮しつつ、ケアマネジャー等の他の専門職につなげることは非常に重要です。福祉用具専門相談員は、利用者の在宅での生活を最期まで支援するチームケアの一員としての役割があります。

　さらに、高齢者や家族との関係性を構築している福祉用具専門相談員には、福祉用具を通してICF（国際生活機能分類）のなかにある活動や参加への動機づけなど、今まで以上の役割も期待されています。

第3章

高齢者の医療・介護に関する知識

目的

- 老化・障害等に関する日常生活上の留意点などの基本的な知識を踏まえ、新しい知見を学ぶ。
- 認知症や障害のある人の症状と心理・行動の特徴を理解し、それを踏まえてさまざまな場面におけるかかわり方を具体的に説明できる。
- 状況に応じた利用者・家族とのコミュニケーション方法を理解する。
- 特に配慮を要する状態像の利用者や、介護場面について、適切な福祉用具の選定、適合のポイントを理解する。

到達目標

- 高齢者の心理・行動の特徴、高齢者に多い疾病・症状を理解し、それを踏まえてさまざまな場面におけるかかわり方を具体的に説明できる。
- 認知症や障害のある人の症状と心理・行動の特徴を理解し、それを踏まえてさまざまな場面におけるかかわり方を具体的に説明できる。
- さまざまな利用者・家族を想定し、相手の状況に応じた適切なコミュニケーションのポイントを説明することができる。
- 利用者の環境や状況に応じた利用指導、適合調整におけるポイントを説明できる。
- 日常生活における各介護場面における動作のポイントと、それを支える福祉用具の役割について、具体例をもとに説明できる。

第1節 こころとからだのしくみの理解

1 老化に伴うからだの変化

(1) 全身機能の変化

① 全身性生理的変化

加齢によりヒトの心身機能は低下します。また、各臓器の機能も低下します。活動量が減ることによって、体力の維持力が低下し、感染症等にかかりやすくなります。

② フレイル（frailty）

フレイル（frailty：脆弱）とは、「加齢とともに心身の活力（運動機能や認知機能等）が低下し、複数の慢性疾患の併存などの影響もあり、生活機能が障害され、心身の脆弱性が出現した状態である。一方では、適切な介入・支援により、生活機能の維持向上が可能な状態像」と捉えられます。

フレイルの評価基準として、①体重の減少、②筋肉量の減少、③筋力の低下、④持久力の低下、⑤緩慢な動作、⑥活動性の低下、をあげています。これらの要素には測定指標があり、3個以上基準を下回ればフレイルとなり、すべて基準以上であればフレイルではないと判断されます。個人の加齢度の指標とみなせます。

(2) 高齢者にみられる病気・病態

① パーキンソン病

パーキンソン病は、50代から60代に発症することの多い慢性進行性の神経疾患です。脳にある黒質という細胞の固まりにある神経細胞が変性することによって起きます。その結果ドーパミンという物質が足りなくなり、神経相互の伝達がうまくいかなくなって、姿勢と運動の異常を生じます。パーキンソン症状としては、まず片側の手足の震えや動作のぎこちなさなどがみられ、これらがだんだん両側の手足へと広がって、筋肉が硬くなり、動きづらくなります。姿勢は前屈みとなり、足が前に出ない一方で、いったん歩き出すと止まれなくなったり、表情がなくなります。徐々に進行し、初めはそれほど不自由がなくとも次第に外出ができなくなり、家のなかでも自分で自分のことができなくなっていきます。薬で治療しますが、病気が進行すると、薬が切れたとたんに身体が硬くなって動けなくなり、薬の血中濃度が上がるとまた動けるようになるといったオン―オフ現象を示すことなどがあげられます。

② 脊髄小脳変性症

主に中年以降に発病する慢性進行性の神経疾患で、遺伝性のあるものとそうでないものが同じ病気のなかにあります。いくつかの病気がありますが、共通することは、小脳が変性して、ふらつきなどバランスがとれないことが特徴です。手や指が震える振戦が現れることもあります。言葉を発生する筋肉の協調性が失われ、その結果、言葉を話すことが不自由になったりします。

③ 多系統萎縮症

多系統疾患にはシャイ・ドレーガー症候群、オリーブ橋小脳萎縮症、線条体黒質変性症が含まれます。これらの病気にはそれぞれ特徴がありますが、混合した症状を呈するものがあることや、末期には同じような状態になることから、一つの疾患単位としてまとめられました。自律神経症状、小脳症状、パーキンソン症状が現れ、中枢神経のさまざまな部分の萎縮が生じていると考えられるので、多系統萎縮症と呼びます。

④ 生活習慣病

● 高血圧

高血圧は血圧の高い状態です。血圧の高い状態が続くと、次第に動脈が硬化し、腎臓や網膜にも変化が現れます。動脈硬化によって動脈の閉塞による四肢の壊死（血の巡りが悪く、組織が死ぬこと）や脳の血管障害、心筋梗塞が起こってきます。高血圧は塩分の摂りすぎ、ストレスの蓄積等で生じます。

● 糖尿病

糖尿病になると微小な血管の炎症が生じ、動脈硬化が起こり、感染症等にかかりやすくなります。血管炎によって、末梢神経障害、網膜症、腎症、動脈硬化による手足の血行障害が生じます。また心筋梗塞、脳血管障害の原因となります。病初期には自覚に乏しく、軽視されがちですが進行するとこのように重大な障害を引き起こします（合併症については後述）。

⑤ 心筋梗塞

心筋に分布する血管が詰まると心筋梗塞となります。急死するか、その後の日常生活に重大な支障をきたします。高血圧や糖尿病等の基礎疾患を伴うことがよくみられます。

⑥ 糖尿病性腎症、糖尿病性網膜症、糖尿病性神経障害

糖尿病性腎症では、糖尿病による細小血管症のために腎臓組織が障害され、尿をつくれなくなります。治療は糖尿病を管理することですが、いったん始まると進行を止めることは難しく、腎透析が必要となります。

糖尿病性網膜症は、目の網膜の血管の変化により視力障害をきたすものです。網膜がはがれたり、出血によって網膜の前にある硝子体が濁ったりして、次第に視力は失われます。

糖尿病性神経障害は、手足にある末梢神経が糖尿病のために次第に変性していくものです。手足のしびれ、異常感覚、筋肉のやせ、筋力の低下などが起こります。四肢切断の一因となります。

⑦ 脳血管疾患（脳出血、脳梗塞など）

40歳以上65歳未満で脳血管障害を発症した場合には、介護保険の適用となります。脳血管障害は脳卒中ともいわれ、脳の血管から出血する脳出血、脳表層の血管が破れるくも膜下出血、脳の血管がつまる脳梗塞があります。これらの血管障害の基礎疾患には糖尿病、高血圧等の生活習慣病が存在します。

⑧ 閉塞性動脈硬化症

動脈硬化とは、動脈の内側の壁が、厚くなったり固くなったりして脆くなって、本来の弾性

を失うものです。このような変化を粥状硬化（じゅくじょうこうか）といいます。閉塞性動脈硬化症とは、動脈の硬化が進んで、徐々に手足の太い動脈が閉塞し、その結果、手足の血液が足りなくなって、障害を起こす病気です。中年の男性に多くみられます。

⑨ 慢性閉塞性肺疾患（肺気腫、慢性気管支炎）など

呼吸機能の障害には2種類あり、一つは肺活量の減った拘束性障害というものであり、もう一つは、勢いよく息を吐き出すことができない閉塞性障害というものです。吐き出す勢いは、1秒間にどれだけの息を吐き出せるか（1秒率）で測ります。

肺気腫は、中年以降の主に男性にみられる呼吸器疾患で、動いたときの息切れ、咳、痰を主な症状とします。気管支の末端が拡大し、吸った息の酸素が取り込めなくなり、また息を吐こうとするとなかなか吐けません。そのために、だんだん胸が大きくなり、樽状になります。

慢性気管支炎は、気道の分泌物が増して、慢性的に咳や痰が出る状態です。喫煙や大気汚染などの環境因子が関与するといわれています。肺気腫と慢性気管支炎を併せて **COPD（慢性閉塞性肺疾患）** と呼びます。

気管支喘息は同じく気道が閉塞して呼吸困難となる病気ですが、気道が一時的発作的に広範囲にわたって狭まるものです。

(3) 運動器の変化

① 生理的変化

加齢により骨量は低下します。病的に低下したものを骨粗鬆症（こつそしょうしょう）といいます。骨量の低下は脊椎（背骨）の変形をきたし、老人姿勢となります。関節は表面を被う関節軟骨が変性し、関節の動きが悪くなったり、痛みを生じます。病的にまでなった場合に変形性関節症といい、筋量も低下します。その状態を**サルコペニア**といいます。視力や聴力の低下により、周囲からの情報を受けづらくなることや、敏捷性、反応性等の神経機能の低下により運動機能は衰えます。

② ロコモティブ・シンドローム（locomotive syndrome）

ロコモティブ・シンドローム（ロコモ） は、「運動器の障害によって移動機能の低下をきたした状態」をいいます。進行すると介護が必要となるリスクが高くなるというものです。ロコモティブ・シンドロームは運動器の加齢性変化を基礎とし、それに運動器の病的状態が加わって生じます（図3-1）。それらは生活機能に影響を及ぼし、活動性の低下、作業能力や移動機能の低下をきたし、廃用を進めて、介護が必要な状態に至ります。

③ 高齢者にみられる運動器の病的状態

高齢者の運動器による要介護化は、加齢による非特異的機能低下、変形性関節症の進行による運動機能低下、骨粗鬆化の進行を背景とする軽微な外力による骨折やその治療過程における廃用、変形性脊椎症や、後縦靱帯骨化症などを背景に軽微な転倒などをきっかけとした脊髄損傷（中心性頸髄損傷）の発症などを原因とします。

●大腿骨頸部骨折

高齢者に多い骨折です。大腿骨の付け根が骨折します。転倒によるものが多く、背景に骨粗鬆症があります。これをきっかけに認知症になったり、寝たきりになるものが多くみられます。治療の基本は手術療法です（図3-2、図3-3）。

図3-1　運動器の加齢性変化とロコモティブ・シンドロームの進行

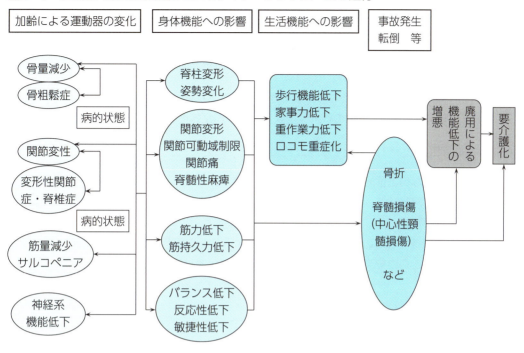

図3-2　人工骨頭置換術

図3-3　大腿骨頸部骨折に対するスクリュー固定

● **変形性関節症**

　変形性関節症は関節への過剰な負担が持続することで起こります。関節を構成する関節包や関節軟骨が年齢とともに次第に変化を起こし、さらに進行すると、軟骨や骨が壊れていく疾患です。

　変形性股関節症、変形性膝関節症等は生活への影響が強く、症状は運動時の関節痛であり、レントゲン上の変化とともに症状は徐々に進行します。手術のほか、装具療法が行われます。

● **変形性頸椎症、後縦靱帯骨化症と脊髄損傷**

　背骨（脊柱）には前方にある椎体と、後方にある椎弓の間に脊柱管という、脳と四肢をつ

なぐ脊髄の通っている管があります。その脊柱管の前方には後縦靱帯というものがあり、上下に骨（椎体）をつないでいます。後縦靱帯が骨化すると、脊髄の通る脊柱管が狭くなったり、その部分の脊髄や手足に出ていこうとする神経を圧迫して麻痺を生じることがあります。これを後縦靱帯骨化症といいます。

● 骨折を伴う骨粗鬆症

骨の密度が減少して、脆くなった状態が骨粗鬆症です。骨が折れやすくなり、背骨の圧迫骨折、大腿骨頸部骨折、手首の骨折や上腕骨骨折などが転倒に伴って起こりやすくなります。

(4) 廃用症候群

人の身体は使わないと量的、機能的低下をきたします。入院によって安静臥床を強いられると心身全体が廃用に陥ります。その結果、心身機能の低下が生じ、このような全身にわたる変化を**廃用症候群**といいます。

廃用症候群を構成するものとして図3-4に示すようなものが含まれます。高齢者に特有のものとしてフレイルとロコモティブ・シンドロームの存在があります。

図3-4　廃用症候群

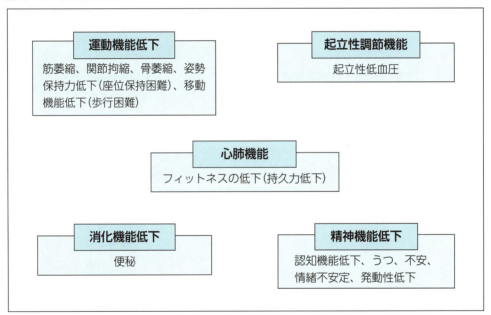

● 筋力低下

筋萎縮は筋量の低下ですが、それに伴う筋力低下として観察されます。

● 関節拘縮

動かさない関節は可動域制限を生じ、可動域が狭まります。可動域全域を動かそうとすると痛みを生じ、ますます可動域は狭まります。

肩関節、肘関節、膝関節などは拘縮を生じやすいところです（図3-5）。

● 骨萎縮

骨萎縮の測定は骨塩測定装置を必要としますが、一般的に重力負荷がない安静臥床状態においては骨は萎縮するといわれています。フレイルとロコモティブ・シンドロームが背景に

図 3-5 拘縮をきたしやすい関節

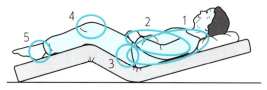

1 体幹：棒のようになる。呼吸運動も障害される
2 上肢・肩関節：動かすと痛がる　肘関節：伸ばすと痛がる
3 股関節：屈曲拘縮。開きも悪くなる。排泄の始末のとき痛がる
4 膝関節：伸びなくなる
5 足関節：伸びた状態となる

ある場合には、脆弱化した骨は軽微な外力、あるいは転倒によって病的骨折を起こします。

● 起立性低血圧

座位をとらせると血圧が下がり、不快を訴えます。失神することもあります。

● 心肺機能の低下

心肺機能の低下は、CR-Fitness（Cardio -Pulmonary Fitness）の低下として捉えられます。

● 認知機能の低下

刺激のない生活は認知機能を低下させます。認知機能の低下は、改訂長谷川式簡易知能評価スケール（HDS-R）を使い質問方式で測定します。

2 老化に伴うこころの変化

(1) 生涯発達の考え方

人間は老年期になっても、環境と適応しながら発達していくという考え方を「生涯発達」といいます。老年期にも発達を続けており、できなくなったことに着目しすぎるのではなく、新しい活動や役割にチャレンジできるというプラス思考の考え方は、高齢者の自立を支援するうえで非常に重要です。

(2) 個別性の高さ

人間の心理や行動は、経験に大きく影響を受けており、その結果、老年期における価値観や生活習慣の違いなどの個別性の違いは、若い世代に比べて大きいということを踏まえて理解をしなければなりません。したがって、高齢者であるというだけで、皆が同じであるという先入観や思いこみをもって接することは不適切です。

(3) 感覚・知覚の変化

加齢に伴い、五感（視覚、聴覚、味覚、嗅覚、触覚）の機能の低下が生じ、視覚や聴覚の機能低下によって生じる思いこみや誤解によるコミュニケーション上の問題は、周囲に対する猜疑心や孤独感の原因ともなりやすく、そのために社会的交流に消極的になったり、社会的孤立に陥ったりしている可能性もあるので注意が必要です。

(4) 知的機能・認知機能の変化

　一般的には、高齢者は新しいことを学習したり、記憶したりすることは苦手ですが、それまでに学習してきたこと、経験してきたことを活かして理解や洞察する能力は維持されることが多いです。また、何かを覚えたり、作業をしたりする際に全般的に時間がかかるのが特徴です。本来は時間をかければ自分でできることも、見かけ上できないと判断されていたり、自分でできないと思いこんだりする場合もあるので、注意が必要です。

(5) 環境への不適応

　環境への適応の困難さは、「やりたいのにできない」状況を生みやすく、やる気や気力を失う心理的不適応の原因となり得ます。私たちは心理的不適応になると、意識的にも無意識的にもさまざまな対処行動をとり、心理的な安定を保とうとする適応機制というはたらきをもっています（防衛機制とも呼ばれる）（表3-1）。

表3-1　適応機制の例

- 自分の失敗を都合のいい理由をつけて正当化する（合理化）
- 本来の目標が達成できないときに、代わりのもので満足する（代償）
- 困難な状況が生じないように外部との接触を断ってしまう（孤立）
- 泣いたりわめいたりして甘える、過度に依存的になる（退行）
- かんしゃくを起こしたり、皮肉を言ったりする（攻撃）
- 本当は頼りたいのに強がったり、関心があるのに無関心を装ったりするような自分の思いと正反対の行動をとる（反動形成）

(6) 喪失感の理解

　人生のなかでの大きな変化は、若い頃から長年続いてきたさまざまな生活パターンや人間関係の変化を余儀なくさせ、新しい仕事や趣味、人間関係などに適応しなければならなくなることも多いです。新たな適応がうまくいっているときはよいが、つまずきがあると失った能力や社会的関係に対する喪失感が生じやすくなります。大きな喪失感は抑うつや不安の原因ともなりやすく、生活への気力を失わせる原因になります。

(7) 社会的関係の変化

　老年期は心身の変化だけでなく、社会的関係が変化する時期といえます。
　家族内においても、親や配偶者との死別、子どもの独立、孫の誕生・成長、子どもとの再同居などによって、家族内の人間関係に変化が生じることも少なくありません。前述のような人間関係の喪失体験をすることも多くあります。
　また、社会的には、特に企業等で働いていた場合には定年を迎え、仕事・職場中心だった人間関係が大きな変化を迎えます。家庭外において社会的交流をもって生活していくためには、友人関係や地域における人間関係が必要になります。社会的役割や人間関係の変化によって、新たな社会的関係に適応することが、いきいきとした老年期を送るためには不可欠であることも多くあります。

3 リハビリテーションの理解

(1) リハビリテーションの基礎知識

① ICF

　リハビリテーションとは障害によってもたらされた機能低下や社会的な不利を改善し、障害者の社会への再統合を目指すものです。社会に再統合されるためにはその人のニーズによってさまざまなリハビリテーションの領域が必要とされます。1980年発表のWHO（世界保健機関）障害モデル（ICIDH：International Classification of Impairments, Disabilities and Handicaps：国際障害分類）では障害を機能障害、能力障害、社会的不利の階層モデルで捉え（図3-6）、2001年の**ICF（International Classification of Functioning, Disability and Health：国際生活機能分類）**では、心身機能・身体構造、活動、参加というモデルで障害を理解します（図3-7）。

　ICFでの「心身機能・身体構造」とは、身体部分や各臓器の機能と形態のことで、病気や外傷によって機能障害を受けます。また、機能障害の原因となるものとして先天性の場合も含まれます。**活動**とは、1980年の障害モデルでは能力障害（能力低下）といわれていたものであり、低下という後ろ向きの言葉ではなく、活動としてその状態を前向きに捉えます。**参加**とは、社会における役割と、人間らしい趣味や文化活動のことをいいます。

　「心身機能・身体構造」「活動」「参加」は、一方向の矢印をもった因果関係にあるのではなく、互いに影響を及ぼし合います。

図3-6　ICIDH（国際障害分類）1980年版の障害モデル

図3-7　ICF（国際生活機能分類）（WHO、2001）

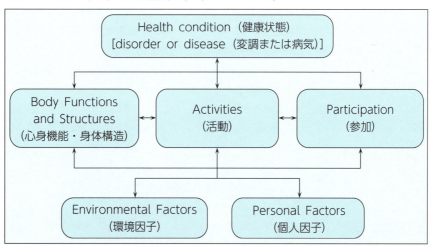

② リハビリテーション

　リハビリテーションとは、ICF に示す「参加」を高める、元に戻すということを目的に行われるといっても過言ではありません。そのために身体機能の改善、活動の改善をさまざまな療法によって身体にはたらきかけ、不足する分は補装具や、自助具といわれる道具で補い、さらには家屋改造などの環境調整を行います。

　リハビリテーションの概念は広く、単に移動ができるようになるとか、自分で自分のことができるようになるということにとどまらず、その人が再び社会で一人の人間としてその役割を果たす（全人的回復）という総合的な見地から行われます。

(2) リハビリテーションに用いられる評価基準

　リハビリテーションでは多くの専門職がかかわり、多面的に利用者を評価し、その評価内容を専門職間で共有します。そのためもあり、評価基準は客観的なものでなくてはなりません。また多岐にわたる評価基準が必要になります。しかもそれらは普遍的なものであり、スタッフはそれらの評価基準に精通していなければなりません。

① 評価の領域

- 身体機能

　身体の基本的機能の状態を測定するものです。関節可動域、筋力、歩行速度、体力などが測定されます。

- 知能や空間無視等の高次脳機能

　改訂長谷川式簡易知能評価スケール（HDS-R）（表3-2）や知能検査（WAIS-R）等があります。

- 心理状態

　不安やうつの状態が測定されます。

- パフォーマンス

　どのような機能状態にあるかを測定するものです。ADL（日常生活動作）は生活を送るうえで基本的に個人が果たすことを必要とするような動作です。基本的（標準的）ADL は最低限個人生活に必要な活動であり、バーセル・インデックス（表3-3）等が用いられます。

- QOL（生活の質）

　生活の質には多くの要素があり、WHO の ICF の健康状態（変調または病気）、心身機能・身体構造、活動、参加、環境因子、個人因子のすべての概念を含みます。なお、個人の健康状態に限定して評価する QOL を健康関連 QOL といいます。

表3-2 改訂長谷川式簡易知能評価スケール（HDS-R）検査用紙

1	お歳はいくつですか？　　　　　歳　（2年までの誤差は正解）	＋　－
2	今日は何年の何月何日ですか？　何曜日ですか？ 　　　　年　　　　月　　　　日　　　　曜日 （西暦でも正解）　＋　－　　＋　－　　＋　－　　＋　－	
3	私たちが今いるところはどこですか？　　　　　　　　　＋　－ （正答がないとき約5秒後にヒントを与える） 家ですか？　病院ですか？　施設ですか？　　＋　－	
4	これから言う3つの言葉を言ってみてください。 　あとでまた聞きますので、よく覚えておいてください。 （次の系列から選び、使わない系列を横線で消す） 　系列1：a) 桜　b) 猫　c) 電車 　系列2：a) 梅　b) 犬　c) 自動車　　a) ＋　－　b) ＋　－　c) ＋　－ 　正答できなかったとき、正しい答えを覚えさせる。（3回以上言っても覚えられない言葉は横線で消す）	
5	100から7を順番に引いてください。 　100－7は？　（93）　＋　→　それから7を引くと？　（86）　＋ 　　　　　　　　　　　－　（問6へ）　　　　　　　　　　　　－	
6	私がこれから言う数字を逆から言ってください。 　6-8-2（2-8-6）　＋　→　3-5-2-9（9-2-5-3）　＋ 　　　　　　　　－　（問7へ）　　　　　　　　　　－	
7	先ほど覚えてもらった言葉をもう一度言ってください。 　　　　　　　　　　　　　　　　　a) ＋　　　b) ＋　　　c) ＋ （正答がでなかった言葉にヒントを与える）（ヒント：植物）（ヒント：動物）（ヒント：乗り物） 　　　　　　　　　　　　　　　　　　＋　－　　＋　－　　＋　－	
8	これから5つの品物を見せます。それを隠しますので何があったか言ってください。 （1つずつ名前を言いながら並べ覚えさせる。次に隠す）（5つの品名を記入し、答えられなかった品名にカッコをする） ＿＿＿＿　＿＿＿＿　＿＿＿＿　＿＿＿＿　＿＿＿＿ （さじ、くし、サイコロ、はさみ、眼鏡など）　正答数：0　1　2　3　4　5	
9	知っている野菜の名前をできるだけ多く言ってください。 （途中で詰まり、約10秒待ってもでないときは、打ち切る）（答えた品名を記入する） ＿＿＿＿　＿＿＿＿　＿＿＿＿　＿＿＿＿　＿＿＿＿ ＿＿＿＿　＿＿＿＿　＿＿＿＿　＿＿＿＿　＿＿＿＿ （重複したものは除外）　正答数：〜5　6　7　8　9　10	

資料：長谷川和夫『長谷川式認知症スケール検査用紙』三京房、2005年。

表3-3 バーセル・インデックス (Barthel Index)

注意：患者が基準を満たせない場合、得点は0とする。

	介助	自立
1．食事をすること（食物を刻んであげるとき＝介助）	5	10
2．車いす・ベッド間の移乗を行うこと（ベッド上の起き上がりを含む）	5-10	15
3．洗面・整容を行うこと（洗顔、髪の櫛入、髭剃り、歯磨き）	0	5
4．トイレへ出入りすること（衣服の着脱、拭く、水を流す）	5	10
5．自分で入浴すること	0	5
6．平坦地を歩くこと（あるいは歩行不能であれば、車いすを駆動する）	10	15
＊歩行不能の場合だけ、こちらの得点	0＊	5＊
7．階段を昇降すること	5	10
8．更衣（靴紐の結び、ファスナー操作を含む）	5	10
9．便禁制	5	10
10．尿禁制	5	10

バーセル・インデックス：評点上の教示

1．食事をすること
　10＝自立。患者は、手の届くところに誰かが食物を置いてくれれば、トレイやテーブルから食物をとって食べる。患者は、必要であれば自助具をつけて、食物を切り、塩や胡椒を用い、パンにバターをつける等を行わなければならない。これを応分の時間内に終えなければならない。
　5＝何らかの介助が必要である（上記の食物を切る等）。

2．車いす・ベッド間の移乗を行うこと
　15＝この活動のすべての相が自立。患者は車いすに乗って安全にベッドに近づき、ブレーキを掛け、フットレストを上げ、安全にベッドに移り、横になる。ベッドの端で座位となり、安全に車いすへ戻るのに必要ならば車いすの位置を変え、車いすへ戻る。
　10＝この活動のいずれかの段階で、わずかの介助を要する、あるいは安全のために患者に気づかせてあげるか、監視を必要とする。
　5＝患者は介助なしに座位になれるが、ベッドから持ちあげてもらう、あるいは移乗にはかなりの介助を要する。

3．洗面・整容を行うこと
　5＝患者は手と顔を洗い、髪をとかし、歯を磨き、髭を剃ることができる。どのようなカミソリを使用してもよいが、引出しや戸棚から取りだし、刃を交換したり、ソケットに接続することは介助なしにできなければならない。女性は、化粧を行っていたのであれば、化粧ができなければならないが、頭髪を編んだり、髪型を作らなくてもよい。

4．トイレへ出入りすること
　10＝患者はトイレの出入り、衣類の着脱ができ、衣類を汚さず、介助なしにトイレットペーパーを使うことができる。必要なら手すり等の安定した支えを利用してもよい。トイレの代わりに便器を使用することが必要であれば、患者は便器をいすの上に置き、空にし、きれいにすることができなければならない。
　5＝患者はバランスが悪いため、あるいは衣類の処理やトイレットペーパーの扱いに介助を要する。

5．入浴すること
　5＝患者に浴槽あるいはシャワー、スポンジ（簡単な沐浴、スポンジで洗い流す）のいずれかを使用できる。どの方法であっても、他人がいない条件で必要なすべての段階を自分で行わなければならない。

6．平坦地を歩くこと
　15＝患者は、少なくとも50ヤード（45.7m）、介助あるいは監視なしで歩くことができる。患者は装具あるいは義足をつけ、クラッチ、杖あるいは固定型歩行器を使用してもよいが、車輪型歩行器の使用は認めない。装具を使用するときは自分で締めたり、緩めたりできなければならない。立位をとることや座ることもでき、機械的器具を使う所におき、座るときには片づけることができなければならない（装具の着脱は更衣の項目にする）。

10＝患者は上記事項のいずれかに介助あるいは監視を必要とするが、わずかの介助で少なくとも50ヤードは歩くことができる。

6 a．車いすを駆動すること
   5＝患者は歩くことはできないが、車いすをひとりで駆動することができる。角を曲がる、向きを変える、テーブルやベッド、トイレ等へと車いすを操作できなければならない。少なくとも50ヤードは移動できなければならない。歩くことに得点を与えたなら、この項目の得点は与えない。

7．階段を昇降すること
   10＝患者は介助あるいは監視なしに安全に階段（次の階まで）の昇降ができる。必要であれば、手すりや杖、クラッチを使用すべきである。階段昇降に際して杖やクラッチを持っていられなければならない。
   5＝患者は上記項目のいずれかに介助あるいは監視を必要とする。

8．衣服を着脱すること
   10＝患者はすべての衣類を着脱し、ボタン等を掛け、靴紐を結ぶことができる（このための改造を行ってないのであれば）。この活動はコルセットや装具が処方されていれば、それらを着脱することを含む。必要であれば、ズボン吊りやローファー（靴）、前開き衣類を使用してもよい。
   5＝患者は衣類を着脱し、ボタンを掛ける等に介助を要する。少なくとも半分は自分で行う。応分の時間内に終わらなければならない。女性は、処方された場合を除き、ブラジャーあるいはガードルの使用に関して得点をしなくてよい。

9．便禁制
   10＝患者は排便のコントロールができて、粗相をすることはない。必要なときは座薬や浣腸を使用できる（排便訓練を受けた脊髄損傷患者に関して）。
   5＝患者は座薬や浣腸に介助を要する、あるいは時に粗相をする。

10．尿禁制
   10＝患者は日夜、排尿のコントロールができる。集尿器と装着式集尿袋を使用している脊髄損傷患者は、それらをひとりで身につけ、きれいにし、集尿袋を空にし、日夜とも陰股部が乾いていなければならない。
   5＝患者は時に粗相をする。あるいは便器の使用が間に合わない、トイレに時間内に着けない、集尿器などに介助を要する。

(Mahoney et al. 1965)

第2節 認知症の理解

1 認知症とは

　認知症とは、成人してから生じる脳の神経細胞の変化に起因する、認知機能の低下を示す疾病の総称です。アルツハイマー型認知症、血管性認知症、レビー小体型認知症などの種類は脳の神経細胞の変化の原因となる疾病を示すものです。進行性の疾患が多く、徐々に症状が進んでいくことが多いのが特徴です。認知症の症状は、脳の機能障害によって生じる**中核症状**と **BPSD（Behavioral and Psychological Symptoms of Dementia：認知症の行動・心理症状）**に分類できます。認知症の人を理解するためには、まず、原因疾患や重症度による中核症状の状態を理解する必要があります。

2 認知症ケアの理念

　認知症の人とかかわるうえでの基本は**尊厳の保持**です。尊厳とは、人に人としてかかわることであり、モノや動物のように扱わないことです。人として当たり前に接するためには、その人の背景を知り、気持ちに共感する姿勢が必要です。こうしたその人を中心としたケアの考え方を**パーソンセンタードケア**といいます。

表3-4　その人を中心としたケア（パーソンセンタードケア）の視点の例

❶ 認知症になっても感情は豊かに残っていることを知る
❷ 本人が自分らしく生活することを支える
❸ 尊厳と自立、人間性と個別性の維持
❹ 共感的なケア

3 認知症の医学的理解

(1) アルツハイマー型認知症

　脳の神経細胞が広範囲に死滅することで大脳の萎縮が生じます。進行性の疾病であり、時間経過とともに発症から軽度、中等度、高度へと進行していきます。症状の特徴は、時間的に近い過去の出来事（近時記憶）に関する記憶障害が著しいことです。それによって、自分のいる時間や場所がわからなくなる見当識障害が生じやすくなります。

(2) 血管性認知症

　脳出血、脳梗塞、くも膜下出血などの脳血管に関する疾患に伴い生じます。

表3-5 認知症の主な原因疾患

❶	神経変性疾患 アルツハイマー病、ピック病、パーキンソン病、ハンチントン舞踏病、進行性核上性麻痺、びまん性レビー小体病、脊髄小脳変性症、皮質基底核変性症など
❷	脳血管障害 脳梗塞（塞栓または血栓）、脳出血など
❸	外傷性疾患 脳挫傷、脳内出血、慢性硬膜下血腫など
❹	腫瘍性疾患 脳腫瘍（原発性、転移性）、癌性髄膜炎など
❺	感染性疾患 髄膜炎、脳炎、脳膿瘍、進行麻痺、クロイツフェルト・ヤコブ病など
❻	内分泌・代謝性・中毒性疾患 甲状腺機能低下症、下垂体機能低下症、ビタミンB_{12}欠乏症、肝性脳症、電解質異常、脱水、ウェルニッケ脳症、ペラグラ脳症、アルコール脳症
❼	その他 正常圧水頭症、多発性硬化症など

資料：厚生労働省資料

　大脳のどの部位が障害されるかによって認知症状の特徴は変化します。記憶障害が軽度の場合もあり、病識がみられる場合や、時間によって症状が変化するまだら認知症の状態を示す場合もあります。

(3) レビー小体型認知症

　パーキンソン病において脳幹部にみられる、レビー小体というタンパク質が大脳に沈着することで生じます。記憶障害、注意障害等の認知症状のほかに、パーキンソン病と同様の運動機能障害（手足の震えやバランスが悪くなることなど）が生じることも多くあります。

(4) 前頭側頭型認知症

　社会的行動からの逸脱や自己行動の統制ができない（脱抑制）、感情の鈍化などが初期からみられることが特徴であり、周囲からは性格の変化が生じたと捉えられることも多くあります。

(5) 軽度認知障害（MCI：Mild Cognitive Impairment）

　いくつかの定義がありますが、基本的には、正常と認知症とのボーダーラインにあり、記憶障害をはじめとする認知機能の低下がみられるものの、日常生活は自立しているレベルです。MCIの人はその後認知症となる割合が高く、認知症の前駆症状と考えられていますが、適切な知的活動や運動等で回復する人もおり、認知症予防の対象となります。

表3-6　MCIの診断基準（Peterson RCら、1996）

① 記憶に関する訴えがあること、情報提供者による情報があればより望ましい
② 年齢と教育年数で調整した基準で客観的な記憶障害があること
③ 一般的な認知機能は保たれていること
④ 日常生活能力は基本的に維持されていること
⑤ 認知症でないこと

資料：厚生労働省資料

表3-7　MCIの診断基準（Winblad Bら、2004）

① 認知症または正常のいずれでもないこと
② 客観的な認知障害があり、同時に客観的な認知機能の経時的低下、または、主観的な低下の自己報告あるいは情報提供者による報告があること
③ 日常生活能力は維持されており、かつ、複雑な手段的機能は正常か、障害があっても最小であること

資料：厚生労働省資料

表3-8　認知症高齢者の日常生活自立度判定基準

ランク	判定基準	見られる症状・行動の例
Ⅰ	何らかの認知症を有するが、日常生活は家庭内及び社会的にはほぼ自立している。	
Ⅱ	日常生活に支障を来すような症状・行動や意思疎通の困難さが多少見られても、誰かが注意していれば自立できる。	
Ⅱa	家庭外で上記Ⅱの状態が見られる。	たびたび道に迷うとか、買物や事務、金銭管理などそれまでできたことにミスが目立つ等
Ⅱb	家庭内でも上記Ⅱの状態が見られる。	服薬管理ができない、電話の応対や訪問者との応対など一人で留守番ができない等
Ⅲ	日常生活に支障を来すような症状・行動や意思疎通の困難さがときどき見られ、介護を必要とする。	
Ⅲa	日中を中心として上記Ⅲの状態が見られる。	着替え、食事、排便、排尿が上手にできない・時間がかかる やたらに物を口に入れる、物を拾い集める、徘徊、失禁、大声、奇声を上げる、火の不始末、不潔行為、性的異常行為等
Ⅲb	夜間を中心として上記Ⅲの状態が見られる。	ランクⅢaに同じ。
Ⅳ	日常生活に支障を来すような症状・行動や意思疎通の困難さが頻繁に見られ、常に介護を必要とする。	ランクⅢに同じ。
M	著しい精神症状や周辺症状あるいは重篤な身体疾患が見られ、専門医療を必要とする。	せん妄、妄想、興奮、自傷・他害等の精神症状や精神症状に起因する問題行動が継続する状態等

資料：「『認知症高齢者の日常生活自立度判定基準』の活用について」（平成5年10月26日老健第135号、厚生省老人保健福祉局長通知）

4 認知症の症状（中核症状）の理解

　認知症の原因疾患によって、若干の違いがありますが、脳の神経細胞の変化による認知症の基本症状は認知・記憶機能の障害であり、それに伴い生じる知的行動の障害です。このような認知症に共通の症状を中核症状といいます。以下のような症状が含まれます。

- 記憶障害
    特に近い時間の記憶を思い出せなくなることが多い。
- 見当識障害
    自分が置かれている場所や時間の認識ができなくなる。
- 実行機能障害
    計画を立てて、段取りよく行うことが難しい（仕事、料理など）。
- 失行・失認・失語
    身体機能は正常だが、着替えなどの目的の行動ができない（失行）、視聴覚機能は正常だが見落としや誤認が生じる（失認）、言葉の理解や発話が障害される（失語）。

(1) 中核症状の影響による生活障害の理解

　私たちのほとんどの行動は記憶の連続によって成り立っており、認知症の人は、中核症状によってさまざまな生活上の行為が困難になりやすいです。認知症高齢者への対応には、まずは中核症状の特徴をよく知り、記憶に負担をかけないようにわかりやすくするなど環境を整備したり、高齢者のペースに合わせて援助したりすることが必要です。生活上の困難さは、自尊心の低下を引き起こしやすく、意欲の喪失や拒否や攻撃といった防衛的な行動につながりやすいです。

(2) 中核症状による心理的影響の理解

　認知症の中核症状による直前の記憶の喪失は、周囲の情報の理解を阻害しやすく、それが不安、焦り、混乱、恐怖などのネガティブな感情を引き起こす原因になります。このような感情はBPSDの原因にもなり、コミュニケーションの面でも、配慮が必要です。前に起きた出来事や話したことなど、近い過去のことを話題にしても、覚えていないことも多く、記憶を混乱させたり、わからないことを責めたりしないような配慮が必要です。

5 BPSD（行動・心理症状）の理解

　BPSDは心理症状と行動症状に分けられており、心理症状としては、意欲低下や抑うつ、不安や焦燥、興奮などの感情的不安定、もの盗られ妄想、被害妄想等がみられます。一方、行動症状としては、繰り返し訴える、暴言・暴行等の攻撃的な言動をする、叫んだり大声を出す、歩き回って迷ってしまう、不潔行為をする、異食する（食べられないものを食べてしまう）などがみられます。BPSDは認知症によって必ず引き起こされる症状ではなく、原因となっている身体的状態、心理的状態、環境的要因などを多面的に検討する必要があります。

(1) BPSDの心理的理解と対応

BPSDは、対応が難しく、一見すると認知症に必ず伴う主症状のようにみえますが、前述のとおり、個人差が大きく、環境的あるいは心理的な要因が大きい周辺的な症状です。そこで、BPSDの理解をするうえでは、すべてを認知症の症状によるものと考えずに、環境的影響や心理的影響を考慮する姿勢が必要です。

BPSDの原因となる理由や動機は発見しにくいことも多くあります。その場合には、感情を安定させるようなコミュニケーションがBPSDを解消するために有効であることも多くあります。

(2) 生活障害の心理的理解と対応

抑うつや意欲低下は、BPSDの心理症状に入り、認知症の人にみられやすい症状です。前述のように認知症の人は認知・記憶障害の進行により、いろいろなことが困難になり、自尊心を損ねやすい状態にあり、それをきっかけに抑うつや意欲低下が生じやすくなります。認知症の人が安心して、可能な限り役割をもって暮らせるようなはたらきかけをする配慮が必要です。

6 認知症の人とのコミュニケーション

(1) 認知症の人とのコミュニケーションの基本

認知症の人は、記憶の障害によって今言ったことをすぐに忘れてしまうことが多くあります。しかし、目の前で失敗や間違いをからかったり、愚痴ったりすることは何よりもしてはいけない行為です。また、子どもに接するように扱ったり、いつも命令的・権威的な接し方をしたりするような自尊心を傷つける言動も避けなければなりません。もちろん、これらの言動は人権の観点からあってはならないことですが、認知症の人に対して間違った対応です。認知症による障害は記憶や認知の障害であり、自尊心や感情面についての障害ではありません。

(2) 非言語的コミュニケーションの重要性

認知症高齢者とのコミュニケーションでは、感情の伝達が重要な意味をもちます。コミュニケーションの機能のうち、情報伝達の面では伝達しても忘れてしまうことが多いですが、伝わった感情的な情報は記憶されていることも多くあります。そのため、言語的コミュニケーションの内容に加えて、それに伴う口調、話す速度などの音声的特徴の影響が大きい場合も多くあります。

(3) 認知症の人とのコミュニケーション方法のヒント

次のようなコミュニケーションの方法が効果的だと考えられます。
・言語的コミュニケーションに加え、非言語的コミュニケーションによる感情の伝達が重要である
・声のトーンはあまり高くしないで落ち着いた口調で話す
・急に言語的コミュニケーションを始めない。まずは対面し、視線を合わせてコミュニケーションの準備をしてから話す
・話題は、過去の出来事ではなくて、今現在起きていることにする
・何回でも繰り返しの話を聞いてあげる

・話の腰を折らない。折ってしまうとそこで話そうとしたことについて記憶が途切れてしまい、不満感を高める原因となる
・楽しい気持ちを喚起させるような話をすることで、不安感が軽減する（特に不安げな表情や言動をしているときに）

第3節 コミュニケーションに関する技術

1 ケアにおけるコミュニケーション技術

(1) コミュニケーションと価値・倫理

　援助する人の考え方や価値観は、コミュニケーションのあり方に強い影響を与えます。そのため、福祉用具専門相談員も、自身がどのような価値観や倫理からの影響を受けているかを整理しておく必要があります。福祉用具専門相談員が用いるコミュニケーションは、対人援助職共通の考え方や価値観、一般社団法人全国福祉用具専門相談員協会倫理綱領や介護保険法の理念、所属機関の企業倫理、さらに、個人としての価値観から影響を受けます。これらのことを理解し、専門職として適切なコミュニケーションを図ります。

　ここでは、福祉用具専門相談員が拠り所とする価値や倫理について、一般社団法人福祉用具専門相談員協会で採択された、福祉用具専門相談員の倫理綱領を紹介します。倫理綱領は第1章の4頁を参照してください。

(2) ケア現場におけるコミュニケーションの対象と目的

　福祉用具専門相談員は、さまざまな人とコミュニケーションをとりますが、その対象によって、コミュニケーションをとる目的が異なります。

① 個々の利用者や家族

　援助を受ける個々の利用者や家族とのコミュニケーションは、利用者が希望する生活を明らかにし、その実現を促進していくことが目的です。

② 所属組織の職員

　所属組織内におけるコミュニケーションは、組織の理念や方針を明確化し、専門性の担保にかかわるバックアップ、リスクマネジメントを目的とします。

③ ケアチームのメンバー

　ケアチームとのコミュニケーションは、多職種および多機関による編成チームの形成と形成されたチームの運営を目的とします。

④ 地域包括ケアシステムのなかに存在する人々

　地域包括ケアシステムのなかのあらゆる人々とのコミュニケーションは、専門職・非専門職、当事者、住民、企業も含めた福祉用具に関するネットワーク形成を目的とします。

(3) ケア場面におけるコミュニケーションの構造と要素

　コミュニケーションが成立するためには、いくつかの要素が必要です。

① 情報の受け手と送り手

　ケアの現場には、利用者、家族、専門職、非専門職、地域住民などが存在しますが、それぞれが情報の受け手であり、送り手でもあります。援助者が受け手として機能するためには、聴く技術や観察する技術が必要であり、送り手として機能するためには、伝える技術や応じる技術が必要になります。

② 目的や目標

　コミュニケーションには、共通の目的や目標が必要ですが、ケア現場におけるコミュニケーションをとる目的は利用者の生活の維持や質の向上、そして自立の支援です。

③ 情報

　ケア場面におけるコミュニケーションで伝え合う情報は、利用者や家族に関する情報、専門情報、利用者や家族が生活する地域社会におけるさまざまな情報があります。

④ 相互作用

　ケア場面におけるコミュニケーションは、受け手と送り手の間に起こる**相互作用の質**が、援助の方向や質に影響を与えます。ケア現場では、利用者の自己実現を目指し、意図的に相互作用を起こします。そのため、福祉用具専門相談員は送り手であり受け手でもあります。

図3-8　ケア場面におけるコミュニケーションの構造と要素

(4) ケアにおける基本的なコミュニケーション技術

　福祉用具専門相談員は、福祉用具を媒介として援助をする対人援助職です。ケアにおける基本的なコミュニケーション技術に関して習得し活用することで援助職として効果的なコミュニケーションをとることが可能となります。

　以下に、相談援助に必要とされる**基本的なコミュニケーション技法・姿勢とポイント**を示します。

表3-9　基本的なコミュニケーション技法

技　法	内　　容
かかわり技法	①視線を合わせる、②身体言語に気を配る、③声の質・声の調子（トーン）、④言語的追跡：利用者の話題に関心を向ける。話題を変えたり、妨げたりしない。
観察技法	相手の言語・非言語を観察し、理解する。
質問法（開かれた質問・閉ざされた質問）	会話への導入。①開かれた質問：相手を自由にする質問（どのように考えますか？　など）。②閉ざされた質問：「はい」「いいえ」で答えられる質問。
励まし	最小限度の励まし・受け止め、促し・非指示的。 ・あいづちをうつ。意図的に沈黙を活用する。 ・相手の言葉を（否定・肯定・解釈を一切入れずに）そのまま繰り返す。
言い換え	相手が言ったことの要点を、正確に相手に返す。
要約	語られたことの重要部分を繰り返し、短縮し、具体化することで相手が考えをまとめるのを援助する。
感情の反映	利用者が明らかに、または暗に表現した感情の内容を、利用者に返すこと。
意味の反映	利用者自身が、その感情、思考、行為の隠された意味を解釈するのを援助する。
焦点化	①利用者に焦点をあてる、②主題・問題点に焦点をあてる、③他者に焦点をあてる、④面接者に焦点をあてる、⑤周囲の環境に焦点をあてる。
積極技法	指示、論理的帰結、解釈、自己開示、助言、情報提供、説明、教示、フィードバックなど。
面接の段階	①ラポール、②問題の定義化、③目標の設定、④選択肢を探索し不一致と対決する、⑤日常生活への般化。

表3-10　基本的なコミュニケーションの姿勢

共感	積極的に相手の感情や思いを共有する。
受容	相手をそのまま受け入れる。
傾聴	相手の言っていることに耳を傾けて聴く。
非審判的態度	相手を非難したり問いつめたりせずに、援助する姿勢。

チェックポイント

・挨拶を励行する
・自分から声をかける
・わかりやすい言葉で話す
・あいづちをうつ
・相手の立場になって考え、受け止める
・気になる場合にはその意味を確かめる
・感情や情緒の内容をくみとる
・沈黙の意味を考える
・納得させようとしない
・情報伝達のタイミングを適切に行う

2 コミュニケーションがもたらす効果

　福祉用具専門相談員が行うコミュニケーションの対象は、利用者や家族、所属組織の職員、ケアチームメンバー、地域包括ケアシステムにかかわる人などです。対象によってコミュニケーションをとる目的が異なるため、コミュニケーションがもたらす効果も異なります。

(1) 利用者や家族とのコミュニケーション

① 心理的サポート
　利用者や家族は、在宅生活を送るためにさまざまな課題に取り組んでいます。その取り組みに対して、心理的なサポートが得られれば、安心感が増します。福祉用具専門相談員が、利用者と家族のありのままを受け止め、理解者となることが心理的なサポートとなります。人は、理解者を得ることで困難に立ち向かう勇気がわき、生活課題に取り組んでいく意欲をもち、行動に移すことができます。

② 情報サポート
　心理的サポートの車の両輪となるのが情報サポートです。福祉用具に関する情報提供は、利用者や家族が生活改善に向けたイメージ化が図られ、行動するきっかけになります。さらに、福祉用具の有用性や限界、使用手順やリスクなどの理解につながります。

③ 自己決定の尊重
　要介護状態になると、利用者は自分の生活でありながら他人の援助が必要な場面が多くなります。誰に何を委ね、何をどの程度自分で行うのかについて、自己決定できるならば、利用者の尊厳の保持につながります。専門職として判断の適切さがあったとしても、利用者や家族のペースで運び、利用者の自己決定が尊重される場面をつくっていく必要があります。

④ 専門的信頼関係（ラポール）の形成
　専門的信頼とは、単に話しやすいとか優しい雰囲気だけではなく、福祉用具に関する専門性への信頼を意味します。福祉用具専門相談員と利用者および家族との一連の支援プロセスを通じて関係を形成します。専門職として適切な心理的サポート、情報サポート、自己決定の尊重を意識したコミュニケーション等が図られれば、利用者や家族には、信頼感が生まれます。

(2) ケアチームのコミュニケーション

　福祉用具専門相談員がかかわるケアチームは、主に介護保険等におけるサービスを提供する担当者チームとのコミュニケーションです。

① チーム形成
　利用者への支援チームは、利用者ごとに編成されます。ケアプランによってサービス提供が計画されると、異なる組織の多職種チームが生まれます。福祉用具専門相談員は、ケアチームの一員として機能します。チーム形成を目的としたコミュニケーションは、チームの目的と目

標、各専門職からの貢献意思と貢献内容等を含みます。さらに、利用者の支援ニーズの変化に伴い、メンバーの入れ替えがあります。

② チーム運営の促進

チーム運営とは、多職種協働を意味します。チームの目的や目標を達成するために、チームメンバーの役割の明確化、メンバーの専門性の尊重、必要な情報の共有、チームの意思決定に関するルールが必要です。チーム運営は、効率や効果を意識しながらも、各メンバーの**専門性への尊重**、貢献意欲や学びの機会ともなります。

③ 専門職間の説明責任

メンバー間の情報共有は、タイミングを逃さず支援ニーズの変化を把握し、軌道修正する効果をもたらします。これは、各チームメンバーが他の専門職に対して、自分の行っている支援の説明責任を意味します。

(3) 所属組織や他機関の人とのコミュニケーション

① 所属組織の方針の明確化

ケアチームのメンバーは異なる機関に属しています。また、利用者はチームメンバーが所属する複数の組織（事業所）と契約します。ケアチーム内の**協働連携体制**は、メンバーの所属組織の管理運営体制から影響を受けながら維持されます。逆に、各所属組織は、ケアチームからの協力要請や依頼を、組織の方針とすり合わせて応じます。福祉用具専門相談員は、所属組織の方針を確認し、チームへの貢献内容と範囲を決定します。

② 専門職の業務に対する組織からのバックアップ

ケアチームのメンバーの専門性は、各メンバーが所属している組織からバックアップされます。上司への報告・連絡・相談は、組織としての**責任の範囲**と専門職個人の責任の範囲を明確にするはたらきがあります。専門性の担保のために上司とコミュニケーションを図ることは、専門職の業務のバックアップを受けることを意味します。

(4) 地域包括ケアシステムとコミュニケーション

① 福祉用具および福祉用具専門相談員の普及啓発

福祉用具専門相談員が地域社会の人々とコミュニケーションをとることは、福祉用具の有効活用、また、福祉用具専門相談員の役割について、地域包括ケアシステムにかかわる人々や関係機関に伝える効果が見込めます。

② 地域包括ケアシステムでの福祉用具のネットワーク形成

地域包括ケアシステムでは、利用者、専門職、非専門職、企業、開発者などさまざまな人がかかわっています。また、ユーザーである利用者や家族、開発者、福祉用具の活用を促す中間ユーザーである対人援助職、制度の骨格をつくっていく行政担当者、販売や貸与をする事業所などとのネットワーク形成を意図したコミュニケーションは、**福祉用具の普及啓発**に貢献します。

3 利用者や家族とのコミュニケーション技術

　ここでは、利用者と家族のコミュニケーション、利用者と福祉用具専門相談員とのコミュニケーション、家族と福祉用具専門相談員とのコミュニケーション、利用者・家族と福祉用具専門相談員とのコミュニケーションに分類して活用技術を述べます。

(1) 利用者と家族の間のコミュニケーションを理解する

　福祉用具専門相談員は、利用者と家族の間で交わされるコミュニケーションの特徴を観察し、相談援助に活かしていきます。
　コミュニケーションに関する観察項目とその内容について、以下に示します。

① **双方向か一方向か**
　利用者と家族の間のやり取りは、一方向か双方向であるのかを観察します。これは家族のコミュニケーションのパターンや家族関係を反映しています。

② **肯定的か否定的か**
　利用者と家族のコミュニケーションの方向性は、どちらかというと肯定的か、または否定的か。また、そのどちらでもないのかを観察します。これは、生活課題に対する捉え方や家族の気分を反映します。

③ **解決に向けた主体性**
　問題解決や課題への取り組みに関して、**主体性**をもっているか。利用者の主体性、家族の主体性はどんなときに発揮されているか。また、その強さや弱さはどの程度かなどを観察します。

④ **パワー**
　利用者と家族の力のバランスやエネルギーの方向や量を表します。家族のなかで決定権をもっている人、影響性の強い人と弱い人はだれか。利用者および主介護者への**人権侵害**に至っていないか。また、虐待のリスクはないかなどを観察します。

⑤ **関心の焦点**
　利用者と家族のコミュニケーションは、どんなことに焦点があたっているかを観察します。

⑥ **利用者と家族の間のズレ**
　両者によって、ズレが認識されているか。そのズレを調整しようとしているか否か。パワーや家族関係との関連性や知識量の不足などを観察します。

図3-9 利用者と家族のコミュニケーション

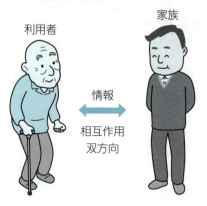

(2) 福祉用具専門相談員と利用者とのコミュニケーション

図3-10 福祉用具専門相談員と利用者とのコミュニケーション

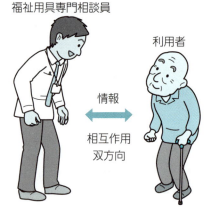

① **利用者に発言の場を保障する**

　福祉用具専門相談員は、利用者と直接コミュニケーションを図り、利用者の希望に耳を傾けます。受容や共感的態度を基本とし、励まし・受け止め、促し・非指示的・あいづちをうつ、沈黙などの技術を活用します。また、相手の言葉を（否定・肯定・解釈を一切入れずに）そのまま繰り返すオウム返しの技術も重要です。このコミュニケーションは、利用者に発言する場をつくります。

② **福祉用具並びに福祉用具専門相談員の役割を説明する**

　福祉用具専門相談員は、利用者が福祉用具とは何か、また福祉用具専門相談員の役割は何かについて理解し、有効活用できるように説明します。福祉用具専門相談員がどのような役割をもっているのかがわかれば、福祉用具を媒介とした役割関係を形成していくことができます。また、福祉用具の有用性が実感できれば有効活用につながっていきます。

　主な活用技術は、積極技法のなかの情報提供および説明です。

③ 利用者の自己決定を尊重する

　福祉用具は、利用者の自立支援と家族の介護負担軽減の二つの効果をもたらしますが、介護負担の軽減は、利用者の利益に反する場合もあり得ます。福祉用具専門相談員は、利用者の希望や意向に十分耳を傾け、その実現に向けた調整をします。利用者が、福祉用具の導入に自分なりの考えをもつことは大切なプロセスです。福祉用具専門相談員と共有し、利用者がもつ状況のなかで折り合いをつけていくプロセスを共に歩みます。このプロセス自体が自己決定の尊重となります。活用技術は、質問法、焦点化、要約技法、情報提供、直面化などです。基本的態度は、**共感**、**受容**、**傾聴**、**非審判的態度**です。

(3) 福祉用具専門相談員と家族とのコミュニケーション

① 家族の多面性の理解を示す

　家族とは、利用者との関係で、利用者の両親、配偶者、主介護者、息子、娘、兄弟姉妹などです。暮らしという側面からは同居・非同居、社会的行為に関する側面では扶養義務関係、代理人や身元引受人であり、介護という側面では、主介護者、副介護者などが考えられます。また、愛着の対象という側面が強調されることもあります。福祉用具専門相談員は、**家族の多面性**について理解しておく必要があります。活用技術は、質問法、焦点化、基本的態度は、共感、受容、非審判的態度です。

図3-11　福祉用具専門相談員と家族とのコミュニケーション

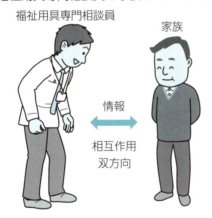

② 家族の状況や福祉用具導入に関する考えを理解する

　福祉用具専門相談員は、利用者のニーズと家族の状況を理解しながら、福祉用具の導入の援助をします。特に主介護者の状況を理解し、その状況が介護者の心身の健康をおびやかしていないかなどを把握していきます。また、その場合、家族は、どのような状況をどのようにしていきたいと考えているのかを確認します。福祉用具専門相談員は、家族が福祉用具を導入することで、何を得ようとしているのかを理解していきます。活用するコミュニケーション技術は、質問法、焦点化、明確化、要約、情報提供です。基本的態度は、共感、受容、非審判的態度です。

(4) 福祉用具専門相談員と利用者・家族とのコミュニケーション

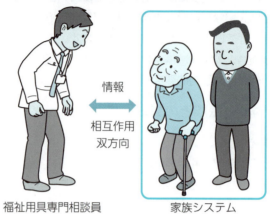

図3-12 福祉用具専門相談員と利用者・家族とのコミュニケーション

① 家族を一つの単位（家族システム）とした支援

　福祉用具専門相談員は、利用者と家族の状況を個別化して理解しますが、家族で話し合った結果として、利用者の自立支援よりも介護負担の軽減を目的とした福祉用具の選択に至ることがあります。自立支援の重要性が理解されていたとしても、家族の置かれている状況や能力、さらには住環境によって導入が制限されることがあります。利用者の居宅生活は、家族の協力があって可能である場合、福祉用具の選択は、介護負担の軽減を目的としたものとなることがあります。その際に重要なことは、利用者と家族のパワーバランスを把握し、万が一、人権侵害（虐待など）がある場合には、ケアチーム全体で情報を共有して**利用者の利益を重視**した調整が必要となります。活用技術は観察技法が重要です。

② 契約行為に利用者の参加を求めるコミュニケーション

　福祉用具の貸与および販売の契約者は利用者本人ですが、契約時に利用者が登場しない例があります。契約者は利用者であるという認識に立ち、契約行為に**利用者の参加**を求めることは重要です。重要事項、契約条項、緊急時の対応体制、苦情システム、介護保険制度上の取り決めなどの**説明と同意**は、利用者の状況や意思、能力に応じた形で行う工夫をします。

③ 契約時・搬入時に重要なコミュニケーション技術

　ケア現場での契約も、介護保険は民法上の契約行為にあたりますが、十分な説明と同意、説明による選択が原則となります。契約時に福祉用具専門相談員が活用する重要なコミュニケーション技術は、伝える技術、フィードバックの技術です。

　伝える技術は、わかりやすい構成、わかりやすい表現を意識します。また、利用者や家族に対してこれから何を話すのかのアウトラインを伝え、話を聞く準備をしてもらい、その後、最も伝えたいことから伝えます。契約時は、伝えなければならないことが複数あるため、その数を先に示し、次にその内容を示すなどの配慮をします。また、所要時間を先に提示し、その時間内で終わることを原則とします。

フィードバックの技術（観察技法、質問法を含む）は、伝えたい内容が相手にどのように伝わったかを確認する際に用います。伝える情報量が多い場合は、内容ごとに話を区切り、どのように理解しているかを確認していきます。また、言葉で「わかりました」と返答があった場合でも表情や行動にギャップがある場合は、理解や納得が得られていないこともあります。利用者や家族からの質問を促し、確認しながら話をすすめますが、契約締結後に質問が出てくることもあるため、Q&A 集をつくって渡すなどの工夫も必要です。

　福祉用具の搬入時も契約時と同様の伝える技術、フィードバックの技術を活用します。

　搬入時には、口頭の説明に加え、操作を見せる、一緒に行動する、などの要素が加わります。数字や数値、固有名詞などを使って伝えます。特に、リスクや緊急時の対応に関しては曖昧な表現を避け、具体的な表現をすることが重要です。

④　アポイント時のコミュニケーション

　利用者の自宅を訪問する場合は、アポイントを取ります。その際の伝える内容は、訪問の目的と誰が、何をしに行くのかに限定します。５Ｗ２Ｈ（誰が、何を、いつ、どこへ、何のために、どのように、いくらぐらい）を意識しておくことは重要ですが、これらを一度に伝えても、相手がすべてを受け止めることは難しいため、優先順位を考えて伝えます。

　その次に、どのくらいの所要時間で、誰が、何を、どのように搬入するのかといった内容を正確に伝え、利用者や家族が、搬入に際して準備（例えば駐車スペース、本人の参加など）をしておくことを伝えます。また、搬入時に、福祉用具専門相談員以外のケアチームメンバー（ケアマネジャー（介護支援専門員）やホームヘルパー（訪問介護員）や看護師、リハビリテーション職など）の立ち合いの有無なども伝えます。

　日程の調整は、多忙を理由に専門職側の都合が優先される傾向がありますが、利用者や家族の予定を最優先し決定します。

⑤　利用者の主体性を尊重するコミュニケーション

　福祉用具専門相談員の支援は、利用者の参加を原則としています。例えば、モニタリングは、単に福祉用具に不具合が生じていないか、サービス提供に関する満足度を尋ねるだけではありません。導入直後のモニタリングでは、福祉用具の導入後の感想を尋ねます。福祉用具専門相談員が、利用者や家族に対して、福祉用具の導入によって生活がどのように変化したのかを尋ねれば、利用者や家族は、変化を意識しはじめます。福祉用具の活用について尋ねれば、道具の活用について考えるようになります。さらに、福祉用具を活用して取り組んだ利用者の行動について尋ねれば、利用者は自分の行動について振り返る機会を得、福祉用具を媒体として主体性を発揮します。このコミュニケーションには、焦点化と質問法（開かれた質問と閉ざされた質問）が有効です。福祉用具専門相談員は、ケアプランに沿った他の提供サービスと連動性をもたせながら、ケアチームのメンバーとして福祉用具が有効に活用されるように、利用者や家族と意図的なコミュニケーションを図っていきます。

4 ケアチームのコミュニケーション技術

　ここでは、ケアチームについて、介護の質や安全性の向上に対応するため、多種多様な機関や専門職が各々の専門性を前提とし、目的と情報を共有し、ケアを分担するとともに互いに連携・補完し合い、利用者の状況に的確に対応した介護を提供するチームと定義します。

(1) チーム形成と運営のためのコミュニケーション

① チーム形成のために用いる知識やコミュニケーション技術

　チーム形成のためには、**共通の目的や目標**を定め、メンバーの**役割**と**貢献内容**を明確にするコミュニケーションを図っていくことが求められます。

　介護保険のサービス担当者チームは、他機関・他職種で構成されるチームであるため、初対面で話し合いをすることになります。そのため、波長合わせができるまでは、相互に緊張し、遠慮がちになることがよくあります。チームメンバーは、意見を出しやすい雰囲気をつくり、進行に対して自分の役割を意識し、自分に与えられた時間のなかで効果的な発言をします。円滑な意思疎通を図り、**専門職間の信頼関係**の形成に貢献します。

　チームアプローチに関する知識、役割理論や組織論などをもとに、明確化と焦点化のコミュニケーション技術を用います。

② チーム運営のために用いるアサーション

　他機関・他職種で構成されるチームは、同一組織内のチームとは異なり、異なる組織の方針や実情を反映した協力体制になります。形成されたチームのメンバーは、各々が自らの専門性を発揮し、協力し合ったチーム運営が必要です。このような背景をもつチームを維持させ、運営するためには、**アサーション**＊を取り入れると効果的です。アサーションは、言うべきことを率直に表現することで、**相互理解**と**相互尊重**とを成立させ、専門職としての独自の見解やチームに対する貢献範囲を明示することが可能となります。

(2) 異質性を活かすコミュニケーション

① 異質性に耳を傾けるコミュニケーション

　ケアチームは、異質性による協働連携体制を形成しているともいえるため、その異質性をどのように解釈し扱うかがポイントになります。他職種間においては見解が異なることは当たり前で、むしろ強みであるという考え方を浸透させ、**オープンで安全な場**をつくっていくコミュニケーションを図ることです。

　ある事実に対して、職種によって解釈や見解、対応策がどのように異なるのか、その情報を共有します。受け手側となるメンバーは、異なる職種から表明された見解のなかには、その職種の価値観や信念が存在している可能性があると受け止めます。他職種を理解しようとするこ

＊アサーション
より良い人間関係を構築するためのコミュニケーションスキルで、自分と相手双方を尊重しながら率直に自己表現すること。

とは、**他職種の尊厳の保持**を意味します。表現の仕方や使用する言葉が異なるため、他職種を理解するのは容易なことではありません。しかし受け流したり否定したりすると、送り手側は、排除された感覚や陰性感情が湧き、チームに対する貢献意欲が減退し、見解の違いを議論するプロセスに行きつかなくなります。受け手側が用いるコミュニケーション技術や態度は、聴く技術であり、共感的、受容的態度です。人は、**同質性**を求める傾向があるため、違いを認め合うことは、口で言うほど簡単ではありませんが、まずは、異なる専門性をもつメンバーの見解に耳を傾けることが相互理解と相互尊重の前提となります。

② **異質性を伝えるコミュニケーション**

専門性が異なるチームのなかで、貢献度をあげていくためには、自らの専門性の有用性をチームメンバーに理解してもらうことが必要です。専門領域で重要視される価値や考え方、方法論や技術をわかりやすく伝えます。まさしく伝える技術が必要となります。伝えたことと伝わったかどうかは、異なります。送り手側が伝えたい内容を相手に伝えるための最大限の努力をする必要があります。

チームリーダーやチームメンバーが、送り手と協働したいという印象をもつことが重要です。そのためには、自分の専門性について、その中身、適用範囲、貢献可能な状況やタイミング、その強みや限界について、チーム内に伝えます。専門職間の伝達は、簡潔かつ論理的であり、わかりやすさがあること、**共通言語**があること、タイミングを逃さないこと、相手がほしい情報を厳選すること、限られた時間内で納めることなどが求められます。活用技術は説明の技術です。

③ **チーム内で合意形成を図るコミュニケーション**

チームの目標達成のためには、各職種の相違点と共通点を明らかにします。そして、利用者のニーズに応じて、どの専門性を、どのような状況やタイミングで活用すると効果的な支援ができるかを検討します。チーム内に存在するすべての専門性を活用して支援を行う前提に立ちます。チームメンバーは、各々の専門性の強み、守備範囲、限界を具体的に議論し、利用者のどのようなニーズ充足に対して各々の専門性の発揮がどのように有効であるかを予測し、チームの総力が増すような合意形成を図ります。チームケアを推進する目的は、地域に点在する専門機関や専門職種を積極的に活用することであり、新しい合意形成を図り他職種間協働の可能性を広げていくことは、より介護サービスの質を向上させることがあります。活用技術は焦点化と明確化です。

(3) カンファレンスにおけるコミュニケーション

カンファレンスが単なる情報交換の場ではなく、議論の場になるようにコミュニケーションを図ると、**チームアプローチ**の質の向上につながります。

① **カンファレンスの準備**

カンファレンスに出席するにあたって準備しておくべきことは、会議の目的と目標の明確化です。会議目標は、サービス計画の決定・変更、緊急対応の決定、連携・調整などが考えられるため、目標に応じた事前準備が可能です。会議開催の時期は、支援プロセスのどの段階であるのかも明確にしておきます。また、定例カンファレンスであるならば、専門家間の連携の流

れや継続性の確認が行われます。緊急・臨時カンファレンスの場合には、緊急対応に優先順位をつけ、短期で実行可能な方針を決定し、役割を分担し、実行後の見通しをたてます。

② **リーダーシップの発揮**

カンファレンスにおける**リーダーシップ**のあり方は会議の成果に影響を与えます。主たる担当者が、進行のリーダーシップをとる場合には、参加者の合意をとり決定事項については参加者全員が責任を負います。チーム全体がリーダーシップをとる場合は、カンファレンスの進行を特定の専門職に委ねず、参加者全員がリーダーシップを担います。各専門職は各々の責任範囲を明確にすることで、役割に基づいた発言をします。リーダーシップ論の知識、**ファシリテーション***技術を用います。ファシリテーションにおいては、焦点化、明確化、要約質問法の活用がポイントとなります。

【参考文献】

アレン・E・アイビィ、福原真知子・椙山喜代子・國分久子・楡木満生訳『マイクロカウンセリング――"学ぶ―使う―教える"技法の統合:その理論と実際』川島書店、1985年

荻野ひろみ・萬歳芙美子編、福山和女『面接――人の立体把握のために』FK研究グループ、2001年

福原麻希『チーム医療を成功させる10か条――現場に学ぶチームメンバーの心得』中山書店、2013年

京極真『医療関係者のための信念対立解明アプローチ――コミュニケーション・スキル入門』誠信書房、2011年

山田美代子『人間理解と社会資源の活用』文光堂、2005年

野村豊子『高齢者とのコミュニケーション――利用者とのかかわりを自らの力に変えていく』中央法規出版、2014年

＊**ファシリテーション**
集団活動がスムーズに進むように支援すること。その役割を担う人がファシリテーターで、会議などでは進行役として、参加者の意見を引き出し、合意形成のために論点を整理する。このようなはたらきかけにより、メンバーのモチベーションを高めたり、協働を促進させる。

第4節 介護技術と福祉用具

1 生活動作の理解

(1) 身体のつくり

ヒトは立位をとることによって、両手は高い機能が自由にできるようになり、道具を用いて活動することができ、二本の足で歩いて自由に行動できるようになりました。日常生活で当たり前と思っている運動や動作がどのように活用されているかを知るには、人間の構造や機能を理解したうえで、日常生活の基本的な動きや活動を捉えていくことが必要です。

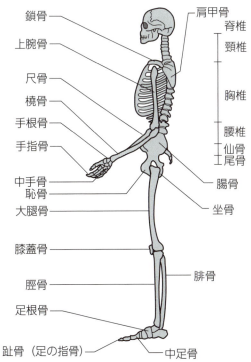

図3-13 骨格―側面像

資料：John K. Inglis、中村隆一監訳『人間生物学』三輪書店、58頁、1998年。

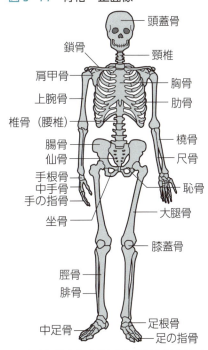

図3-14 骨格―正面像

資料：介護福祉士養成講座編集委員会編『新・介護福祉士養成講座⑭ こころとからだのしくみ（第3版）』中央法規出版、43頁、2014年。

(2) 基本体位の種類と内容

基本体位には大きく分けて、臥位、座位、立位の3種類があります。

① 臥位

臥位は大きく分類すると、以下のように3種類です。

① 仰臥位
上を向いて寝た状態です。脊柱の主な機能としては、身体の土台としての機能、体幹運動の機能、内臓および血管の保護機能があげられます。脊柱の骨は靱帯、筋でしっかりと補強されています。

② 横臥位／側臥位
身体の片側（片腕・片足）を下にして横たわること。横向きは不安定な姿勢であり肩、大転子、外踝（外くるぶし）の圧が高まります。

③ 伏臥位／腹臥位
臥位の一つで、下を向いて寝た状態であり、うつぶせの姿勢（体位）のことをいいます。

② 座位
座位は、大きく分けて 3 種類です。

① あぐら（胡坐）座り
股関節で構え、脚を曲げ大きく膝を開きます。

② 正座
膝関節がしっかり曲がり（屈曲）、かかとが臀部に付きます。

③ いすに座る
いすに腰掛ける際に必要な土台になるのが、坐骨結節という骨盤を形成する坐骨の突出部です。骨盤は左右の寛骨と腸骨、坐骨、恥骨を示します。

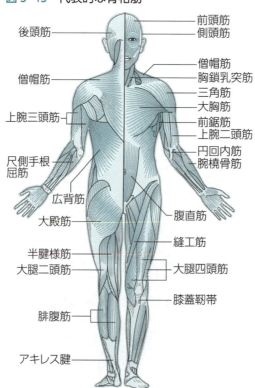

図 3-15　代表的な骨格筋

③ 立位

　直立位であり、股関節、膝関節が伸びて、抗重力筋に支えられて立っていることができます。重力に対抗して立位姿勢を保持にはたらく筋群を抗重力筋といいます。抗重力筋は筋力の衰えにより姿勢の悪化にも影響します。高齢になるほど腰が曲がってくるのは、骨の衰えとともに抗重力筋の衰えが影響します。

(3) 基本的動作の種類と内容

① 寝返り

　寝返り動作とは、仰臥位から側臥位へと身体を回旋させて、側臥位で運動を静止させる動作などです（図3-16）。

図3-16　寝返り動作

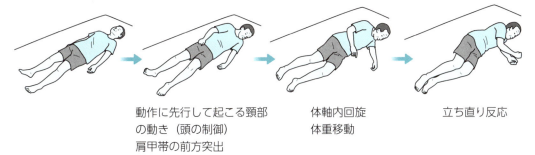

動作に先行して起こる頸部の動き（頭の制御）
肩甲帯の前方突出

体軸内回旋
体重移動

立ち直り反応

② 起き上がり

　起き上がり動作はさまざまです。動作としては下側の上肢を伸ばして、頭部が円を描くように上半身を持ち上げます。主な機能としては、仰臥位から頭部挙上、頸椎を屈曲させ、上肢と胸椎を回旋し身体の重心の円滑な側方、上方、前方移動です（図3-17）。

図3-17　起き上がり動作

③ 立ち上がり

　いすからの立ち上がりの場合には、まず、頸部、体幹が前傾し、臀部が座面から離れます。頸部・体幹・両股関節の屈曲角度を増大させることにより、重心が前方へ移動していきます。両股関節、膝関節が屈曲から伸展をし、重心を移動させて体幹を鉛直にします（図3-18）。

図 3-18 立ち上がり動作

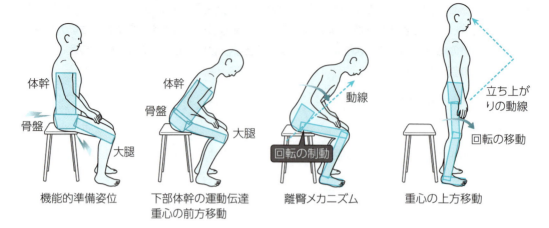

④ またぎ

片脚立位での安定性を保つのに中臀筋が大きな役割を担っています。敷居や浴槽をまたぐときの姿勢であり、片脚立位のバランスには体幹の安定が大きく影響します（図 3-19）。

図 3-19 またぎの姿勢

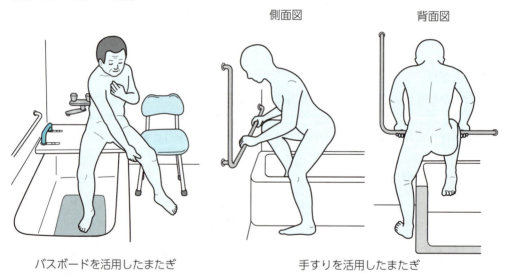

⑤ 歩行

歩行は、生活のなかで最も重要な機能です。人間はすべての活動を動いて行動し、自分の生活をつくっています。高齢者は、歩行には片足が地に着いているときと両足が地に着いているときがありますが、歩行速度が低下すると両足が着いている割合が増加し、歩幅は短縮します。踵やつま先が上がったつもりが上がっていないことが多く、すり足になり、転倒しやすくなります。歩行バランスの基本である立位姿勢の保持能力が衰え、前傾姿勢になり、閉眼すると片脚立ちを維持できる時間は若年者の約 7 分の 1 までに短縮してしまいます。

図 3-20 高齢者の歩行の特徴

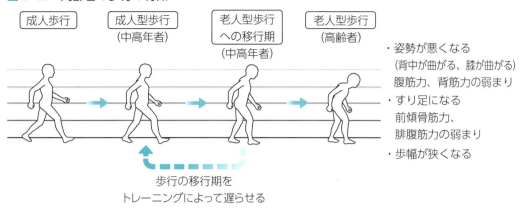

- 姿勢が悪くなる
  （背中が曲がる、膝が曲がる）
  腹筋力、背筋力の弱まり
- すり足になる
  前傾骨筋力、
  腓腹筋力の弱まり
- 歩幅が狭くなる

歩行の移行期を
トレーニングによって遅らせる

（4）ADL（日常生活動作）とIADL（手段的日常生活動作）

ADL（Activities of Daily Living）とは主に、下記の10項目です。高齢者や障害者の自立度を表現するために用います。

> **ADL（日常生活動作）の項目**
> ①食事 ②移乗 ③整容 ④トイレ動作 ⑤入浴 ⑥平地歩行 ⑦階段 ⑧更衣
> ⑨排便管理 ⑩排尿管理

ADLはとても重要な概念であり、ADLが自立しているという場合、普通は介護を必要としない状態であると考えることができます。また、ADLと似ている言葉に、**IADL**（Instrumental Activities of Daily Living）があります。IADLは日常生活を送るうえで必要な動作のうち、ADLより複雑で高次な動作を指します。例えば、外出や食事の支度等の家事全般や、金銭管理や服薬管理、交流等です。

> **IADL（手段的日常生活動作）の項目**
> ①バスや電車を使っての外出 → 移動 ②日用品の買い物
> ③食事の用意（炊事） → 食事 ④掃除、洗濯などの家事
> ⑤請求書の支払い → 金銭管理、生活運営（認知、判断、推理）
> ⑥預金の出し入れ、年金の書類への記入 ⑦新聞を読む → 情報収集（認知）
> ⑧本を読む ⑨健康についての番組や記事への興味
> ⑩友人の家を訪ねる → コミュニケーション ⑪家族や友人の相談にのる
> ⑫病人を見舞う ⑬若い人に自分から話しかける

（5）自宅や地域での日常生活を通じた介護予防

厚生労働省によると、**介護予防**とは「要介護状態の発生をできる限り防ぐ（遅らせる）こと、そして要介護状態にあってもその悪化をできる限り防ぐこと」と定義されています。要介護になる要因は、病気のほか、生活から受ける影響も大きくなっています（図3-21）。

介護予防とは、単に高齢者の運動機能や栄養状態といった個々の要素の改善だけを目指すものではありません。むしろ、これら心身機能の改善や環境調整などを通じて、個々の高齢者の生活行為（活動レベル）や参加（役割レベル）の向上をもたらし、それによって一人ひとりの生きがいや自己実現のための取り組みを支援して、QOL の向上を目指すものであります。介護予防には、閉じこもりの予防、運動能力の低下、認知症の予防が重要です。

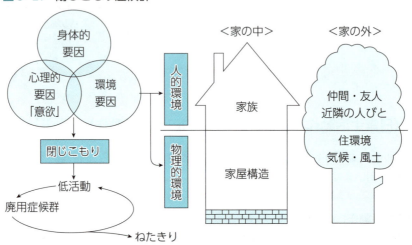

図3-21　閉じこもり症候群

出典：竹内孝仁『通所ケア学』医歯薬出版、22頁、1996年。

① **運動機能の低下の予防**

　健康な人であっても身体を動かさないと、筋肉の萎縮や関節の拘縮が意外と速く進行します。安静によって生じる臓器の退行性の変化、臨床症状を**廃用症候群**といいますが、筋肉や関節だけではなく、さまざまな臓器に退行性の変化が生じるため、生き生きと日常生活を送ることが介護予防の原点となります。

●ロコモティブ（Locomotive）

　ロコモティブとは、「運動の」という意味です。また、「機関車」という意味もあります。能動的な意味合いをもつ言葉で、「運動器」は広く「人の健康の根幹である」という考えを背景とし、「年齢」に否定的なイメージをもち込まないことが必要だという考えを導く意味合いがあります。

　運動器症候群、**ロコモティブ・シンドローム**（Locomotive Syndrome）とは、運動器の障害により要介護になるリスクの高い状態になることです。運動器の障害の原因には、大きく分けて、「運動器自体の疾患」と「加齢による運動器機能不全」があります。

　ロコモティブ・シンドロームは、寝たきりや要介護の主要な原因となります。

運動器（Locomotive Organs）とは
　運動器とは、骨、関節、靱帯、脊椎、脊髄、筋肉、腱、末梢神経など、体を支え（支持）、動かす（運動・移動）役割をする器官の総称のことである。

図 3-22 ロコモティブ・シンドロームの原因

資料：一般社団法人日本臨床整形外科学会「ロコモティブ症候群」 http://www.jcoa.gr.jp/locomo/teigi.html

---

ロコチェック

❶ 片脚立ちで靴下がはけない。
❷ 家の中でつまずいたり滑ったりする。
❸ 階段を上がるのに手すりが必要である。
❹ 横断歩道を青信号で渡りきれない。
❺ 15 分くらい続けて歩けない。
❻ 2kg 程度（1 リットルの牛乳 2 パック程度）の買い物をして持ち帰るのが困難である。
❼ 家のやや重い仕事（掃除機の使用、布団の上げ下ろしなど）が困難である。

（日本臨床整形外科学会 HP を一部改変）

---

(6) おわりに

　私たちは、日々生活するなかで、成長発達をしています。日常生活の支援においては、その人が全面的に発達し、自立を可能としていく「生活力」の確保がいかに保障されてきたかということが要点になります。その過程で、生活手段に生活用具や生活設備などが含まれることを確保し活用することがどのように保障されるかは、その「生活力」の実現に大きく作用します。

2 介護を必要とする利用者の状態像

　介護を必要とする利用者には、主として高齢者があげられます。また、身体障害者（肢体不自由、視覚障害、聴覚障害、言語障害、内部障害等）、精神障害者、知的障害者等もあげられます。

(1) 介護の対象

　社会福祉士及び介護福祉士法では介護の対象を、「身体上又は精神上の障害があることにより日常生活を営むのに支障がある者」と規定しています。

(2) 利用者

　介護保険法では利用者を、要介護状態または要支援状態になった者としています。

(3) 高齢者が要介護状態になる原因

　高齢者が要介護の状態になる主な原因の一つに、脳血管疾患があります。治療後の後遺症として、半身麻痺、不全麻痺、失語症、嚥下障害等により日常生活の多くの場面で、身体介護や生活支援が長期にわたって必要になっています。その他の原因としては、高齢による衰弱、骨折、転倒、認知症等があります。また入浴中の溺水など家屋内における事故のほかに、交通事故による場合もあります。

(4) 認知症のある人

　認知症による記憶障害・見当識障害・BPSD（行動・心理症状）などにより、日常生活のあらゆる場面で身体介護や生活支援が必要になっています。利用者とその家族の支援には、医療との連携、社会的支援などが必要とされています（第2節「認知症の理解」62頁参照）。

(5) 高齢者のからだとこころの変化（表3-11、表3-12）

表3-11　からだの変化と介護者の対応

	からだの変化	介護者の対応
皮膚	しわ、しみ、ほくろ、ドライスキン	老いを感じさせないようにする（衣類などは明るく清潔に） 色・型など好みを優先する
毛	白髪、薄毛	
眼	老眼、視野狭窄 白内障などの病気に注意	明るさに注意、こころにはりをもたせる 視力が弱ったら受診する
耳	遠くなる、理解しにくい	声は低いほうが聞こえる ゆっくり話す・話しかける
歯	歯が抜ける 入れ歯の使用	咀嚼できない　　　　　　｜ 話しにくくなる　｝これらを考慮する 笑いが減る　　　　　　　｜
筋肉	力が弱くなる 使わないとますます力がなくなる	各部の運動を行う 体力、運動量・質のバランス
骨	もろくなり、折れやすくなる	転ばないように、すべりどめ、手すりなどをつける できるだけ動かす
心臓	少しずつ弱くなる	びっくりさせない いらいらさせない 動作は静かにする 長湯・熱い湯は避ける 脳卒中・心臓病予防のため定期健診を
血管	動脈硬化を起こしやすい 血圧が高くなる	
肺	肺活量が減るからすぐ息切れがする 声が細くなる	かぜに注意する
消化器	食が細くなり、下痢・便秘を起こしやすい 栄養バランスに注意	献立や調理方法、むせたり、つまったりに注意する ゆっくり食べる・座って食べる 水分を多めに摂る

泌尿器	男性は尿が出にくくなる 夜間の排尿がある 回数が多くなる がまんができず漏らす 出るのがわからなくなる	医師に相談（前立腺肥大） 冷えないようにする 夕食後の水分を控えめにする 手近に尿器の工夫をする 漏れたらすぐ取り替える 骨盤底筋の訓練 おむつ、脱水に注意 恥をかかせない
頭脳	忘れっぽくなる 認知症	なるべく頭を使うようにする 繰り返す話もよく聞いて返事をする 対人・対話の機会を多くもつ

資料：介護技術研究同好会編、吉田宏岳編集代表『基礎介護技術——やさしさといたわりの心をめざして』中央法規出版、7～8頁、1992年を参考に作成。

表3-12 こころの変化と介護者の対応

こころの変化	介護者の対応
不安がる 淋しがる	できるだけ話しかけたり、話を聞くようにする 孤独にしない
話したがる｛ぐち 自慢話、昔のことが多い 同じことの繰り返し	話相手になる、あいづちをうつ、さからわない、きちんと対応する
疑い深くなる（見えない、聞こえない、動けないので） 頑固、融通性がなくなる、落ち込む 自己中心的になる（子供がえり）	わかりやすくていねいに説明して納得できるようにする 高齢者の個性と思ってなるべくさからわない おだやかに接する 大らかに接する
短気	いらいらさせない、待つ身になって待たせないようにする
ものをためこむ、執着する	整理をしたり捨てるときはよく話し合う
からだに関心をもつ	訴えを聞いて異常を確かめる 親戚、知人の病気や死は時機をみて知らせる
不精 あきらめ（食べない、口をきかない）	毎日の世話をこまめにする 社会とのつながりがもてるようにする こころにはりをもたせるためのはたらきかけをする（知人の見舞い、話しかけ、寝床の模様替えなど）

資料：表3-11に同じ、9頁を参考に作成。

3 配慮を必要とする場面における介護技術と福祉用具

(1) 食事介護

① 食事介護の意味
　人間は健康であれば基本的欲求のなかでも強い生理的な欲求として、食事が必要になったときに自分自身で食欲を満たすことができ、それがその人の食事の生活習慣になっています。介護者は、利用者の障害と生活を総合的に把握し、社会生活との関連も考慮して介護することが必要となります。バランスのとれた食事や規則正しい食生活が利用者の健康の維持や老化の防止に役立ち、楽しみのある食事は生活を豊かなものにします。

② 食事介護の留意点
- **食事の生活習慣を継続するための工夫をする**
　一日の生活リズムは、朝、昼、夕の3回の食事が柱となっています。食事を摂る時間帯、摂食環境、摂食方法、アルコールなどの嗜好品、どれも利用者の食生活の歴史を物語っています。
- **健康の維持と病気への対応をする**
　病気のある利用者には、医師、看護師、栄養士等と連携し、栄養面や食事の形状に対するきめ細かい配慮を行い、食事療法を継続します。特に病気がない場合でも、その時々の体調や症状に応じた栄養バランスや摂取量とします。
- **食事を自分自身で摂る工夫をする**
　食事のための自助具の活用、食べやすい食品の工夫、安楽な食事姿勢、安定した体位の確保など、介護者が利用者の残存機能を理解し、それを活用するための工夫は、利用者が自分で食事をすることができる機会をつくりだし、摂食の自立度を高め、ADLの向上にもつながります。
- **安全に食事を摂る工夫をする**
　病気や障害、老化により、摂食や嚥下の能力が低下しているときには、誤嚥予防の重要性を認識することが必要です。食べ物を飲み込みやすい姿勢、飲み込みやすく誤嚥を起こしにくい調理方法や、安全な摂食への介助が必要です。
- **楽しく食事を摂る工夫をする**
　食事には、空腹を満たすだけでなく、団らんの楽しさをもたらす効果があります。食堂で子どもや孫たちと食事ができること、デイサービスセンターでの食事、戸外に出かけて弁当を食べるのも楽しみとなります。

③ 食事介護の福祉用具
　福祉用具は利用者の個別的な状況のなかで、食事の自立支援につながるものを選択します。福祉用具を活用して利用者が安全で快適に残存機能を活用でき、食事を楽しめることに役立つものを選択します（図3-23、図3-24）。

図 3-23 筋力の低下などがある人に合わせて工夫された食事の用具

図 3-24 片麻痺がある人に合わせて工夫された食事の用具

(2) 排泄介護

① 排泄介護の意味

排泄の介護は人間の尊厳にかかわる事柄であり、介護の仕方によっては利用者が自立して生きようとする力を低下させてしまう可能性が強くなります。したがって、介護者は利用者の障害と生活を総合的に把握し、心理面の配慮を十分に行うなかで援助することが重要となります。

② 排泄介護の留意点

- 排泄の生活習慣を継続するための工夫をする

  一日の生活は、排泄が一定のリズムをつくっています。生活のリズムとその際の排泄の場所、排泄の仕方がその人の排泄習慣となっています。介護者は、自分自身で排泄したいという利用者の強い気持ちを理解し、今までの排泄習慣を継続させていく工夫を利用者と一緒に考えます。

- 健康の維持と病気への対応をする

  排泄の状態は、利用者の体調やその変化を知る手がかりとなります。介護者は利用者自身に様子を聴き、排泄の回数や尿・便の形状を観察し、身体の変化に気づくことができます。

- ●自分自身で排泄できるための工夫をする
    介護者は利用者の自分自身で行いたいという気持ちを考慮し、排泄場所や排泄のための各種機器、排泄行動の際に残存機能が活用できる環境を準備し、排泄の自立の機会をつくりだす工夫をします。
- ●**安全に排泄できるための工夫をする**
    介助の際の転倒や転落についても、各種機器や利用者の残存機能の活用、介護者の的確な介護技術で防止することができます。
- ●**快適に排泄できるための工夫をする**
    プライバシーが守られる排泄環境、自立を引き出す各種機器の準備、また、安楽で排泄しやすい姿勢の工夫が必要です。
- ●**排泄に関する介護サービスの利用をする**
    在宅生活における夜間の排泄介助についても、夜間対応型訪問介護を利用するなどして、介護している家族の介護負担を軽減することができます。
- ●**羞恥心への配慮をする**
    羞恥心の配慮にはプライバシーを守ることが必要です。

③ 排泄介護の福祉用具

福祉用具は利用者の身体的および心理的に個別的な状況のなかで、残存機能の活用につながるものを選択します。福祉用具を活用して、利用者が安心して速やかに排泄ができるために役立つものを選択します（図3-25）。

図3-25　スタンダード型ポータブルトイレ

(3) 入浴介護

① 入浴介護の意味

人間は健康であれば身体を清潔に保ちたいとの基本的欲求により、毎日の生活のなかで入浴のほか洗髪、洗面、歯みがきなどを行っています。

介護者は利用者が障害により身体の清潔を保つことができなくなった場合には、利用者が今まで培ってきた清潔の生活習慣を、今後も継続していけるように支援することが求められます。また、入浴の介護は利用者の体力の消耗、水分の消失、血圧の変動を生じさせますので、入浴

時の事故防止に十分注意し、安全で快適な介護に努めることが必要です。医師や看護師など医療職との連携が求められます。

② 入浴介護の留意点
- **入浴の生活習慣を継続するための工夫をする**
　入浴は身体を清潔にする方法として一番効果があります。利用者の希望を引き出しながら可能な限り入浴できるようにします。
- **安全に入浴できるための工夫をする**
　入浴は疲労感を伴うだけでなく循環器系への負担が大きいので、久しぶりに入浴を始める際には医師から許可や指示を得ておくことが必要です。入浴に際しては、毎回本人の意思の確認や健康状態の観察を行うことが必要です。入浴により体内の水分が失われるため、入浴前と入浴後に水分を摂取します。また入浴は体力を消耗させるので、入浴後は休息をとることが必要です。
　入浴中の事故には、心臓発作、脳血管障害、溺水などがあり、高齢者の入浴中の死亡件数は交通事故死亡者数よりも多くなっています。
- **入浴介護の福祉用具**
　福祉用具は利用者の心身の個別的な状況を踏まえて、残存機能を活用して入浴の自立支援につながるものを選択します。福祉用具を活用して、利用者が安全で快適に入浴を楽しめることに役立つものを選択します（図3-26～図3-28）。

図3-26　入浴関連用具

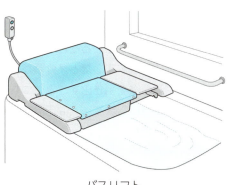

バスリフト　　　　　　　　　シャワーキャリー

図3-27　バスグリップ

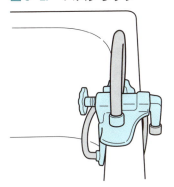

浴槽の縁に挟み込んで使用する手すりです。最近は手すりをつけたまま浴槽のふたができるものがあります。円背の人が浴槽をまたぐときに使いやすいものや、温まっているときに安定した座位をとるためのグリップつきのもの、浴槽内の立ち座りのときの支えになるものがあります。

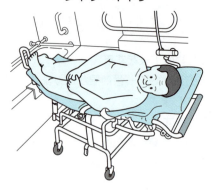
図3-28 フルリクライニング
シャワーキャリー

(4) 更衣介護

① 更衣介護の意味

　高齢者は歳を重ねるとともに日常生活が単調になりやすく、社会との関連が減少する生活のなかで、身だしなみに無関心になり、衣類を着替える回数が少なくなる傾向があります。

　介護者は、利用者の衣生活の習慣や好みに基づいた選択ができる状況をつくり出していくことが求められます。身ぎれいにしていたい、美しく装いたいなどといった利用者本人の気持ちを引き出し、それを認め、身だしなみに関心をもてるようにします。

② 更衣介護の留意点

●**好みと生活習慣を尊重する**

　朝、起床とともに寝衣から普段着に着替えをすることから一日の生活が始まります。また、夜寝る前に普段着から寝衣に着替えることで、快適な睡眠をとることができます。人の生活リズムをつくるうえで着替えの果たす役割は大きくなります。たとえ介護が必要になったとしても、従来の生活習慣を続けていけることが生活意欲を引き出すことにつながります。

　また、利用者が衣類を選択できる機会をもてるようにします。人は自分で決めることで、自分らしい生活を続けていることを忘れてはいけません。

●**安全に衣類を着脱できる工夫をする**

　衣類は、着脱に便利で、自分で身支度のしやすいデザインや材質のものを選び、身体機能に合わせた工夫をするとよいでしょう。介助の際は関節の痛みや脱臼の予防、着脱時の窮屈感といった苦痛などに十分配慮して行います。

●**自分で衣類を着脱できる工夫をする**

　身体に麻痺や拘縮がある場合、寝衣や上着・ズボンなどの着替えをする際には、衣類を脱ぐときは健側から脱ぎ、衣類を着るときには患側から着るように支援します。また、ボタンの機能を工夫することや、ソックスエイドなどの活用によって、できることを一つひとつ増やしていくことが利用者に自信を与え、利用者の生活全体を積極的にさせていくことにつながります。

③ 更衣介護の福祉用具

　更衣のための衣服は、利用者の個別的な状況のなかで残存機能を活用し自立支援につながる

図 3-29　更衣の例①

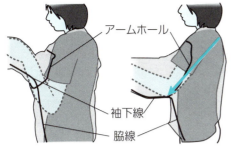

標準のアームホールは袖通しが困難

アームホールが大きいものは腕の動きが悪くても袖を通しやすい

図 3-30　更衣の例②

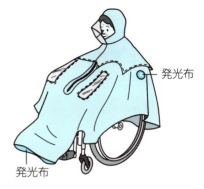

ものを選択します。利用者が好みやおしゃれを表現できる衣服を、利用者が選択することを支援します（図3-29、図3-30）。

(5) 整容介護

① 整容介護の意味

整容は起床後や就寝前に行われ、これにより毎日の生活リズムがつくられています。整容は利用者が社会生活を送るうえでも大切な清潔習慣です。整容は利用者の好みを尊重し、希望に沿って支援をすることが求められます。

② 整容介護の留意点

●口腔ケアの重要性を知る

口腔内は食物の咀嚼、味覚、発語などの機能を備えており、人は口腔の清潔を保つために、朝晩、毎食後に歯みがき・うがいを行っています。利用者が自分自身で口腔の清潔を保てなくなると、口腔内粘膜の異常、虫歯、口臭の発生、義歯の装着具合などに問題を起こします。これは苦痛をともなうだけでなく、食欲の低下や対人関係の希薄さをもたらすことになります。居室内のにおいの発生源にもなります。

●整容の生活習慣を継続するための工夫をする

利用者の今までの生活習慣を継続させていく視点をもち、利用者のできない部分を支援します。また全介助での整容介護が必要な場合にも、利用者の今までの生活習慣継続のアセスメントをして支援計画を立てます。

③ 整容介護の福祉用具

福祉用具は利用者の身体面からの個別的な状況のなかで、残存機能の活用に役立つ自助具を選択します。利用者が毎日自分でできるという達成感につながるものを選択します（図3-31～図3-33）。

図 3-31 ホルダー付き歯ブラシ

図 3-32 髭剃り器ホルダー

図 3-33 ホルダー付きブラシ

(6) 移動・移乗介護

① 移動・移乗介護の意味

　人は運動と移動をすることで健康に暮らしており、ADL の自立にとって移動の果たす役割は大きいものです。移動することで家庭内から地域へと生活の範囲が広がり、人間関係も豊かになります。こうした社会生活を豊かに送ることが、生きていくうえでの楽しみやこころのはりにつながり、生きがいのある生活へと結びついていきます。運動と移動は、身体的な意義に加えて、精神的・社会的な意義も極めて大きいものです。

　高齢者は老化により、骨、関節、筋肉、神経の退行性変化がみられ、歩行バランスが悪くなり安全に移動することが難しくなります。利用者の残存機能の状態により、各種の杖や歩行器、シルバーカーなどを利用して歩行することも一つの方法です。また、歩くことが困難な利用者には、歩行機能の代行として車いすで移動することも考えられます。

　脳卒中の後遺症で片麻痺がある高齢者は、麻痺側の廃用性萎縮により、手指の関節の拘縮や尖足がみられ、ベッド上の体位変換や移動に困難がみられるようになります。この場合は定期的な体位変換時に利用者の残存機能を活用し、ベッド上の移動の自立度を高めていくことが考えられます。

　人は移動することによって人間らしく自分らしい社会生活ができます。介護者は利用者の障害を理解し、残存機能の活用や移動のための福祉用具を使用し、動きたいとか移動したいといった利用者が本来、人としてもっている意欲を尊重しながら援助していくことが必要です。

② 移動・移乗介護の留意点

●廃用症候群の予防と良肢位の保持をする

　骨粗鬆症、筋肉の萎縮、拘縮、尖足は運動や移動能力を直接的に低下させます。また聴力や視力の低下、意欲の減退も移動への意欲を低下させるので、廃用症候群の予防としては、身体面だけでなく、精神面や社会面からの積極的な援助が必要となります。

●残存機能を活用したベッド上での運動、体位変換、体位の移動をする

　運動と移動はベッド上での臥床時間を短くし、座位を可能にしていくことを目標として行います。体位変換や体位の移動は、利用者の残存機能の活用やベッド柵の使用、適切な介護技術を安全に行うことなどの取り組みが、ベッド上での移動を可能にします。

●安全な車いすへの移乗と操作をする

　座位を 20～30 分保持することができるようになったら、車いすの使用を考えます。ベッドから車いすへ安全に移乗し、車いすで安定した座位をとった後、周囲の環境にも注意し安

全な走行により移動します。移乗の際は、安全性に十分注意します。

●移動・移乗介護の福祉用具

　福祉用具は利用者の個別的な身体状況のなかで、残存機能を活用して移動・移乗の自立支援につながるものを選択します。利用者の行動範囲が拡大し、社会生活の交流に役立つ福祉用具を選択します（図3-34〜図3-39）。

図3-34　自走用標準型車いす

図3-35　リクライニング式車いす

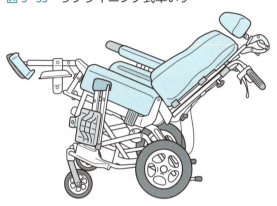

図3-36　歩行器

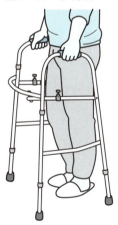

図3-37　ロフストランドクラッチ

図3-38　多点杖

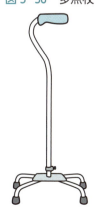

図3-39　介助用ベルト

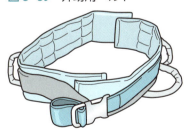

第4章

福祉用具および住宅改修に関する知識と技術

目　的

- 高齢者の住まい方における課題に応じた住環境整備の考え方や福祉用具と生活環境のポイントを踏まえた住宅改修の方法について確認する。
- 高齢者の状態像に応じた福祉用具の選定・適合技術について確認する。
- 高齢者の状態像に応じた福祉用具の利用方法・利用の際の注意点等について確認する。
- 最近の福祉用具の種類、機能および構造について確認する。
- 基本的動作や日常の生活場面に応じた福祉用具の特徴を確認する。

到達目標

- 高齢者の住まい方の課題に応じた住環境整備のポイントや、福祉用具と生活環境の適合のポイント、住宅改修の方法について説明できる。
- 基本的動作、日常の生活場面に応じた福祉用具のかかわりや、福祉用具の特徴を説明できる。
- 高齢者の状態像に応じた各福祉用具の選定と適合をし、その選定・適合について説明できる。
- 高齢者の状態像に応じた福祉用具の安全な利用方法、事故防止方法等について説明できる。
- 最近の福祉用具について、高齢者の状態像に応じた福祉用具の種類、機能、構造および利用方法を説明できる。
- 最近の福祉用具や介護ロボットの開発の動向と利用方法について理解を深める。

第1節 住環境と住宅改修

1 住宅改修の目的と意義

　住宅改修とは、手すりの設置や段差解消などを行うことで、最大限自立できる生活および介護の空間を提供するサービスのことです。一部は介護保険の給付対象となっていますが、それは「ほんの一部」であるということを忘れてはいけません。

　また、住宅改修は「家を直す」サービスではなく、「生活や人生を向上させる」サービスであるともいえます。このようなサービスにするためには、「本人の状況」や「家族（特に介護者）の状況」「家屋の状況」をしっかりと把握したうえで、適時・適切・適量な住宅改修をする必要があります。

　住環境整備においても、日常生活を安全に過ごしてもらうことを前提に、自立の結果として、「より生きがいをもてる人生」となったのかという点が重要です。

　下記の事例は、介護保険が始まって1か月の2000（平成12）年5月、まだまだ介護保険が世間に浸透していない頃の話です。

【事例】

> 　Aさん（78歳、男性）は妻（76歳）と二人暮らしです。ある日の朝、Aさんは救急搬送され、脳梗塞と診断されました。約3か月間の入院生活を経て、四点杖をついて何とか歩けるようになって自宅へと戻ってきました。しかし、トイレが和式トイレ（写真4-1）であり、半身麻痺でしゃがめないAさんは、その日からおむつに排泄をする生活となりました。しばらくして要介護2と判定されたAさんは、担当のケアマネジャーが決まり、そのケアマネジャーから筆者に住宅改修のアドバイスの要請がありました。二つ返事で訪問した筆者と会話をするなかでAさんは突然、「死にたい……」と言いました。
> 　「まさか自分が、おむつを使うようなことになるとは思っていなかった。妻にも（おむつ替えなどで）迷惑をかける。いつまで（このような状況が）続くのか。早く死にたい」ということでした。それに対して筆者は、「入院しているときは、洋式トイレを使って自力で（トイレが）できていたのだから、トイレを洋式化すれば、おむつは必要なくなりますよ」と進言したところ、「生活が苦しくて、食べていくだけで精一杯で、とても何十万円もかけてトイレを直す余裕はない」との返事が返ってきました。筆者が介護保険の説明をしながら「介護保険を使えば、1万円以内でできます」とさらに返しますと、「そんなお金で本当に（トイレを洋式に）できるのか!?」と半信半疑でしたが、急ぎトイレを洋式化することにしました。
> 　住宅改修としては「手すりの設置」と「床材の変更」で、加えて福祉用具購入で「腰掛便座」を導入しました（写真4-2）。総費用は約8万円で、Aさんの負担金は「8千円」でした。
> 　その後、ズボンの上げ下ろしなどの練習をして、トイレの洋式化は終了しました。その瞬間からAさんは、おむつが不要となり、普通のパンツになりました。「これはすごいものだ。

8千円でできてしまうとは、すごい世の中になったものだ」と大変喜んでいました。筆者からの「まだ、死にたいですか?」という意地悪な質問に対してAさんは、「長生きしてみるものだ。もう少し生きてみようかな」と照れ笑いをしていました。

写真4-1

写真4-2

　Aさんは、おむつに排泄をする生活から、トイレで普通に用を足すという生活に変わりました。さらに、生活が変わった以上にAさんの人生が、「死にたい」というものから「もう少し生きてみよう」という人生に変わりました。これが住宅改修および福祉用具の導入で、自立のための住環境が整ったときに多くみられることなのです。

2 主な住宅の工法とメリット・デメリット

　住宅改修を進めるにあたって、手すりの設置や段差解消などでは、建築工法によって工事方法が違います。工法によっては、「やってはいけない工事」もあります。ここでは、日本でみられる住宅に関して、代表的な工法の概要とメリット・デメリットを大まかに確認します。

(1) 在来工法（軸組工法）

　日本の昔ながらの建築工法で、柱や梁で建物を支える構造の住宅です。コンクリートの基礎に土台を据え付けてそれに柱を立て、梁などを組み合わせて骨組みをつくり、そこに壁などを取り付けます。その後、屋根をはじめとする外装工事を経て内装を仕上げていきます。耐震対策として、柱と梁で囲まれた枠の中に筋交いという建材を斜めに入れる場合や、枠に構造用合板という板を打ち付け補強する場合があります。こうして補強した壁を「耐力壁」といいます。
　●メリット
　・手がける建設会社が多い。
　・部材類を豊富にそろえている。

- 開口幅（出入り口の幅）が大きく取れる。
- 将来の変更や改造が比較的容易にできる。
- 増築も可能（法規問題の解決必要）。
- 真壁づくり（柱・梁現し）ができる。

●デメリット
- 大工の手間料が大きい（後述の2×4工法との比較）。
- 耐震性能に劣る（強いものもある）。
- 2×4工法に比べて工期がかなり長い。
- 大工の技術で品質にばらつきがでる。

(2) 2×4工法

　断面が2インチ×4インチの角材を基準部材として使うことから、「ツーバイフォー」と呼ばれるようになりました。このサイズの角材でつくった枠に構造用合板を打ち付けてパネル状にし、これを床や壁として建物を構成します。基礎工事や土台の据え付けまでは在来工法と同様ですが、その後の現場での加工作業が省力化されているので、新築の工期は3か月前後（在来工法は4～5か月）です。

　ツーバイフォーでは、壁パネルそのものが耐力壁となっているので、壁をバランスよく配置して耐震性をもたせます。そのため、在来工法よりも耐震性のある住宅を建てられます。

●メリット
- 枠組壁工法で耐震性が優れている。
- 工期が短い（パネルの組み立て方式などで）。
- 気密性が高い。
- 防火性と断熱性も高い（省エネ）。
- 品質が均一でムラが小さい（高度マニュアル化）。

●デメリット
- 間取りの変更が非常に困難である。
- 木を露出したデザインがしづらい。
- 施工できる建設会社が少ない（在来工法に比べ）。
- 高温度の環境に向かない（湿気が抜けない）。

(3) 鉄筋コンクリート

　コンクリートの芯に鉄筋を配することで強度を高めた「鉄筋コンクリート」の構造でつくった住宅です。コンクリートと鉄を組み合わせることで互いの長所・短所を補い合い、強度や耐久性を向上させる構造です。英語の「Reinforced-Concrete（補強されたコンクリート）」の頭文字から「RC構造」または「RC造」と略されます。フランスの庭師ジョゼフ・モニエが発明し、パリの建築物に多用されました。20世紀には世界で実用化され、日本では関東大震災の経験から、住宅に広く使用されるようになりました。

　大きく分けると、柱と梁で構成する「ラーメン構造」と、壁面と床版（スラブ版）など平面的な構造材で構成する「壁式構造」があります。住宅などの低層建物の場合は、これら二つを組み合わせた「壁式ラーメン構造」であることが多いです。

- メリット
  - 耐久性が高い（数十年から100年以上）。
  - 耐震性に優れている（2×4工法以上）。
  - 抜群の気密性と断熱性（超省エネ）。
  - 火事に強い（家全体が耐火構造）。
  - 遮音性が高い。
- デメリット
  - 建築費が高い（坪単価約60万〜100万円）。
  - 重量があるため地盤改良工事などが必要で、さらに費用がかさむ。
  - 結露が発生しやすい。

(4) 軽量鉄骨

建築物の躯体に鉄製や鋼製の部材を用いる建築の構造のことです。鉄骨造、S造、S構造とも呼ばれます（Sはsteelの略）。また、近年ではほとんど鋼材を用いるので、鋼構造と呼びかえることも少なくありません。特に断りがなく鉄骨構造という場合、一般的には重量鉄骨ラーメン構造を指します。

鉄骨構造は大きく3種類に分けられ、上記の在来工法と同様に柱、梁、筋交いを利用した「ブレース構造」、柱と梁を完全に固定（剛接合）して筋交いを不要とした「ラーメン構造」、小さな三角形を多数組み合わせた「トラス構造」があります。

軽量鉄骨とは、厚さが6mm未満の鋼材のことです。軽量鉄骨造の住宅は、この鋼材を利用して、一般的には前もって主要部材を工場で生産し、それを現場で組み立て設置する「プレハブ工法」でつくられています。

- メリット
  - 原料費（鉄骨）が安い。
  - 熟練大工がいなくても建てられる。
  - 大量生産が可能。
  - 軽いので軟弱地盤でも対応できる。
- デメリット
  - 地震で揺れる（元に戻る）。
  - 施工時に鉄骨の塗装に傷がつくと、そこからさびる。
  - 構造材に断熱性がない（慎重で完璧な断熱材施工が必須）。
  - 部材製造段階で二酸化炭素発生が多い。
  - 解体時に産業廃棄物が多い。

図4-1 主な工法の壁の構造

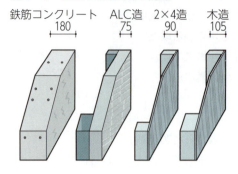

3 疾患別の住宅改修のポイント

(1) 脳卒中

① 住宅改修に関連する主な症状および障害の再確認

① 片麻痺

運動神経等の関係で、右脳で脳卒中が起こると「左片麻痺」になり、左脳で脳卒中が起こると「右片麻痺」となります（麻痺が出ない人もいます）。麻痺は、下肢よりも上肢が重症となることが多くみられます。

急性期は全く筋肉を動かすことができない麻痺（弛緩性麻痺）となることが多く、その後徐々に動くようになるものの、思ったとおりに動かすことが難しい状態が長期間続く場合が多いです。

② 感覚障害

感覚は「表在感覚」と「深部感覚」に分けられます。表在感覚には、痛み（痛覚）や触った感じ（触覚）、熱い・冷たい（温度覚）があり、特に痛覚がなくなった、または弱く感じる症状の人は、擦れたり、挟み込まれたりしたときに気づきにくいことから、些細な事故が大きなけがにつながることが多いです。

深部感覚は、振動を感じたり（振動覚）、関節の曲がっている状態を感じる感覚（関節覚）、関節が動いている状態を感じる感覚（運動覚）があります。特に、関節覚と運動覚がなくなった、または弱く感じる症状の人は、常時目で確認していないと、手足がどこにあるのかわからなくなるときがあり、挟み込んだまま福祉用具を動かすなどで、大けがをすることがあることから、注意が必要です。感覚障害は右片麻痺の人に多くみられます。

③ 平衡反応（バランス）障害

いすなどに腰をかけている状態、または立っている状態でからだが傾いた場合、無意識に傾きを修正する反応（傾斜反応）や、つまずいて転びそうになったときに足が出て、転倒を防ぐ反応（踏みなおし反応）などが弱まることで転びやすくなります。したがって、脳卒中の人は、これら反応の低下と片麻痺が相まって、非常に転びやすくなっています。

特殊寝台等に腰をかけているときも、一見安定して座っているようにみえても、不意なからだの傾きによって転倒することがあることから、必ずサイドレールや介助バーを設置する必要があります。

④　高次脳機能障害

高次脳機能障害は脳卒中の人の約 60～70％にみられます。

脳の損傷した部位によっては、身体のはたらきにも影響があります。片麻痺もその例です。麻痺がない場合でも運動失調といって協調運動がうまくできず、ふらついたような歩き方になることや震えが出て細かい作業がうまくできなくなることもあります。また、声を出すための筋肉がうまく動かせず、ぎこちない話し方になる「構音障害」、食べ物をうまく飲み込むことができなくなる「嚥下障害」が生じることもあります。

左片麻痺でみられる「半側空間無視」は、左方向が視覚的に見えているにもかかわらず、意識できず、左側にあるものや左側にいる人にぶつかっていくなどの症状がみられることがあり、非常に危険です。

⑤　その他の障害

パーキンソン症候群、運動失調（小脳関連）、測定障害（小脳関連）があります。

② **住宅改修のポイント**

脳卒中では、前述のように、利用者ごとにいろいろな障害が複合的にみられることから、個々にそれら障害が引き起こす症状を確認し、それぞれに必要な改修プランを立てる必要があるために、標準的な改修方法について示すことはできません。以下は、より多くの脳卒中による障害のある利用者に共通するノウハウを示しますが、当然、すべての脳卒中による障害のある利用者に適応とはならないので、現場ではそれぞれの症状に合った住宅改修をする必要があります。

①　水平手すり

歩行時や立位時における水平手すりでは、体重支持よりもバランス補助の役割が大きくなります。したがって、手すりを「握る」というよりも、手すりの上面に「触れる」という点を重要視して設置します。床（歩行面）からの設置高さは、「T字杖」の高さを標準に考え、それぞれの利用者の症状に合わせて決定します。

運動失調の症状がみられる場合は、設置高さは上記同様ですが、体重支持に関する役割が非常に大きくなることから、通常よりも頑丈に取り付け施工を行う必要があります。この時、しっかりと握ることができるように、手すりの握りの太さに対する配慮も必要になります。

測定障害の症状がみられる場合は、通常の設置高さと設置強度でよいですが、手すりをできる限り「連続させる」ことが重要です。たとえ 30cm 程度の途切れ（**写真 4-3**）であっても、手すりの持ち換えがうまくいかずに転倒する可能性が大きくなります。部屋への出入り口など、通常手すりを連続して設置することが困難な場所には、跳ね上げ手すりや取り外し可能な手すりで対応します。ただし、取り外し可能な手すりについては、介護保険の給付対象外としている市町村もあることから、事前に確認する必要があります。

写真 4-3

②　垂直手すり

部屋の出入り口や段差先端（段鼻部分）の上方に取り付ける場合が多数です。この時に注

意が必要な場面は、玄関の上がり框など、比較的段差が大きい場合の手すりの取り付け位置です。

脳卒中にて片麻痺がある場合、段差が15cm以内の時には、基本、上がり框の段鼻部分に合わせます。15cm超の時には、必ず「足台」を設置し、その時の手すり取り付け位置は、その足台の段鼻部分にします（写真4－4）。

写真4－4

問　なぜ、足台を設置した場合、垂直手すりの設置位置を上がり框ではなく、足台に合わせたほうがよい場合が多いのでしょうか？

③　段差の解消

歩行時にわれわれは、体重を左下肢に移動させては右下肢を上げて前に出し、続いて右下肢に体重を移動させては左下肢を上げて前に出します。脳卒中にて片麻痺がある場合、麻痺側下肢に十分に体重をかけられないために、健側下肢が十分に上がっていないことが多く、「健側下肢」を段差に引っかけて転倒することがあります。生活動線上にある段差は、たとえ1cm程度の些細な段差であっても、可能な限り解消します。

(2) パーキンソン病

①　住宅改修に関連する主な症状および障害の再確認

いろいろな症状がみられますが、ここでは住宅改修にかかわる症状や障害について再確認します。

① 日内変動

1日に何度か、からだが活動しやすくなる時間帯（on状態）と、からだが活動しづらくなる時間帯（off状態）を、交互に繰り返す利用者が多数です。これは「前回飲んだ薬」の効果が徐々に小さくなり、「今飲んだ薬」の効果が徐々に大きくなっていく過程で起こります。off状態が極端にでる場合には、on状態で歩行可能であった利用者が、寝たきり状態となる場合があります。したがって、住宅改修のための面談などで、利用者を訪問する時は、当然on状態の時間帯に行わなければなりません。その時には必ずoff状態の時の状況について、詳しく情報収集をします。

② 日差変動

それぞれの利用者によっていろいろありますが、発症からある程度時間が経過している場合、薬がよく効いている日（調子のよい日）と、そうでない日（調子の悪い日）がでてくる場合があります。面談時の状態が、調子のよい日なのか、悪い日なのか、その中間的な日（平均的な日）なのかについて情報収集し、それらのどの状態を重要視して、手すりの設置計画などを行うべきかを検討する必要があります。

③ 無動・寡動

動作をはじめることが困難で、動作をはじめられたとしても、緩慢な動作しかできないと

いう症状が、多くの利用者にみられます。動くこと自体も少なくなります。

表情も少なくなり、無表情になったり（仮面様顔貌）、会話の声が小さくなったり、声自体をださなくなったりします。字も小さくなっていく（小字症）という症状もみられます。

④　姿勢保持反射障害

歩行時では状態が前傾し、背筋をまっすぐ伸ばさずに前かがみで、膝が軽度曲がった姿勢となります（図4-2）。姿勢は前方に向かって崩れやすく、姿勢が一度崩れると、その崩れた姿勢を立て直せずに、崩れた姿勢のままになります。そのまま転倒にいたる場合もあります。

また、立位においても、姿勢の崩れを修正できないことから、転倒の可能性が高まります。手すり等にて姿勢の崩れを極力少なくする工夫が必要です。

図4-2　パーキンソン病のある高齢者の歩行

正面　　　　側面

⑤　歩行障害

歩行では、歩行しはじめるまでに時間がかかります。前かがみの姿勢で、歩幅が小さいうえにすり足状に歩く「小刻み歩行」となります。また、止まりづらいという症状もでることがあり、歩きはじめると小走りのようになり、突進するという「突進歩行」の症状もみられることがあります。さらに、歩行開始や方向転換の時に下肢が動かなくなる「すくみ足」という症状もみられることもあります。その時には多くの場合、動かなくなった足の前に杖を置いたり、線を引くなどして、それを踏み越えるようにさせることで、再び、歩行が可能となります。

ちなみに、平地での歩行が困難である一方、階段はスムーズに上れることが多いことも特徴の一つです。

② 　住宅改修のポイント

脳卒中同様、パーキンソン病においても、利用者ごとにいろいろな障害が複合的にみられることから、個々にそれら障害が引き起こす症状を確認し、それぞれに必要な改修プランを立てる必要があるために、標準的な改修方法について示すことはできません。したがって、現場ではそれぞれの症状に合った住宅改修をする必要があります。

①　水平手すり

重心をより制御しやすくする目的で、パーキンソン病特有の姿勢（背筋をまっすぐ伸ばさずに前かがみで、膝が軽度曲がった姿勢）時の「重心位置」とほぼ同じ高さに設置する場合

があります。この設置高さでは、通常のＴ字杖の高さと同じに設置する場合と比較して、やや高く設置することになります。

手を急に前に出せなくなる症状が強い場合には、水平手すりが適当でない利用者もいます。手すり上に、30cmごとに線を引くことで、対処できることもあります。

② 垂直手すり

脳卒中ではバランスを崩しやすいことで垂直手すりの設置に工夫が必要ですが、パーキンソン病においても姿勢が崩れやすく、しかもその姿勢を修正できないことから、脳卒中と同様の工夫が必要になります。

また、水平手すりでは手を前に出せなくなる症状が強くでる利用者では、45cmごとに垂直手すりを連続して取り付ける場合があります。こうすることで、スムーズに手を出せるようになります。この時の垂直手すりの取り付け位置は、それぞれの利用者にみられるパーキンソン病特有の姿勢において、利用者の「肘関節と肩関節」の中間に垂直手すりの「中央もしくは上3分の1」となるように取り付けることを推奨します（ほかの意見もあり）。

③ 段差の解消

パーキンソン病では、繰り返しになりますが、姿勢が崩れやすく、しかもその姿勢を修正できないことに加えて、すり足で小刻みな歩き方になります。したがって、歩行時には、つまずくなどで姿勢を崩すことがないように、きめ細かい段差の解消が必要になります。すり足の状態等によっては、通常段差と認識されていないような5mm程度の段差であっても、つまずく可能性があります。特に、生活動線上は、廊下と各部屋の間にある段差はもちろん、古くなったフローリング材のめくれ上がりなどで生じる段差等も、解消する必要があります。

(3) 認知症

脳変性性認知症の多数を占めるアルツハイマー型認知症およびレビー小体型認知症、血管性認知症を合わせて「日本三大認知症」と呼ばれ、調査によってやや幅がありますが、日本の認知症の約9割を占めます。前頭側頭型認知症などのその他認知症も含めて、病気の進行のスピードやそれぞれの段階でみられる症状等が大きく異なることから、住宅改修を行う際にはそれぞれの症状について把握する必要があります。

① 住宅改修に関連する主な症状および障害の再確認

① 中核症状

中核症状はすべての認知症において、多かれ少なかれみられる症状であり、遅かれ早かれ確実に進行します。現在のところ治療の手段はありません。それらの代表的症状でもある**記憶障害**は、アルツハイマー型認知症など、多くの認知症で見受けられます。レビー小体型認知症においては、初期に幻覚（特に幻視）やパーキンソン症候群の症状がみられた後、ある程度進行した時点で記憶障害がみられるようになることが多数です。

これら認知症における記憶障害では進行の仕方は一様ではないですが、基本的には最近のことから記憶が消えていき、徐々に過去に遡って記憶の消去が進んでいきます。その時に、生活のなかで執着やこだわりのあることに関しては、比較的記憶が保たれるという傾向があります。人生のなかから記憶が消去されてしまうことから、思い出すということは、通常は不可能となります。

見当識障害もみられます。見当識とは、現在の時刻、日付、場所、人物、周囲の状況など

を総合的に判断して自分が今置かれている状況を理解する能力で、これらの能力が低下または欠如することが見当識障害です。見当識障害は大きく3種類に分けることがあります。一つ目は「時間の見当識障害」で、時間感覚がわからなくなる症状がでて日付や時間を間違えるだけでなく、夏や冬などの季節や1日のうちの朝や昼、夜に対する認識がわからなくなります。二つ目の「場所の見当識障害」では、「街並失認」と「道順障害」がみられます。街並失認とは建物や風景の識別ができなくなることで、外出すると家まで戻ってくることが困難になります。道順障害は、目的地を識別はできるものの、見慣れた道であってもどの方角に曲がればよいかなどがわからなくなる症状です。最後の「人の見当識障害」では、自分の名前や生まれ育った場所に関する認識を失い、家族や友人などの人間関係のつながりもわからなくなってしまいます。完全にその人のことがわからないというわけではなく、見覚えがある顔だと思っていても、相手と自分がどんな関係なのか思い出せないという症状です。配偶者や実の子どもも例外ではありません。

その他、**理解・判断力の低下**、**実行機能障害**、さらに**失行・失認・失語**などがあります。

② 周辺症状（行動・心理症状）（Behavioral and Psychological Symptoms of Dementia：BPSD）

抑うつ、不安、焦燥、興奮、睡眠障害、幻覚、暴言・暴力、異食、過食、不潔行為、歩き回る行動、多弁、多動、物盗られ妄想、執着、仮性作業などの多くの症状が、認知症の利用者にこれらすべてがみられるわけではありませんが、複合的にみられます。これらの症状が現れることについては、脳の器質的な変性の進行程度やダメージ程度なども関係しますが、利用者周囲の人のかかわり方や態度、生活環境、服薬状況など、多くのことも関係しています。したがって、人的な部分も含めたこれら利用者周辺の環境等により、複数の症状が出なくなることもあります。

② **住宅改修のポイント**

脳卒中やパーキンソン病同様、認知症においても利用者ごとにいろいろな障害や症状が複合的にみられ、標準的な改修方法について示すことはできないことから、個々にそれら障害が引き起こす症状を確認し、それぞれに必要な改修プランを立てる必要があります。

① 手すりの設置

水平手すりは多くの場合に行うように、基本、T字杖の高さに設置します。上がり框などの段差上方に取り付ける垂直手すりは、段鼻に合わせて設置します。

認知症の手すり設置では、突然設置された手すりに違和感をもち、執着し、長時間触れ続け、手すりを取り外してしまうということがあります。このような行為が行われる可能性があることについて、家族等に事前に説明するとともに、実際に取り外すという行為が起きた場合には、手すりを取り外すという行為がなくなるまで（手すりに違和感を感じなくなるまで）、設置を繰り返すこともあります。

② 段差の解消

「段差でつまずいて、転倒するかもしれない」という危険察知力や、段差の認識力などが低下すること等で、非常に転倒の可能性が高まっている場合が多いことから、きめの細かい段差の解消が必要です。出入りする部屋などを制限しない場合は、利用者の生活動線のみならず、歩いて行く可能性のあるすべての部屋への出入り口等も、段差の解消を行う必要があります。

居間や寝室などのテラス窓や玄関の上がり框などの大きな段差についても、転落しないよ

うな工夫が必要です。利用者の重心よりも少し高めに、跳ね上げをできるような水平手すりを取り付けることも一策です。

③　滑り防止

　「滑って転倒するかもしれない」という危険察知力が低下している場合は、滑る可能性のある場所への「滑りづらい工夫」が必要です。特に、風呂場の洗い場での転倒では、浴槽縁に頭部をぶつけるなどの重篤なけがになることがあります。

④　その他の注意点

・建具や引き出しで指を挟まないような工夫をします。
・害になる物を、食べさせないようにします（手の届くところに置かない）。
　少量でも害：洗剤、殺虫剤、たばこなど
　多量で害：香水、酒類、薬剤など
・光源（人工照明・日光）がまぶしすぎないようにします。
・風呂場や洗面所での熱湯による火傷を防止します。
・衣服に火が移らないように、ガスコンロへの安全策などが必要です。

第2節 福祉用具の特徴と活用

本節では、福祉用具の種類・機能・構造および利用方法について、これまでに習得した知識を確認し、より高度な内容を学習します。

福祉用具サービスは、本人のもてる残存能力や潜在能力を最大限に伸ばし、ADL（Activities of Daily Living：日常生活動作）やIADL（Instrumental Activities of Daily Living：手段的日常生活動作）といった生活行為の向上を図るためのサービスといえるでしょう。

利用者の「できること」「できないこと」「できそうなこと」を見極め、「できそうなこと」については、今後の可能性を十分に検討する必要があります。

すなわち、練習することによりできる可能性がある場合は機能訓練を検討し、動作や方法の工夫でできる可能性がある場合は反復訓練を行います。さらに、福祉用具等の導入によりできる可能性がある場合に福祉用具の利用・住環境の整備の検討を行います。それでもできないところを、人的なサービスで支援するという流れで検討をすすめます。

このように、福祉用具サービスは一連のケアアセスメントプロセスのなかで導入を検討されるべきサービスといえるでしょう。

1 福祉用具の種類・機能・構造および利用方法

(1) 福祉用具の種類

福祉用具サービスは介護保険における居宅サービスに位置づけられており支給限度基準額の範囲内で貸与または一部販売（償還払い）されています。

福祉用具の種類は福祉用具貸与サービスにおいて13種目、特定福祉用具販売において5種目が定められています（表4-1）。

福祉用具サービスは福祉用具専門相談員のアセスメントに基づいて選定され、高齢者の状態に応じて福祉用具サービス計画のもと利用されます。

表4-1　介護保険における福祉用具の種類（種目）

	福祉用具貸与	特定福祉用具販売
事業概要	福祉用具を指定事業者から貸与	入浴や排泄等に用いる福祉用具（特定福祉用具）の購入（償還払い）
対象種目	1）車いす　2）車いす付属品 3）特殊寝台　4）特殊寝台付属品 5）床ずれ防止用具 6）体位変換器 7）手すり 8）スロープ 9）歩行器 10）歩行補助つえ 11）認知症老人徘徊感知機器 12）移動用リフト（つり具の部分を除く） 13）自動排泄処理装置	1）腰掛便座 2）自動排泄処理装置の交換可能部品 3）入浴補助用具（入浴用いす、浴槽用手すり、浴槽内いす、入浴台、浴室内すのこ、入浴用介助ベルト） 4）簡易浴槽 5）移動用リフトのつり具の部分
支給限度基準額	要支援、要介護度別の支給限度基準額の範囲内において、他のサービスと組み合わせ	10万円 ※要支援、要介護区分にかかわらず定額 ※同一支給限度額管理期間内（4／1〜3／31の1年間）は、用途および機能が著しく異なる場合、並びに破損や要介護状態の変化等の特別の事情がある場合を除き、同一種目につき1回のみ支給
給付割合	サービス利用料の9割（収入に応じて8割もしくは7割）	購入費の9割（収入に応じて8割もしくは7割）
給付額	現に要した費用（実勢価格）	現に要した費用（実勢価格）

資料：社会保障審議会介護給付費分科会資料を一部改変。

(2) 福祉用具の機能

　福祉用具の種目別に支援機能を整理すると、表4-2に示すとおりほとんどが、移乗や移動、転倒リスクの回避など、からだの重心の移動を伴う機器であるといえます。これらの機能は、各々の機器の支援する機能が安全かつ有効であるか評価する際の指標となります。

　特殊寝台および特殊寝台付属品は、起き上がりや立ち上がりなどの起居動作、移乗動作、転倒リスクを回避する機能を有しています。

　車いすは、移乗動作、移動動作を通じて屋内の移動や外出を支援し、転倒リスクを回避する機能を有しています。

　体位変換器は、仰臥位から側臥位の移動を自動で行う起居動作支援機能をもつものや、からだを容易に動かすことのできる機能のものがあり、転倒や床ずれのリスクを回避する機能を有しています。

　手すりは、把持することによってからだの上下、前後、左右の重心の移動を補助し、座位、立ち上がり、歩行時のバランス機能を向上させ、移乗、移動、入浴、排泄などの各動作を支援し、転倒リスクを回避する機能を有しています。

　スロープは、からだの上下方向の重心の移動を少なくし、バランス機能を向上させることによっ

て、屋内の移動時の段差の解消や外出等を支援し、転倒リスクを回避する機能を有しています。

歩行器は、立位や歩行時の支持基底面を拡大させ、前後、左右のバランス機能を向上させることで、屋内外の移動時の転倒リスクを回避する機能を有しています。

歩行補助つえは、歩行器に比べて小さいものの、立位や歩行時の支持基底面を拡大させ、前後、左右のバランス機能を向上させることで、屋内外の移動時の転倒リスクを回避する機能を有しています。

移動用リフトは、自分で歩けない人の入浴・排泄時の移乗を支援し、転倒・転落リスクを回避する機能を有しています。

入浴補助用具は、入浴時の移乗、移動、座位の安定を支援し、転倒リスクを回避する機能を有しています。

簡易浴槽は、ベッド上でからだを動かすことが困難な人のベッドサイドでの入浴・保清を支援し、転倒リスクを回避する機能を有しています。

腰掛便座は、ベッドからトイレの移動距離の短縮、移乗時の立ち座りの支援を通じて排泄時の転倒リスクを回避する機能を有しています。

自動排泄処理装置は、ベッド上でからだを動かすことが困難な人のベッド上での排泄を支援する機能を有しています。

認知症老人徘徊感知機器は、外出して帰り道がわからなくなるなどの症状のある人の、事故などを未然に防ぐための情報検知・発信機能を通じて家族等による見守りを支援する機能を有しています。

表4-2　福祉用具の支援機能

種別	福祉用具の種目	支援機能				
		起居動作支援	移乗支援	移動支援	活動支援	リスク回避
レンタル	特殊寝台（付属品）	◎	○			転倒・転落
	車いす（付属品）		○	◎	外出等	転倒
	体位変換器	◎	◎			転倒・床ずれ
	手すり		◎	○	入浴・排泄等	転倒
	スロープ			◎	外出等	転倒
	歩行器			◎	外出等	転倒
	歩行補助つえ			◎	外出等	転倒
	移動用リフト		◎	○	入浴・排泄等	転倒・転落
販売	入浴補助用具		◎	○	入浴	転倒
	簡易浴槽				入浴・保清	転倒
	腰掛便座		◎		排泄	転倒
レンタル	自動排泄処理装置				排泄	
	認知症老人徘徊感知機器				見守り	事故
	床ずれ防止用具					床ずれ

(3) 福祉用具の構造と利用の仕方

① 特殊寝台（特殊寝台付属品）（図4-3）

特殊寝台は、背上げ機能、足上げ機能、ベッド面の上下機能を電動モーターで制御する構造です。この機能を活用して、起き上がりや立ち上がり動作の補助として利用します。

また、特殊寝台付属品であるサイドレールは、金属製のものが多く、睡眠時の転落予防や、寝返りや起き上がり、立ち上がり動作時の補助具として利用することができます。

特殊寝台付属品であるマットレスは、ウレタンをベースとした多層構造であり、利用者の動作能力にあわせて硬さを選定して用います。

特殊寝台は、質の高い睡眠を得るための拠点ともいえるため、家族等から聴取した睡眠状態を踏まえ、寝心地に影響する寝具内温度やマットレスの硬さ、操作音など機器周りに起因する要因をチェックするとよいでしょう。最近では、マットレスの下に敷き込んで、睡眠状態を把握できる見守りセンサーもあり、入眠中のおむつ交換等を回避するなどの用途で用いられているものもあります。

また、日中は可能な限り離床できるように、車いすへの移乗がスムーズに行えているかをチェックし、寝室以外の居室で食事をとることができるように移動動線も含め確保する必要があります。

図4-3 特殊寝台および特殊寝台付属品

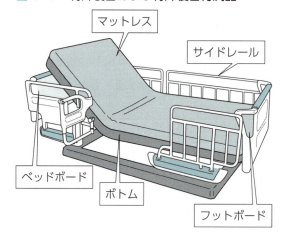

② 床ずれ防止用具（図4-4）

動力で体圧分散を行うタイプの床ずれ防止用具は、マットレス部、空気圧等による動力部、コントロール部で構成されており、体圧を分散することで褥瘡のリスクを回避します。主に、体圧分散性と通気性、防水性の観点からタイプを選定し、モニタリング時には状態の変化をチェックします。高機能のものでは、特殊寝台のベッドアップ等を感知して連動する機能や、座位の安定性、ずれ力対応、体位変換機能等を有するものがあります。選定・導入・モニタリングに際しては、OHスケールを参考に専門家と連携し、体圧測定や状態観察を行いつつ利用することが望ましいといえます。

図4-4 床ずれ防止用具

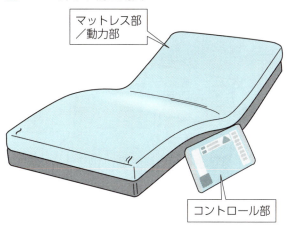

③ 体位変換器（図4-5）

　マットレスタイプの体位変換器は、マットレス部、空気圧等による動力部、コントロール部で構成されており、定期的に仰臥位から側臥位に体位を変換できる機能を有しています。寝返りができないなどベッド上での体動が少ないケースに褥瘡予防、関節拘縮予防として利用します。

図4-5 体位変換器

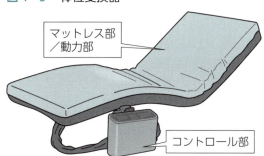

④ 車いす（車いす付属品）（図4-6、図4-7、図4-8）

　車いすは、後部の大型車輪と前部の小型キャスタ、座面と背もたれ、側方のスカートガード、足を乗せるフットサポートから構成されるタイプが基本となります。車いすは、構造的に旋回性能が高く、段差のない環境においては操作性に優れています。また、座面は後方に傾斜し前方への倒れこみのリスクの低い機器です。ただし、日本の住宅はスペースが狭く、段差が多いため、住宅改修との併用を検討しなければならないケースがあります。

図 4-6　車いす

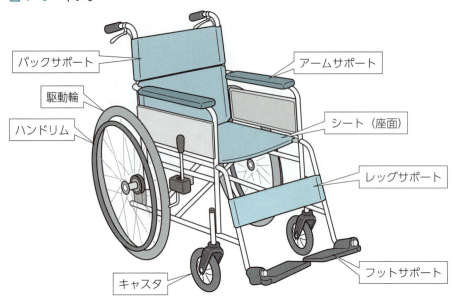

　ハンドル型電動車いすは、前後の車輪と動力部、座いす、ハンドル部からなる構造であり、前後輪の間隔の長さと左右の車輪幅が大きいほど安定性は増します。自走型の車いすと比較して、旋回性能は低いですが、路上や歩道を走行する外出時の利用に適しています。

　ハンドル型電動車いすは、道路交通法上は歩行者の扱いですが、操作は座位姿勢であるため、自動車運転手から認識しづらいといった点が留意点です。交通量の多い都市部での利用よりむしろ、地方の市街地等での利用ニーズが高いといえます。バスなどの交通機関の運行頻度の少ない地方都市においては、買い物や公共機関の利用等、外出の手段として利用されています。

　ハンドル型電動車いすは、杖歩行は可能ですが長い距離が難しい、買い物した品物を持って歩くことが困難な人の自立支援にも有効です。

図 4-7　ハンドル型電動車いす

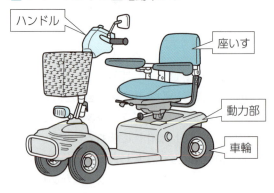

　車いす付属品であるマットレスは、ウレタン、ジェル、エアーなどさまざまなタイプがあり、主に、座圧の分散、座位姿勢の安定性の確保、座面の高さの調節などの観点から利用されます（図 4-8）。床ずれ防止用具と同様に、シーティングの専門家と連携しつつ適合するのが望ましい方法です。

車いす利用者は、長時間座位を取り続けることから、座面の座圧分散性と通気性は褥瘡予防の観点から重要です。また、負担の少ない骨盤を起こした座りや、ずり落ちの防止など姿勢保持の観点からも重要です。

図4-8　車いす付属品（クッション）

⑤　手すり
①　据え置きタイプの手すり（図4-9）
　据え置きタイプの手すりは、直接把持するバーの部分と、それを支える基底面からなる単純な構造で、基底面が広いほど、安定性は増すことになります。

図4-9　据え置きタイプ手すり

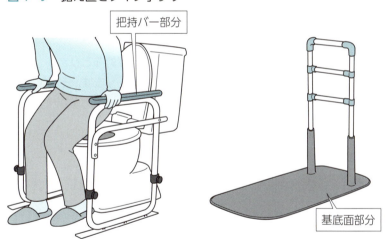

②　突っ張りタイプの手すり（図4-10）
　また、床と天井を支持面とする突っ張り機構による縦型手すりがあります。いずれのタイプも、壁面のない居室周りの立ち上がりや着座等の安定性を確保するために利用するものです。
　突っ張りタイプの手すりは天井や床の加重に耐えられる場所をあらかじめ確認して設置する必要があります。

図 4-10　突っ張りタイプ手すり

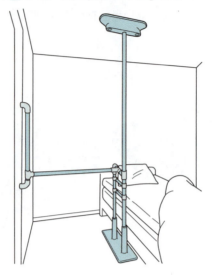

　立ち上がり時に、出発姿勢である座位における支持基底面から遠い位置の手すりを把持して立ち上がろうとすると、手の屈曲方向の力を利用することとなり、下肢、体幹の能力を活かすことができないことになるので留意が必要です。また、脳卒中後遺症の片麻痺の場合、異常な筋緊張を増長させる要因にもなるため、正しい姿勢による立ち上がりの練習をしておく必要があります。

（参考）立ち上がり時の重心の移動（図 4-11）
　まず、臀部と足部で支持し支持基底面が広く安定した座位姿勢をとります。次に、体幹を前屈し重心を前方に移動させ、床面からの力を伝えやすい姿勢をとります。そして、バランスをとりながら足の力を利用して重心を上方に移動します。立位姿勢は、重心線が床面に対して一直線となっているか観察します。

図 4-11　福祉用具の適合の視点（立ち上がり時の重心移動）

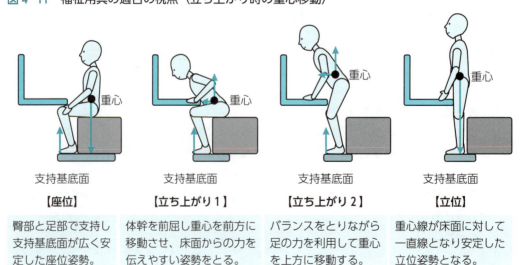

⑥ 移動用リフト（図4-12）

　移動用リフトは、つり上げの土台となる部分とつり上げるアーム、動力部、つり具の部分から構成されています。キャスタのついた床走行式と据え置き式、固定式に大別できます。自力で歩行することができない利用者が適応となりますが、つり具のタイプは、座位が安定しない方向けのフルサイズシートや排泄支援用のシートなど、用途に応じて使い分けをして利用します。

図4-12　移動用リフト

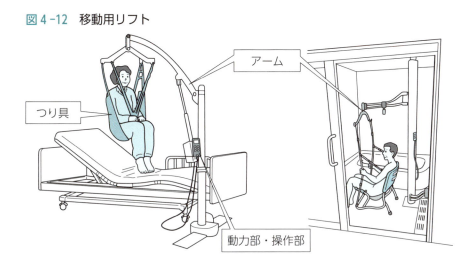

（参考）他の介護保険サービスとの整合性

　自力で歩行することのできない利用者は家族の介護負担も大きく、施設入所を希望されることもあり、入所までの間、通所介護、訪問入浴介護等を利用するなどの方法も考えられます。また、病院から退院早期の場合は、訪問リハビリテーションや通所リハビリテーションを利用するケースも多いため状態像の改善見込みを考慮に入れて機器の導入を検討することが望ましいでしょう。

⑦ 認知症老人徘徊感知機器（図4-13）

　認知症老人徘徊感知機器は、センサー部、発信機、受信機からなる構造で、センサーの種類には、圧力、振動、カメラ、レーザーなどに感知するタイプがあり、在床検知や定点を通過したときに検知し、情報を家族等に知らせて、注意喚起および対応を促すために利用されます。最近では、インターネット環境に接続して、遠隔にいる家族による見守りにも利用されています[1]。また、呼吸や心拍、体動を検知し、睡眠状態を見守るタイプの機器もあります。

　認知症老人徘徊感知機器は認知症がある方の行動を見守る機器といえますが、誤報はないか、頻回の情報通知がないかなどについて家族から聴取し、機器の不具合に加えて負担を確認することが必要です。夜間睡眠がとれていないなど、家族の介護負担が大きい場合は、担当者会議等の場で状況を伝え、他のサービスの併用の検討などにつなぐことが望ましいでしょう。

図4-13 認知症老人徘徊感知機器

①ドアや玄関を通過したとき　②端末がセンサーに近づいたとき　③ベッドから離れようとしたとき

⑧ **歩行器**（図4-14）

　歩行器は、ハンドグリップとそれを支えるフレーム、脚部からなり、体幹下部を前方から馬蹄上に覆うように利用します。ハンドグリップ面から歩行器の四点の脚部を通じて床面に力が伝わるようにすることで、安定性を得ることができます。ピックアップタイプの歩行器は、歩行器、患側、健側の順の3動作で歩行し、屋内移動に利用します。

　キャスタータイプの歩行器は、患側、健側の順で交互追い越し型の歩行で、屋外でも利用します。キャスタータイプの歩行器はピックアップタイプに比べて歩行能力の高いケースに用います。左右非対称で外分回しの歩行となりがちな脳卒中片麻痺者で患側下肢がフレームにあたるなどの問題がある場合は、片手操作式歩行器を利用して、患側下肢の動きを解放する方法もあります（図4-15）。

図4-14 歩行器

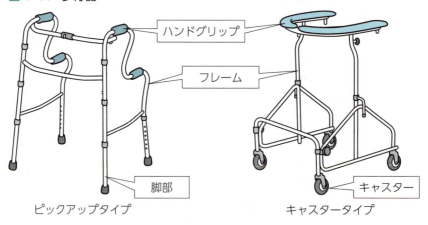

ピックアップタイプ　　　　キャスタータイプ

図4-15 片手操作式歩行器（保険給付対象外）

⑨ 歩行補助つえ（多点杖）（図4-16）

歩行補助つえは、握りの部分とフレーム、脚部からなる多点杖と、前腕支持カフのあるロフストランドクラッチ、腋窩支持の松葉づえがあります。多点杖は、脚部で支持基底面を確保し立位バランスを得ることができ、主に、杖、患側、健側の3動作の歩行に用いられます。ロフストランドクラッチや松葉づえは、前腕支持カフや腋当てによって、障害のある下肢部分にかかる負荷を免荷できるように設計されており、下肢の関節疾患等に利用されています。

図4-16 歩行補助つえ（多点杖）

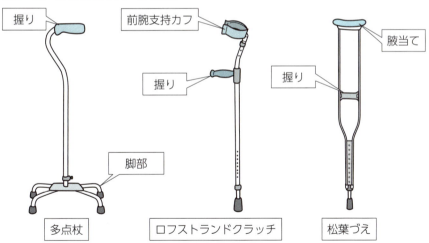

（参考）歩行補助具の導入視点（図4-17）

通常の歩行は、重心が左右に移動しつつ前進します。3動作での杖歩行では、杖と反対側の足、同側の足の順に利用し、支持基底面を一定に保ちつつ前進します。歩行器の歩行では前腕部を歩行器のアームで支えることにより支持基底面を広げるため、より安定した歩行が可能です。

図 4-17 歩行補助具の導入の視点

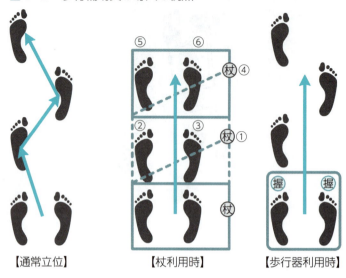

⑩ **入浴補助用具**（図 4-18）

　浴室内すのこは、脱衣室より浴室床が低い場合の段差を解消するために利用します。水に濡れても滑りにくい材質の物を用います。

　入浴用いすは、洗体時に腰かけて利用します。浴槽の高さに座面の高さがそろうように調節し、浴槽のすぐ横あたりに設置します。

　入浴台は、浴槽の端にまたがるように設置し、入浴用いすと同じ高さに調節します。入浴用いすから入浴台に向かって、臀部の横移動がしやすいようにします。

　浴槽内いすは、浴槽内からの立ち座りの垂直方向の重心移動の負担を軽減します。入浴台側

図 4-18 入浴補助用具

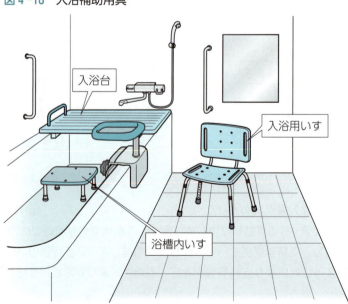

の浴槽底に設置します。その際、浴槽上の壁面に手すりを設置（この場合住宅改修）しておくと、立ち座り時の転倒リスクは少なくなります。手すりの設置が困難な場合は、浴槽用手すりを設置して浴槽からの立ち座りに用います。これは浴槽の端をまたいで出入りする際にも利用します。

⑪　簡易浴槽（図4-19）

簡易浴槽は、空気を注入して浴槽を簡易的に設置するタイプや、組立て式のタイプがあります。また、小型のタイプでは、からだの一部の保清のための部分浴に用いられます。

主に、一人で歩くことのできないケースに対してベッドサイドなどで行う入浴介護を支援します。

留意点として家族介護のみでは、全介助の入浴は負担が大きいため、通所系サービスや訪問入浴サービスなどの利用も検討する必要があります。

図4-19　簡易浴槽

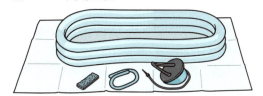

⑫　腰掛便座（図4-20）

ポータブルトイレは、いす型のフレームに便座型の座面、（汚物の入る）バケツからなる構造で、足側のベッド端にベッド面と同じ高さになるよう設置します。主に、日中トイレで排泄ができない、あるいは転倒のリスクを避けるために夜間のみトイレを使わないケースに用いられます。前者のうち、ベッドサイドで自立して利用が可能なケースは、起き上がりとベッド端座位での横移動、下衣の上げ下げ、便器へのトランスファーが可能であることから、車いすによるトイレ利用、短い距離の歩行の可能性がありますので、リハビリテーション専門職と機能的な改善の見通しを検討するとよいでしょう。

補高便座は、和式便座に専用便座をかぶせて簡易的に洋式トイレを設置しようとする構造です。トイレの改造が容易でない構造の家屋や一時的に居住する家屋等に簡易的に利用します（図4-21）。据え置き型の手すりと組み合わせることにより転倒のリスクを回避します。

また、においやプライバシーの問題には十分に配慮する必要があります。最近では、ベッドサイド水洗トイレが開発され、排泄後のにおいと汚物処理の課題が解決されつつあります。

また、ベッドサイドでの排泄については、プライバシーの課題の一つですが、カーテンやパーティションを上手く利用して空間を区分するなど、プライバシーの確保を検討することも必要です。

図4-20　ポータブルトイレ

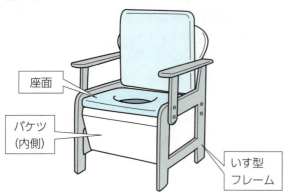

図4-21　補高便座

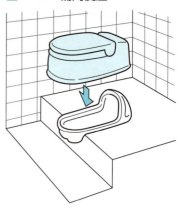

⑬ **自動排泄処理装置**（図4-22）

　自動排泄処理装置は、尿または便が自動的に吸引されるものであり、尿や便の経路となる部分を分割することが可能な構造で、カップ、チューブ、タンクなどから構成されています。主に、重度の麻痺のあるALS患者や脳卒中片麻痺者などの重度の要介護者に利用されています。特に、負担の大きい夜間の介護において利用することにより、介護者の睡眠時間の確保や、要介護者の陰部周辺の清潔感などが得られる効果が期待できます。一方で、24時間連続で用いることは、褥瘡のリスクや寝かせきりの介護につながってしまいますので、利用方法を十分検討したうえで導入することが望ましいと考えられます。

図4-22　自動排泄処理装置

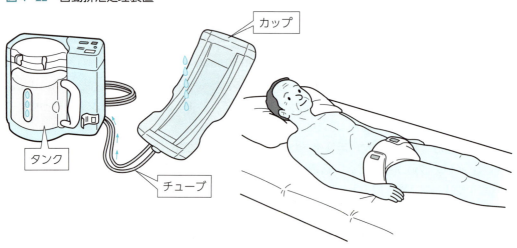

2 福祉用具の選定・適合技術

(1) 基本動作のアセスメント

　福祉用具の選定に際しては、まず、高齢者の活動レベルのアセスメントが必要です。起き上がりから座位、立ち上がりなどの起居動作を観察することにより活動レベルの推定が可能です。

　すなわち、座位から立ち上がりが可能なレベルであれば、少なくとも車いすへの移乗動作の要素は満たしていると考えられます。実際には、ベッド端座位からの立ち上がりを観察し、ふらつき、膝折れなどの転倒リスクがないか確認して、手すりが必要か、人のサポートが必要かについて検討します。その後、車いすへの移乗動作を観察し、リスクを軽減するための、車いすの位置と座面の高さ、ベッドの高さ、手すりの位置と高さを調整し、安全でスムーズな移乗動作環境を導き出します。座面の高さの調整にはクッション等を利用すると効果的です。

(2) 移乗動作のアセスメント（図4-23）

　移乗動作は、立ち上がり、立位によるターン、着座といった複雑な重心の移動のスキルを必要とする動作ですので、転倒のリスクが大きいことに加えて、浴室やトイレにおいても同様の動作を必要とする基本的な動作といえます。

　特にリスクの高い立位によるターンは、両足でステッピングしながら回転する方法と片麻痺の健側によるピボットターンがあります。前者は手すりにつかまれば歩ける可能性もあります。後者は患側機能次第では歩ける可能性もありますので、リハビリテーションの専門職と協議が必要です。ピボットターンはつま先や健側を立て、支持基底面（足と足に囲まれた面積のこと。面積が大きいほど身体は安定する）を小さくすることでターンをしやすくする方法です。

図4-23　移乗動作の方法とコツ

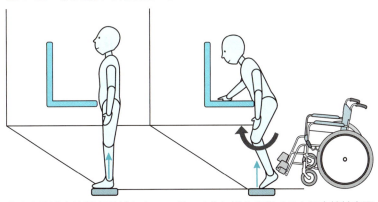

○直立位は支持基底面が広く安定性を得やすい。

○つま先に重心を置くことで支持基底面が狭くなり安定性を得にくいが、ターンがしやすい。

(3) 移動動線の確保

　移乗動作のアセスメントと手すり、車いすのセットアップができたら、トイレや浴室、リビングまでの動線を確認します。段差の有無、旋回スペースなどを確認し、スペースが狭いようであれば、車いすの幅のタイプを検討します。どうしても、トイレや浴室などの生活上の重要箇所のスペースが狭い場合は、住宅改修も念頭に置くことになります。幸い、スペースが確保できる場合は、便座や脱衣用のいすまでの車いすのアプローチ角度をベッドの移乗のときに設定した条件に近づけるように設定します。この際、介助すれば少しの距離が歩けるなどの観察を行い、手すり等を利用して移動することも検討しておきます。

(4) 排泄介護における環境設定上の配慮（図4-24）

　自立度の低下により排泄介護を受ける要介護高齢者は多いといえます。しかし、在宅高齢者の価値観として、ADL（日常生活動作）・APDL（Activities Parallel to Daily Living：生活関連動作）において最も「できなくなるとより困る」ことは排泄であり、他人の手を借りることに最も羞恥心を感じるADLであるとされています。[2] そこで、ベッドサイドでポータブルトイレを利用する場合においては、先述のとおりトイレ空間を既存のパーティション等で区切るなどして、プライベート性を保つなどの工夫をするとよいでしょう。

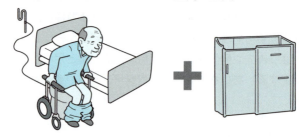

図4-24　ベッドサイドトイレ空間の工夫

3　高齢者の状態像・生活スタイルに合わせた福祉用具

(1) 高齢者の生活場面に対応する福祉用具（図4-25）

　介護保険における福祉用具は、居室ベッド周辺、トイレ、浴室、玄関、外出先で利用される機器が多く、起居、移乗、移動動作場面や排泄、入浴場面における、重心の移動をサポートする機器が多いことが特徴です。

　一方で、介護支援の観点では、認知症の見守りや移動用リフト、床ずれ防止用具、体位変換器、自動排泄処理装置などがあげられます。

　活動レベルに応じて福祉用具を導入することに加えて、現在の状態レベルのひとつ先の活動を獲得できる可能性がないか検討する必要があります。一般的な目標設定としては、屋内活動で、移動方法の確立→移乗動作の安全性の確保→目的場所での動作の安定が確立し、自信をつけたら外出や実現したいことの支援に目標を移します。

図 4-25 高齢者の生活場面に対応する福祉用具

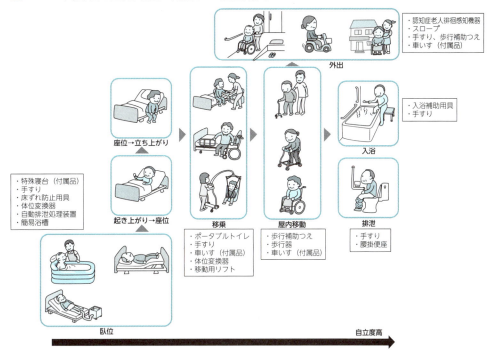

(2) 退院・退所後からの時期を考慮した目標設定

　入院・入所中から退院・退所後まで積極的かつ継続的にリハビリテーション専門職が関与し、福祉用具の選定・利用指導等を適切に実施するケースに対して、退院・退所時期から、退院後（能力安定）まで、福祉用具の利用状況と身体状況を調査した結果、「急性発症」と「廃用症候群」を通じて活動性の維持や向上につながるケースや介護負担の軽減につながるケースがあることが確認されました（図 4-26）。[3]

　退院・退所直後は、利用者は生活環境が変わることにより不安が大きく活動レベルが低下する

図 4-26 福祉用具の効果

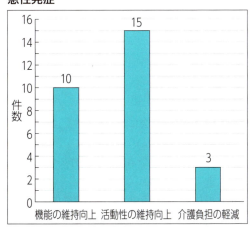

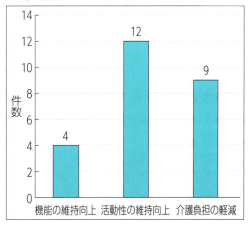

ことが知られています。このような時期には、訪問リハビリテーションや通所リハビリテーション等のサービスを併用し、活動レベルの維持と向上を目標に支援を進めます。

(3) メンタル面のアセスメント（心理面・高次脳機能障害）

① 心理面

先述のとおり、退院・退所直後には生活に対する不安が大きいことから、新しい環境に適応できるように福祉用具の操作訓練を十分に実施し、動作の確立に貢献する必要があります。そのことが、生活場面での自信につながり、QOL（Quality of Life：生活の質）の向上に貢献することになります。

② 高次脳機能障害

高次脳機能障害は、失行症、失語症、失認症などに代表される脳卒中や交通外傷等による脳機能の障害です。特に、半側空間無視などの認知障害は、患側に対する意識に乏しいことが特徴ですから、動作環境の設定において患側空間が認識しやすいように十分に配慮するとともに、モニタリング時にも経過に留意する必要があります。

(4) 日内・週内による変動の確認（リスクは変動する）

要介護高齢者の状態像は、日内や週内によって変動することがあるため、環境設定に留意する必要があります。例えば、パーキンソン病のケースなどでみられる血中薬物濃度の変化によって症状が顕著化する場合があるため、医師の指示を十分確認しておく必要があります。

(5) 生活の習慣やこだわり

高齢者に限らず、人によって生活習慣は多様であり、居宅での食事する場所、外出して行きたいところ（買い物・友人宅等）、行く必要があるところ（お墓参り、お見舞い等）など利用者のニーズを丁寧に聴取し、実現に向けた環境設定が必要です。

【引用文献】
1）厚生労働省「平成26年度第1回介護保険福祉用具・住宅改修評価検討会に関する資料」12～15頁、2014年
2）備酒伸彦・安田俊吉・山下康将・中田雅子「在宅高齢者の日常生活動作・生活関連動作の価値序列」『理学療法学』第18巻第2号、103～107頁、1991年
3）一般社団法人日本作業療法士協会『介護保険における福祉用具サービスをシームレスに提供するため必要な方策に関する調査研究事業報告書』2016年3月を一部改変

第3節 最近の福祉用具の動向と活用

1 最近の福祉用具開発の動向

　最近の機器開発のキーワードとして、**ロボット技術**、**IoT**（モノのインターネット化）、**AI**（人工知能）や**自動運転**、**ICT**（情報通信技術）、等があげられます。

　福祉用具開発の動向として、見守り支援機器の高度化やIoT化が進んでおり、遠隔地にいる家族がベッド上の要介護者を見守り、主介護者の支援を行うケースが紹介されています。[1]

　また、GPSを取り入れた見守りシステムを導入し、家族介護だけではカバーできない街ぐるみでの見守りに取り組む自治体もあります。[2]

　また、車いすの自動運転技術の研究開発が進められています。[3]

　これに関連してタクシー等の自動運転技術の実証試験に取り組まれる段階となりました。これらの取り組みが、地域における生活圏域でインフラとして整備されることにつながるとすれば、通所系サービスの送迎や買い物、公共機関の利用などの外出への導入も遠いことではないでしょう。

2 最近の福祉用具の種類・機能・構造および利用方法

(1) 水洗ポータブルトイレ（図4-27）

　水洗ポータブルトイレは、便器部分と排泄物を運ぶチューブ部分、排泄物を粉砕処理する部分などから構成され、排泄物を外部へ圧送するタイプや吸引するタイプがあります。いずれも、においと汚物処理の問題を解決することに効果が期待されます。ベッドサイドの足元に設置し通常のポータブルトイレとして利用します。

　当該機器は、汚物の処理過程において、粉砕された汚物の状態をセンサーで検知するといったロボット技術が応用された機器でもあります。

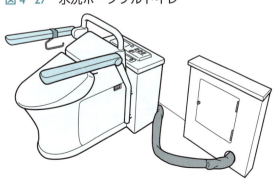

図4-27　水洗ポータブルトイレ

(2) ロボット技術を応用した歩行器（図4-28）

　ロボット技術を応用した歩行器が開発されています。その構造は、通常のキャスター付き歩行器の形態をとっており、急発進を検知しストップする機能や歩行スピードに合わせたパワーサポート機能、坂道などでのキャスターの片流れなどを防止する機能などが装備され、外出時の長距離の歩行や坂道などの歩行の安定性を期待して用いることが考えられます。

図4-28　ロボット技術を応用した歩行器

(3) ロボット技術を応用した車いす（図4-29）

　ロボット技術を応用した車いすが開発されています。その構造は、通常の自走型車いすの形態をとっており、左右の大車輪の軸部分に設置されたトルクセンサーと動力部によって、走行スピードに合わせてパワーサポート機能を制御し、坂道などでの片流れなどを防止する機能などが装備されています。この機能を活かして、外出時の長距離の移動や坂道などの移動の安定性、片麻痺者の片手片足操作を容易にすることなどを期待して用いることが考えられます。

図4-29　ロボット技術を応用した車いす

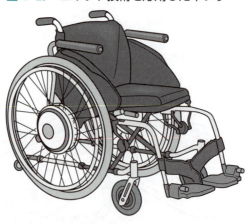

(4) IoT技術を活用した見守り支援機器（図4-30）

夜間のベッド上での状態（心拍・呼吸・体動・在床等）を自動で見守り、転倒・転落等のリスクを検知し家族・職員に知らせることのできる見守り支援ロボットが開発されています。これは、主に施設等で夜間帯等の人手が少ない時間帯に導入されています。

また、先述のとおり、居宅介護に用いる場合、遠隔地にいる家族がベッド上の要介護者を見守り、主介護者の支援を行うケースが紹介されています。[1]

図4-30　IoT技術を活用した見守り支援機器

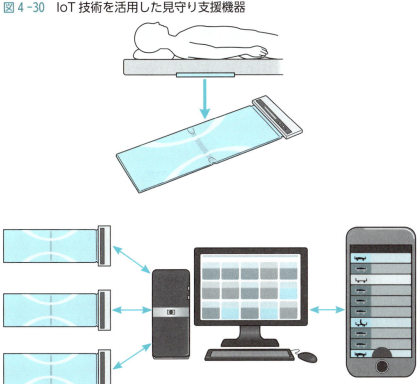

3　介護ロボットの開発の動向

(1) 介護ロボットとは

サービスロボットとは以下の三つの要素技術を有する、知能化した機械システムとされています。
① 情報を感知（センサー系）
② 判断（知能・制御系）
③ 動作（駆動系）

介護ロボットは、このロボット技術が応用され、利用者の自立支援や介護者の負担の軽減に役立つ介護機器を称しています。

(2) ロボット技術の背景にある技術

① ICT（情報通信技術）の進化を背景に、IoT（モノのインターネット化）技術が進化し、家電やロボットが単体で動く時代から協調して動く時代へ進化しつつあります。
② ソフトウェアとクラウド技術の進化によりデータのデジタル化が飛躍的に向上し、BD（ビッグデータ）として蓄積されてきました。
③ このようなデータの解析技術においては、AI（人工知能）の進歩により、音声、画像、言語解析技術や予測性、適切な行動の生成などを飛躍的に発展させてきており、治療や介護の戦略を科学的に立案するためのビッグデータの解析にも注目が集まっています。[4]
④ 今後、ICTが人間の知能を超える境界、技術的特異点（シンギュラリティ：Singularity）が訪れると予想されています。[5]

このような要素的技術を背景に、介護ロボットはAIを実装し、情報通信ネットワークの中で稼動する機器も生まれ、ソフトウェアやメンテナンスなど、常にアップデートしつつ稼動することも想定されます。

(3) 介護ロボットの開発の動向

厚生労働省と経済産業省は、ロボット介護機器の開発の重点分野を定めて開発に取り組んでいます。2017（平成29）年10月には新たな開発分野を加えて改訂が行われました（図4-31）。

移動支援分野に、装着型の移動支援機器を加え、排泄支援分野に適切なタイミングでトイレに誘導する機器とトイレ内での下衣の上げ下ろしの支援機器が加えられました。見守り分野ではコミュニケーションとして生活支援を加えました。また、新たな分野として、介護業務支援分野を設け、見守り、移動支援、排泄支援をはじめとする介護業務に伴う情報を収集・蓄積し、それをもとに、高齢者等の必要な支援に活用することを可能とする機器が新設されました。

以上のような重点分野に基づく機器の開発が進められ、今後市販されることも念頭においておく必要があるといえます。

図4-31 ロボット介護機器の開発重点分野の改訂（平成29年10月） ※色文字が改訂（追加）分野

移乗支援	移動支援	排泄支援	見守り・コミュニケーション	入浴支援
○装着 ・ロボット技術を用いて介助者のパワーアシストを行う装着型の機器	○屋外 ・高齢者等の外出をサポートし、荷物等を安全に運搬できるロボット技術を用いた歩行支援機器	○排泄物処理 ・排泄物の処理にロボット技術を用いた設置位置調節可能なトイレ	○施設 ・介護施設において使用する、センサーや外部通信機能を備えたロボット技術を用いた機器のプラットフォーム	○ロボット技術を用いて浴槽に出入りする際の一連の動作を支援する機器
○非装着 ・ロボット技術を用いて介助者による抱え上げ動作のパワーアシストを行う非装着型の機器	○屋内 ・高齢者等の屋内移動や立ち座りをサポートし、特にトイレへの往復やトイレ内での姿勢保持を支援するロボット技術を用いた歩行支援機器	○トイレ誘導 ・ロボット技術を用いて排泄を予測し、的確なタイミングでトイレへ誘導する機器	○在宅 ・在宅介護において使用する、転倒検知センサーや外部通信機能を備えたロボット技術を用いた機器のプラットフォーム	○介護業務支援 ・ロボット技術を用いて、見守り、移動支援、排泄支援をはじめとする介護業務に伴う情報を収集・蓄積し、それを基に、高齢者等の必要な支援に活用することを可能とする機器
	○装着 ・高齢者等の外出をサポートし、転倒予防や歩行等を補助するロボット技術を用いた装着型の移動支援機器	○動作支援 ・ロボット技術を用いてトイレ内での下衣の着脱等の排泄の一連の動作を支援する機器	○生活支援 ・高齢者等とのコミュニケーションにロボット技術を用いた生活支援機器	

資料：厚生労働省・経済産業省「未来投資会議 構造改革徹底推進会合「健康・医療・介護」会合（第1回）」2017年10月

【引用文献】
1）厚生労働省「平成26年度第1回介護保険福祉用具・住宅改修評価検討会に関する資料」2014年
2）高崎市「はいかい高齢者救援システム（GPS）」
3）総務省編『情報通信白書 平成29年版（第2部）』396～397頁、2017年
4）東祐二「介護ロボットの現状と課題そして今後の展望（3）介護ロボットの普及の先にある将来像」『Monthly IHEP』2017年6月号、1～5頁、2017年
5）総務省編『情報通信白書 平成28年版』4～6頁、2016年

業務プロセスに関する知識と技術

目　的

- 利用者の自立支援に資する福祉用具サービス計画を作成し、有効に活用する方法を習得する。
- 利用者の心身の状況や生活における希望、生活環境等を踏まえた利用目標の設定、選定、モニタリングを行うための要点を学ぶ。
- ケアマネジメントの考え方を踏まえ、福祉用具サービスの位置づけや、医療・福祉などの多職種連携の重要性を確認する。
- ケアチームにおける福祉用具専門相談員の役割について理解し、ケアマネジャーとの連携等の実践のポイントを学ぶ。
- 状況に応じた利用者・家族とのコミュニケーション能力、調整能力、利用指導、適合調整の方法を習得する。

到達目標

- 福祉用具サービス計画の項目の意味と内容、記載するうえでのポイントについて事例をもとに具体的に説明できる。
- 与えられた事例について、利用者の心身の状況や生活における希望、生活環境等を踏まえた利用目標の設定、選定、モニタリングを適切に行うことができる。
- 福祉用具専門相談員が、ケアマネジメントのプロセスのなかで利用者の人権と尊厳の保持の留意点、多職種連携の目的を的確に説明できる。
- 居宅サービス計画との関係性を踏まえ、福祉用具サービス計画について、ケアマネジャーおよび他職種にもわかりやすく説明できる。
- さまざまな利用者・家族を想定し、相手の状況に応じた適切なコミュニケーション、利用指導、適合調整を実践できる。

第1節 福祉用具サービス計画書の作成

1 福祉用具による支援の考え方

(1) アセスメント

　介護保険ではケアマネジメントのなかにアセスメントが位置づけられていますが、ケアマネジメントにおいてばかりでなく、医療現場では医師や看護師、理学療法士、作業療法士等による治療の場合必ず**アセスメント（考察・分析）**が行われています。医療における場合のアセスメントは、利用者本人の痛みや苦しさなど主訴等の主観的情報（subject）を確認し、検査等の客観的情報（object）の収集を行い、分析（assessment）して診断・看護等のケアやリハビリテーションの方針と内容を決め、服薬・指導・ケア・訓練等を実施します。また、アセスメントを行うときには治療効果の予測を行い、今後の治療計画なども行います。

　福祉用具専門相談員が福祉用具の選定を行うときも同様です。基本情報により利用者氏名・性別・年齢・家族構成・家族の状況・本人や家族の希望・相談内容・ケアプラン・身長・体重・心身の情報、ADL（Activities of Daily Living：日常生活動作）・住環境・生活環境（使用環境）など主観的情報と客観的情報の確認を行い、**アセスメント**することにより生活全般の解決すべき課題（ニーズ）、および福祉用具利用目標を立て、プラン（計画）である**福祉用具の選定・調整**を行います。「ふくせん版　福祉用具サービス計画書」では基本情報、利用計画がありますが、この利用計画を立てるためには基本情報の確認が重要であり、利用計画を立て福祉用具の選定を行うために基本情報の再確認を繰り返していくのです。

　この一連のアセスメントを行う過程のなかで、2018（平成30）年から「利用計画」を立てる前に「選定提案」において機能や価格帯の異なる複数の商品の提案を行うようになりました。

　この「選定提案」は利用者から相談内容を聞き取ったうえで、候補となる福祉用具を利用者に提案、説明し、その過程を見える化することを目的として作成されるものです。したがって、「選定提案」は、「基本情報」と「利用計画」の間に位置づけられます。

　普段私たちが行っている選定を再確認してみると、ケアマネジャー（介護支援専門員）や利用者本人および家族から希望と状況確認を行ってすぐに一つの商品を提案しているわけではありません。例えば、車いすの使用目的を確認するときには使用環境の再確認を行います。トイレまでの移動動作確認のときにも日内変動の状況を確認したり、夜間の排泄の有無、排泄する場合の排泄場所や排泄動作のなかでもどの動作に困っているか等の確認、用具を使用すると想定したときの使用可能かどうかの動作確認等を行いながら、用具選定を行っていますので、自然と「どのような状態ならば、どのような機能のものを使用すると、動作の自立を図ることができる」かどうか、「介護するときの動作の負担軽減を図ることができる」かどうかを説明して、利用者本人や家族に選んでもらっています。

　このようにアセスメントするということは、利用者本人の状況や家族の状態によって異なり、その状態に合わせて選定するということですので、いかに必要な情報収集を行うことができるかどうかで、必要な用具を提案できるかにつながります。つまりアセスメントは福祉用具サービス計画書を作成するうえで土台となるものです。

(2) 複数提案の意義

　いかに必要なものを選定し提案できているのかということは、その情報収集を繰り返し行うことと得られた情報によりいくつか想定できる用具の機能と商品および価格帯の説明を行っているかをきちんと説明しなければなりません。きちんと説明を行うためには、記録化したものを使用して説明しなければ利用者および家族は理解することができません。すなわち複数提案することによって選定するまでの経過を明らかにするということです。

　福祉用具専門相談員はカタログや実物を使用して説明し、必要に応じて使い勝手や使い心地を確認して、最終的に一つの商品に絞っているのが一般的なプロセスです。そこで、最終的にその一つの商品に決まったという根拠になるのは、利用者本人の希望や心身状況および使用環境によるものです。

　では、複数提案する際の視点について考えてみましょう。

　一つ目は、状況により使用する機種の機能が異なるということです。例えば、車いすを例に考えたとき、屋内使用であっても移動動線が複数考えられることがあります。また駆動形態も両手駆動か両手両足駆動かにより機能や仕様が異なります。移乗能力に日内変動がある場合にどちらの状態に合わせるのかによっても機能や仕様が異なります。これらの状況を踏まえるとおのずと複数提案していることになります。

　次に考えられることですが、試用状況の確認という面が考えられます。実際に操作してみて使いやすい機能や仕様はどちらなのか、寸法や角度等の仕様で対応できるのか、調整機能付きのもののほうが対応しやすいのか。例えば、駆動輪径という寸法が 22 インチであっても段差昇降できるのか、24 インチのほうが楽に段差昇降できるのか等、実際に試してみないと決定できない場合が多くあります。このようなときには複数提案して試用状況により決定するという経過から、その経過の記録を行う必要が生じてきます。この記録を行わないとなぜその駆動輪径を選定したのかという意味が不明確になり、担当者が変わったときにまた同じことの繰り返しをしてしまう可能性があります。

　次に、利用後の時間経過により、この希望や心身状況、使用環境に変化がみられた場合、事前に複数提案していることが参考になり、福祉用具専門相談員が再選定する場合有効に使うことができます。特に、福祉用具専門相談員が第三者という立場で客観的に判断して、現在の心身状況から可能と考えられる生活が、利用者自身にとってはできる生活とは考えることができない場合や、まだする気になれない場合があるでしょう。これは潜在的なニーズといえます。その後時間が経過してから利用者がこのニーズに気がつき希望として現れることがありますが、このようなとき福祉用具の見直しを行い、複数提案していることが再提案に活かされるようになります。

(3) 利用者の状態や環境に応じた用具選定

　利用者の状態や環境に応じた用具選定ということを文字どおり捉えると当たり前ですが、利用者の状況ということをもう少し細かく考えてみましょう。

　一つは心身状況ですが、心の状態というのは気持ちであり、その気持ちというのは意欲、不安感、家族への気づかい、理解力などを意味します。身体の状態というのは、ADL の各項目、筋力、関節可動域、バランス能力、心肺機能、体力等が考えられますが、その状況も安定、不安定、向上、悪化などが考えられます。

　利用者本人だけでなく、同居家族もしくは介護されている家族の心身状況も安定、不安定、向

上、悪化などの状況を踏まえなければなりません。また介護者が固定化されているものではなく平日は同居の娘さんが行い、週末は別居している息子さんが来るなど変わることも考えられます。

そして使用環境も自宅内であれば、住宅改修等により変化することも考えられますし、居室変更や配置換え等でも変化します。外出であれば外出目的により距離も時間も変わりますし、坂道や段差の有無、人や車の交通量の違いなどもあるでしょう。

これらの違いにより、種目は同じであっても仕様や機能は異なります。漠然と多機能な商品を紹介するのではなく、希望や心身機能、介護者の状態、使用環境をある程度想定し、その想定した状態で選定提案していくなかで、利用者が一つのものを選定できるように相談援助するのが福祉用具専門相談員の役割といえるでしょう。

> **チェックポイント**
> いかに必要な情報を収集できるかどうかが、必要な用具を選定できるかにつながる。

2「ふくせん版 福祉用具サービス計画書」の書き方と手順

「ふくせん版 福祉用具サービス計画書」(以下、「ふくせん様式」)は、一般社団法人全国福祉用具専門相談員協会(以下、「ふくせん」)が策定したガイドラインと合致する書式です(様式は151頁参照)。「ふくせん様式」は福祉用具専門相談員が行う福祉用具サービス計画作成において「標準化」を目指したものですので、本章ではこの様式をもとに書き方等を説明したいと思います。

(1) 基本情報の書き方

基本情報と利用計画との関係は、**利用計画**を立てるために**基本情報**を収集し、その情報をもとに利用計画の**生活全般の解決すべき課題**(福祉用具が必要な理由)や**福祉用具利用目標**を設定します。そして、その目標を達成するための機種を選定し、選定理由を記載します。

ケアマネジャーからADL等の情報が送られてきていても、単に添付したり転記したりするのではなく、福祉用具専門相談員が確認したときはどのような状態か再度チェックしていただくと、詳しい状況確認ができます。

① 相談内容

相談内容を記載するとき、ケアマネジャーからの場合は相談内容には記載せず、ケアマネジャーとの相談記録にのみ記載する方法と、相談内容の利用者との続柄にケアマネジャーと、「依頼内容」を相談記録に記載し、ケアマネジャーとの相談記録には「現状と今後の予定」などを記載する方法もありますので参考にしていただければと思います(表5-1)。

② 身体状況・ADL

身体状況・ADLのチェックでは、左側は自立度が高く右側は介助量が高い状態になっています(表5-2)。まず利用者の自立度が高いか介助量が多いかを全体的に把握して、介助が必要な場合どのような介助が必要か、介助していても一人でできることはないだろうかなどADLを確認しながら利用者像を確認できるとよいでしょう。

③ 特記事項

　認知症高齢者の日常生活自立度の下の特記事項は利用者本人に関する特記事項ですので、選定等に必要と思われ、ADLでのチェックでは不十分な内容、例えば服薬の状況や転倒歴など選定にかかわりそうな事柄を記載してください（表5-3）。

表5-1　相談内容の記載例

相談内容	相談者	B	利用者との続柄	ケアマネジャー	相談日	○月○日
\multicolumn{7}{l}{5年前から認知症で徘徊を繰り返し、先月の初めに外で転倒して右大腿骨頸部内側骨折にて保存療法を行うということで自宅に退院予定の方ですが、ご本人にあった車いすと特殊寝台および娘さんでもできる移乗方法を検討していただきたいと思います。}
ケアマネジャーとの相談記録	\multicolumn{4}{l}{病院では標準型介助式車いすで移動していますが、10分程度で姿勢が崩れています。今後ですが、来週ご自宅と病院に同行、面談していただき、再来週にカンファレンスを行う予定です。}	ケアマネジャーとの相談日	○月○日

注：サービス計画全体は151頁参照。

表5-2　身体状況・ADLの記載例

身体状況・ADL				（○年○月）現在
身長	150 cm	体重	35 kg	
寝返り	□つかまらないでできる	□何かにつかまればできる	□一部介助	■できない
起き上がり	□つかまらないでできる	□何かにつかまればできる	□一部介助	■できない
立ち上がり	□つかまらないでできる	□何かにつかまればできる	□一部介助	■できない
移乗	□自立（介助なし）	□見守り等	□一部介助	■全介助
座位	□できる	□自分の手で支えればできる	□支えてもらえればできる	■できない
屋内歩行	□つかまらないでできる	□何かにつかまればできる	□一部介助	■できない
屋外歩行	□つかまらないでできる	□何かにつかまればできる	□一部介助	■できない
移動	□自立（介助なし）	□見守り等	□一部介助	■全介助
排泄	□自立（介助なし）	□見守り等	□一部介助	■全介助
入浴	□自立（介助なし）	□見守り等	□一部介助	■全介助
食事	□自立（介助なし）	□見守り等	■一部介助	□全介助
更衣	□自立（介助なし）	□見守り等	□一部介助	■全介助
意思の伝達	□意思を他者に伝達できる	□ときどき伝達できる	□ほとんど伝達できない	■伝達できない
視覚・聴覚	\multicolumn{4}{c}{やや難聴}

注：サービス計画全体は151頁参照。

表5-3　特記事項の記載例

疾病	認知症、右大腿骨頸部内側骨折（保存療法）
麻痺・筋力低下	右下肢筋力低下あり
障害日常生活自立度	C2
認知症の日常生活自立度	Ⅲa
特記事項	排尿はバルンカテーテル使用。排便はおむつ使用。右下肢に可動域制限あり。病院では看護師の方が二人で抱きかかえて移乗介助しています

注：サービス計画全体は151頁参照。

表5-4　障害高齢者の日常生活自立度（寝たきり度）判定基準

生活自立	ランクJ	何らかの障害等を有するが、日常生活はほぼ自立しており独力で外出する 1　交通機関等を利用して外出する 2　隣近所へなら外出する
準寝たきり	ランクA	屋内での生活は概ね自立しているが、介助なしには外出しない 1　介助により外出し、日中はほとんどベッドから離れて生活する 2　外出の頻度が少なく、日中も寝たり起きたりの生活をしている
寝たきり	ランクB	屋内での生活は何らかの介助を要し、日中もベッド上での生活が主体であるが座位を保つ 1　車椅子に移乗し、食事、排泄はベッドから離れて行う 2　介助により車椅子に移乗する
	ランクC	1日中ベッド上で過ごし、排泄、食事、着替において介助を要する 1　自力で寝返りをうつ 2　自力では寝返りもうたない

出典：「『障害老人の日常生活自立度（寝たきり度）判定基準』の活用について」（平成3年11月老健第102-2号、厚生省大臣官房老人保健福祉部長通知）

④　障害高齢者の日常生活自立度

障害高齢者の日常生活自立度判定基準（表5-4）は寝たきり度ともいい、ランクJ（日常生活はほぼ自立しており独力で外出する）、ランクA（屋内での生活はおおむね自立しているが、介助なしには外出しない）、ランクB（屋内での生活は何らかの介助を要し、日中もベッド上での生活が主体であるが座位を保つ）、ランクC（1日中ベッド上で過ごし、排泄、食事、着替えにおいて介助を要する）の4段階に分かれていますが、日常生活が自立しているか介助が必要かだけでなく、独力で外出するか、屋内自立しているが外出に介助が必要か、介助を要するがベッドから離れて生活しているか、1日中ベッド上の生活か、というように生活範囲を表しています。この情報を収集したら生活範囲の把握とともに**生活範囲の目標設定**を行うとよいでしょう。

⑤　認知症高齢者の日常生活自立度

認知症高齢者の日常生活自立度判定基準（第3章第2節「認知症の理解」62頁参照）は認知症の程度と日常生活の自立度、認知症の症状などをもとに作成されている基準です。判定基準や症状および行動の例を参考にして、単独訪問せずにケアマネジャーと同行訪問したほうがよいか、家族に同席してもらったほうがよいか、説明して納得してもらえた様子でも確認が必要か、など選定だけでなく使用説明や留意事項の際に配慮しなければならないか等の参考になりますので重要な項目です。

特にこれら二つの日常生活自立度は利用者本人はどのような状態なのか、ということをイメージ化するのに重要な役割を果たし、目標設定を行うときの参考になりますので、転記するのではなくイメージ化しながら情報収集してください。

⑥　介護環境

介護環境、ほかの利用サービスは現在利用中でなくても予定があれば予定をカッコ書きし、介護環境の下の特記事項は、家族等介護される人に対しての特記事項ですので、家族の体調や

表5-5 介護環境の記載例

介護環境				
家族構成/主介護者	長女と二人暮らし			
他のサービス利用状況	訪問介護（予定）	訪問看護（予定）	訪問診療（予定）	訪問入浴（予定）
利用している福祉用具	3モーターベッド、介助式車いす（病院内にて）			
特記事項	長女は腰痛の既往歴あり			

注：サービス計画全体は151頁参照。

表5-6 意欲・意向の記載例

意欲・意向等		
利用者の意欲・意向、今困っていること（福祉用具で期待することなど）	□利用者から確認できた　■利用者から確認できなかった	
	【長女】福祉用具を利用して、できるだけ一人で介助できるようにしたいです。落ち着いたら必要に応じて住宅改修の工事もお願いしたいです。	

注：サービス計画全体は151頁参照。

精神状態、利用するインフォーマルサービス等も必要に応じて記載しましょう（表5-5）。

⑦ **意欲・意向**

意欲・意向等の項目で、認知症や失語症など利用者本人から意欲等を聞くことができない場合には、家族の意向を聞いて記載するとよいでしょう。その場合には「長女」など、誰から聞いたのか記載してください（表5-6）。

(2) 選定提案の書き方

選定提案と利用計画の流れは、基本情報により利用者の状態をアセスメントし、福祉用具が必要な理由をもとに複数提案し、その提案から最終的に利用者が選択、決定したものが利用計画になります。したがって選定提案というのは、基本情報と利用計画の間に位置づけられているものであり、福祉用具専門相談員が通常複数提案しながら説明していることを記録化したものと考えられます。

また選定提案と利用計画は利用者になぜこの商品を提案するのかを説明するときに使用するものですので、初めて聞く人にもわかりやすく説明できるような書き方をするようにしましょう。

① **福祉用具が必要な理由**

福祉用具が必要な理由の記入の仕方は、利用者から聞いた困りごとを整理して、生活全般の解決すべき課題と同様に生活レベルで、希望を踏まえながら「実現可能」な内容を記載するようにします。書き方としては「～したい」「～をしたいので○○を利用します」というように希望的な書き方をしましょう。「～という問題があります」というような書き方では、利用者のできないことを列挙するようになりますし、身体機能的に回復しない場合にはいつも「問題です」「困難です」と指摘し続けるようになってしまいます。経験年数にかかわらず、「～できない」

とネガティブに書きがちなので注意してください。これは福祉用具を利用して生活レベルで解決できるものを「〜したいので○○を利用します」という表現をしたほうが利用者も前向きに捉えることができるでしょう。

よくない例としては、「骨折により一人での家の中の移動に問題があるので福祉用具が必要です」「右上下肢麻痺があり日常生活が困難なので、福祉用具を利用します」という書き方では問題点の指摘になってしまい、福祉用具を使用してどのような生活を送ることができるかが不明です。「福祉用具を使用して、生活を整えます」「車いすと特殊寝台を使用して、生活できるようにします」という書き方では具体性に欠け、今まで不便だった生活がどのように便利になるかがわかりません。

よい例として、「一人で家の中を移動したいので車いすを利用します」「一人で買い物をしたいので、屋外用歩行車を利用します」など福祉用具の種目（種類）を示して、それを使用して、どのような生活を送ることができるかを記載する書き方がよいでしょう（表5-7）。

② **貸与を提案する福祉用具**

貸与を提案する福祉用具の欄で、「（※）との対応」というのは福祉用具が必要な理由で番号をふった内容を解決するのに対応する種目を同じ番号をつけるようにします。

種目には貸与する福祉用具の種類、品目は商品名、機種（型式）/TAISコードを記載します。

③ **貸与価格**

貸与価格は事業所の貸与価格を記載します。単位数ではありません。全国平均貸与価格は厚生労働省が公表した全国平均貸与価格を記載します。福祉用具貸与価格は公定価格ではありません。また平均貸与価格は全国の平均値であり、地域により差が出ること、これが上限価格ではないこと、選定費用・搬入出費用や説明・取付け・調整・利用後のモニタリング費用等すべてが価格に含まれていることなども利用者に説明が必要になると思われます。上限価格の説明と合わせて話をするのもよいでしょう（表5-8）。

④ **提案する理由**

提案する理由を記載する場合に考慮しなければならない点は、福祉用具が必要な理由と利用者および家族の希望と状態、使用環境の状態から想定できる仕様と機能特性を結び付けて用具選定を行うということです。この段階では一つの機種に絞り込むことができていないので不十分な点を確認するために情報収集を行いながら数種類提案することによって最終的に利用者および家族が選択するという流れになります。

提案する理由の書き方としては、単に「最適なものを選びました」では抽象的でわかりにくいので、利用者および家族の状態や使用環境と福祉用具の機能特性を合わせて、なぜ提案するのかを書きます。

よくない記入例としては、「利用者の状態と使用環境を踏まえて、最適なものを選びました」「介護しやすいように適切な機能付きのものを提案します」「一人で排泄できるようさまざまな機能付きのものを提案します」などがあげられます。

よい記入例としては、「右足に痛みがあり歩行が難しいので、両手と片足でも漕ぎやすいよう座面の高さが低い機種です」「トイレまで移動しやすいよう車いすの幅が狭く、便器に移乗しやすい肘掛けが跳ね上げ機能付きの機種です」「右大腿骨頸部内側骨折により起き上がりや移乗

表 5-7　福祉用具が必要な理由の記載例

※	福祉用具が必要な理由（※）
1	「一人で車いすに移乗させたい」ので移動用リフトを利用します。
2	「寝返りや起き上がりができず、食事介助や排泄介助を楽にできるようにしたい」ので特殊寝台・床ずれ防止用具を利用します。
3	「ベッドから離れた生活や外出ができるようになりたい」ので車いすを使用します。

注：サービス計画全体は152頁参照。

表 5-8　貸与を提案する福祉用具の記載例

（1／1枚）

（※）との対応	貸与を提案する福祉用具　種目／提案品目（商品名）／機種（型式）／TAISコード	貸与価格（円）／全国平均貸与価格（円）	提案する理由	【説明方法】カタログ／Webページ／TAISページ／実物　等	採否
1	移動用リフト／ベッド固定式リフト／◇〇-〇〇	20000／21000	右大腿骨頸部内側骨折により、起き上がりや移乗動作が困難なので、車いすに移乗して食事と外出時の移動がしやすいよう支柱をベッドの頭側に固定するタイプの機種です。	カタログ	
1	移動用リフト／ベッド固定式リフト／△〇-〇〇	25000／22000	右大腿骨頸部内側骨折により、起き上がりや移乗動作が困難なので、配置換えしたベッドから車いすに移乗して食事と外出時の移動がしやすいよう支柱をベッドの足側に固定するタイプの機種です。	カタログ	〇
2	特殊寝台／介護用ベッド◇◇3モーター／◇◇-〇◇	10000／11000	寝返りや起き上がり、移乗が困難なので、背上げ機能と膝上げ機能と高さ昇降機能が付き、股関節と膝関節を曲げてお休みになるとき、足の関節に負担がかからない位置で曲がるタイプの機種です。	カタログ	〇
2	特殊寝台／介護用ベッド□□2モーター／◇◇-△◇	8500／9000	寝返りや起き上がり、移乗が困難なので、背上げ機能と高さ昇降機能が付き、お休みになるとき、自動的に膝の関節が曲がるタイプの機種です。	カタログ	
2	特殊寝台附属品／サイドレール／〇〇-□◇	500／450	本人や寝具の転落を防止するための長さ96cm、マットレスの厚みを考慮した高さ56cmで、上記介護用ベッド◇◇-〇◇対応の機種です。	カタログ	〇
2	特殊寝台附属品／サイドレール／〇◇-〇◇	250／240	本人や寝具の転落を防止するための長さ96cm、マットレスの厚みを考慮した高さ50cmで、上記介護用ベッド◇◇-△◇対応の機種です。	カタログ	
2	床ずれ防止用具／静止型マットレス／△△-▽△	5000／5100	寝返りや起き上がりが困難で褥瘡のリスクが高いので、身体への接触面積を増やして圧の分散性能に優れ、化学繊維の構造により通気性がよい床ずれ防止用のマットレスです。	実物	〇
2	床ずれ防止用具／静止型マットレス／△△-▽〇	6000／5700	寝返りや起き上がりが困難で褥瘡のリスクが高いので、ウレタンとゲルの組み合わせにより圧の分散性に優れた床ずれ防止用のマットレスです。	実物	
3	車いす／姿勢保持機能付き車いす／〇〇-〇〇	8500／8000	座位保持機能がよく、拘縮のある股関節に対応可能な角度調整機能付きの機種です。	カタログ	
3	車いす／姿勢保持機能付き車いす／〇〇-〇◇	10000／11000	座位保持機能があり、拘縮のある股関節に対応可能な角度調整機能付きで付属のクッションの圧分散機能が高い機種です。	実物	〇

注：サービス計画全体は152頁参照。

動作が困難なので、車いすに移乗して食事と外出時の移動がしやすいよう支柱をベッドの頭側に固定するタイプの機種です」というように、「～という状態なので、～という機種です（～という機種を選びました）」状態と機種を記載するとよいでしょう（表5-8）。

⑤ **説明方法、採否**

説明方法としては、カタログ・インターネットモバイル・実物などの方法がありますので、どの方法を用いたか記載して、実際に選択した機種に対して○などチェックしていただければよいでしょう。

(3) 利用計画の書き方

利用計画の生活全般の解決すべき課題・ニーズと福祉用具利用目標、そして選定理由の関係ですが、現在困っていることが生活全般の解決すべき課題であり、その解決すべき課題が困難なのは動作レベルが大変であるからということになります。したがって、福祉用具を利用することによって困難な動作が一人でできるようになること、あるいは困難な介助動作が楽にできるようになると、生活全般の解決すべき課題・ニーズである困っていることを解決することができるようになります。そしてそのために使用する福祉用具は本人の身体状況の状態、介助者の状態、生活環境の状態を踏まえると、どのような仕様や機能付きのものになるかを記載します。

① **生活全般の解決すべき課題・ニーズ（福祉用具が必要な理由）**

利用計画の生活全般の解決すべき課題・ニーズ（福祉用具が必要な理由）はケアプランの第2表の一番左側の項目と同じになっています。ケアプランに沿って福祉用具が必要な理由をたてるので表記方法が同じになっているのです。ケアプランが作成されていれば転記しても構いませんが、福祉用具を使用して利用者および家族が送りたい生活等解決したいことを生活レベルで記載します。そして、ケアマネジャーと同行訪問しながらどのような生活を送ることができるかという視点でお互い確認して、その内容をケアプランや利用計画に記載するという流れになるように連携を取り合うことが必要です。書き方としては、「困難である」とか、「問題である」というようなネガティブな書き方ではなく、「～したい」というようにポジティブな書き方が利用者および家族が受け入れやすいでしょう。しかし希望をそのまま記載するのではなく、専門職として第三者の目で見て実現可能であることを希望的に書くようにします。またケアプランを転記する場合でも、すべての項目を転記するのではなく、福祉用具にかかわるところを転記するようにしてください（表5-9）。

表5-9 福祉用具が必要な理由・利用目標の記載例

	生活全般の解決すべき課題・ニーズ（福祉用具が必要な理由）	福祉用具利用目標
1	一人で車いすに移乗させたい。	移動用リフトを使用して、一人で車いすへの移乗介助ができる。
2	食事介助や排泄介助を楽にできるようにしたい。	特殊寝台を利用して、食事介助や排泄介助時の介護者の負担軽減を図る。
3	ベッドから離れた生活や外出ができるようになりたい。	車いすを利用して、ベッドから離れた生活や外出をすることができる。
4		

注：サービス計画全体は153頁参照。

> **チェックポイント**
> ・生活全般の解決すべき課題・ニーズは「生活レベル」で記載し、福祉用具利用目標は「動作レベル」で記載。
> ・選定理由に商品説明を書かない。

② **福祉用具利用目標**

　福祉用具利用目標は、福祉用具を利用してどのような動作が一人でできるようになるか、どのような介助動作が楽にできるようになるかということを「〇〇（福祉用具の機種）を使用して、一人で〇〇ができる。もしくは、介護負担を軽減することができる。介護負担の軽減を図る」というように記載するとよいでしょう。この福祉用具利用目標はモニタリングの時に「〇〇を利用して、一人で〇〇ができるようになりましたか？」と目標達成したかどうかを確認するときに聞く内容が書かれていなければなりません（表5-9）。

③ **選定理由**

　選定理由は、なぜこの機種（機能や特性、仕様）を選んだかということを記載します。カタログに書かれている商品説明をするのではありません。例えばマットレスですが、「表と裏で硬さの使い分けができるリバーシブルタイプのマットレスです」では、なぜ表と裏で使い分けるマットレスが必要だったのかがわかりません。利用者の身体状況や好みの硬さ、使用環境から通気性や防水機能等のなかで必要と思われる機能や特性のものを選んだということを記載しましょう（表5-10）。

④ **留意事項**

　留意事項には使用上の注意点をリスクマネジメントの観点から、本人および家族にわかりやすいだけでなく、ケアマネジャー、サービス担当者会議に出席されるサービス事業所の人たちに配ることを意識して書いてください。

　特に特殊寝台やサイドレール、ベッド用手すり、ハンドル型電動車いすなど事故が多く注意喚起を求められているものの場合は、単に「注意してください」という記載では何に注意すればよいかわかりません。どのような使い方をすると事故を防ぐことができるという使用方法を利用者の状態を踏まえて記載するとよいでしょう。

　例えばサイドレールの挟み事故ですが「ベッドの背上げ機能を使用するときに、反射的にサイドレールを握ることが考えられるので、必ず掛布団をめくり手がサイドレールを握っていないか確認しながらリモコン操作をしてください」「30分以上背をあげていると身体が麻痺している左側に傾く可能性があるので、背上げをするときには枕等のクッションを身体の左側に当てて背上げをしてください」等、どのようなことをすると防ぐことができるのか具体的に記載します。事故にかかわる注意事項なので記載と同時に利用者および家族に丁寧に説明することを忘れないでください（表5-11）。

表5-10 選定福祉用具の記載例

	選定福祉用具（レンタル・販売）		選定理由
	品目 / 機種（型式）	単位数	
①	移動用リフト / ベッド固定式リフト	2500	右大腿骨頸部内側骨折により起き上がりや移乗動作が困難なので、配置換えしたベッドから車いすに移乗して食事と外出時の移動がしやすいよう支柱をベッドの足側に固定するタイプを選定しました。
②	特殊寝台 / 介護用ベッド◇◇３モーター	1000	寝返りや起き上がり、移乗が困難なので、背上げ機能と膝上げ機能と高さ昇降機能が付き、股関節と膝関節を曲げてお休みになるとき、足の関節に負担がかからない位置で曲がるタイプの機種を選定しました。
③	特殊寝台附属品 / サイドレール	50	本人や寝具の転落を防止するための長さ96cm、マットレスの厚みを考慮した高さ56cmで、上記介護用ベッド◇◇-○◇対応の機種を選定しました。
④	床ずれ防止用具 / 静止型マットレス	500	寝返りや起き上がりが困難で褥瘡のリスクが高いので、身体への接触面積を増やして圧の分散性能に優れ、化学繊維の構造により通気性がよい床ずれ防止用のマットレスを選定しました。
⑤	車いす / 姿勢保持機能付き車いす	1000	座位保持機能があり、拘縮のある股関節に対応可能な角度調整機能付きで付属のクッションの圧分散機能が高い機種を選定しました。
⑥	つり具 / シート型つり具	35000	車いすに座った時の姿勢で、首回りが安定し、右足に拘縮があるのでシート型ハーフサイズのつり具を選定しました。
⑦			
⑧			

注：サービス計画全体は153頁参照。

表5-11 留意事項の記載例

留意事項
①リフト使用時つり具がフックにかかっているか、必ずご確認ください。また、このつり具は車いす上では外すことができません。
②ベッドから車いすに乗り移るときは、車いすのブレーキをかけてください。車いすからベッドに移るときは、車いすのブレーキを解除してリフトでつり上げるようにしてください。
③ベッドの背上げ機能を使用されるとき、ご本人がサイドレールにつかまってしまうことがあると思いますので、リモコンを操作するときには布団をめくり、手の挟み込みに注意してボタンを押してください。
④おむつ交換やシーツ交換をするときには、リモコンの「高さ」というところの「↑」というボタンを押し、腰を痛めない高さで使用してください。
⑤車いすのグリップ右側のレバーは背もたれが倒れ、左側のレバーは座面自体が傾きます。1時間に1回程度座面を少し倒したり起こしたり交互にしてください。
⑤お尻が赤くなるようなことがありましたらご連絡ください。マットレスやクッションの見直しが必要かもしれません。

□私は、貸与の候補となる福祉用具の全国平均貸与価格等の説明を受けました。 □私は、貸与の候補となる機能や価格の異なる複数の福祉用具の提示を受けました。 □私は、福祉用具サービス計画の内容について説明を受け、内容に同意し、計画書の交付を受けました。	日付	○○年○月○日
	署名	A 印
	（続柄）代理署名	（ 長女 ） 印
事業所名	板橋事業所	福祉用具専門相談員	C
住所		TEL 00-0000-0000	FAX 00-0000-0000

注：サービス計画全体は153頁参照。

3 モニタリングの目的と内容

(1) モニタリングの目的

モニタリングの目的は、

① 福祉用具利用目標が達成されたかどうかという達成状況の確認

② 利用上問題がなかったか

③　用具の点検シート
④　今後の方針の確認
⑤　利用者等の変化の確認

がありますが、今後の方針決めや見直しの必要性の有無を検討するうえで、⑤は非常に重要です。
　そしてモニタリング時に意識してもらいたいのが、PDCAサイクルです。
　PDCAサイクルというのは、Plan（計画）→ Do（実行）→ Check（評価）→ Action（改善）の四つの行程をサイクルとして繰り返すことによって、継続的に改善する手法です。
　なかでも重要なのがPlan（計画）です。計画作成段階というのは実行していないので仮説になります。例えば、「車いすを利用して一人で買い物ができるようになる」という福祉用具利用目標を立てて、必要な機能を備えた車いすを選定したと仮定したとき、まだ未搬入であり、使用して一人で買い物に行っていない状態です。この仮説を証明するためにDo（実行）があり、搬入、調整、使用方法の説明等を行います。そして、この仮説が正しかったか確認、評価を行うのがCheck（評価）です。この評価をもとに必要と思われる再調整、再度使用方法の確認、使用方法の説明、危険なことが考えられる場合には注意点の再度説明、継続が好ましくなければ再評価を行い、再度計画の作成、というサイクルになり、このことがモニタリングに相当します。

(2) モニタリングの流れと確認事項

　福祉用具利用目標は利用計画の目標を転記し、達成されたか一部達成か未達成か確認し、未達成や一部達成の場合はなぜ達成されなかったのか具体的に記載します。達成であっても達成されて変化がみられているのであれば記載したほうが導入前と導入後の変化がわかるので、できるだけ記載できるとよいでしょう。
　利用状況や点検結果に問題がある場合には、再検討の理由等に記載します。今後の方針は継続か再検討かにチェックしますが、この時点ですぐにチェックするのではなく、次の利用者等の変化を確認してから総合的に検討後、今後の方針にチェックします（表5－12、表5－13）。
　利用者等の変化についてですが、利用者の身体状況の変化というのは安定・維持・不安定・悪化・回復・向上が考えられます。変化がないというときに安定もしくは維持されているのか、変化有りの場合は不安定や悪化なのか、回復し向上してきたのかを確認します。悪化や向上している場合には生活範囲を縮小したり拡大したり、変化の状態に合わせて生活目標も見直しが必要になり必要とされる福祉用具も見直しが必要になると思われます。維持されていても長い期間維持されていた場合には、このまま継続なのか生活の仕方や生活範囲の見直しが必要かどうか検討したほうがよいか確認します。利用者の意欲や意向も悪化・維持・向上等どのような変化がみられたか、介護者も精神的な面と身体的な面の両方から悪化・不安定・安定・維持・回復・向上の視点から確認します。例えば、本人の身体状況が不安定（悪化）になってきていても、同じ生活をしている場合、介護者のほうが精神的に疲れてきてしまっていたり、身体的に具合が悪くなっているところが出てきている場合があるかもしれません。ほかのサービスを利用された場合も楽になっていることもありますし、負担になってストレスを抱えてしまうようになっているかもしれません（表5－14）。
　このように最初の福祉用具利用目標が達成されれば、継続して使ってもらえばよいというものではなく、常に変化と見直しが必要かという視点でモニタリングし、総合的な面から評価をして、福祉用具専門相談員としてケアマネジャーに報告するという連携こそ、チームケアのあり方といえます。

表5-12 目標達成状況の記載例

	福祉用具利用目標	目標達成状況	
		達成度	詳細
1	移動用リフトを使用して、一人で車いすへの移乗介助ができる。	□ 達成 ■ 一部達成 □ 未達成	お昼ご飯と夕ご飯の時に車いすに乗って食事をしています。まだ浅く座らせてしまうことがあります。
2	特殊寝台を利用して、食事介助や排泄介助時の介護者の負担軽減を図る。	■ 達成 □ 一部達成 □ 未達成	腰までの高さに調整しているので、腰痛になっていません。
3	車いすを利用して、ベッドから離れた生活や外出をすることができる。	□ 達成 ■ 一部達成 □ 未達成	浅く座らせてしまうときがあるので、長い時間車いすに乗れません。
4		□ 達成 □ 一部達成 □ 未達成	

注：モニタリングシート全体は154頁参照。

表5-13 利用状況・点検結果の記載例

	利用福祉用具（品目） 機種（型式）	利用開始日	利用状況の問題	点検結果	今後の方針	再検討の理由等
①	移動用リフト ベッド固定式リフト		□ なし ■ あり	■ 問題なし □ 問題あり	■ 継続 □ 再検討	車いすへの移乗のリフト操作がまだ十分にできていませんが、リフトは使いこなせています。
②	特殊寝台 介護用ベッド◇◇3モーター		■ なし □ あり	■ 問題なし □ 問題あり	■ 継続 □ 再検討	高さ調整をうまく使いこなしています。
③	特殊寝台附属品 サイドレール		■ なし □ あり	■ 問題なし □ 問題あり	■ 継続 □ 再検討	転落もなく十分な長さと高さです。
④	床ずれ防止用具 静止型マットレス		□ なし ■ あり	■ 問題なし □ 問題あり	■ 継続 □ 再検討	マットレスで褥瘡はできていませんが夏場なので汗を多くかいています。
⑤	車いす 姿勢保持機能付き車いす		■ なし □ あり	■ 問題なし □ 問題あり	■ 継続 □ 再検討	リフトでの着座の介助で使いこなすことができていないので再度説明が必要と思われます。
⑥			□ なし □ あり	□ 問題なし □ 問題あり	□ 継続 □ 再検討	
⑦			□ なし □ あり	□ 問題なし □ 問題あり	□ 継続 □ 再検討	
⑧			□ なし □ あり	□ 問題なし □ 問題あり	□ 継続 □ 再検討	

注：モニタリングシート全体は154頁参照。

表5-14 利用者等の変化の記載例

利用者等の変化							
身体状況・ADLの変化	■ なし □ あり	食事量も十分で発赤もなく安定していらっしゃいます。	介護環境①（家族の状況）の変化	□ なし ■ あり	腰痛もなくなりお元気にされています。あと1～2か月したら外出してみたいとのことでした。
意欲・意向等の変化	□ なし ■ あり	入院中よりもお話されることが多くなってきました。	介護環境②（サービス利用等）・住環境の変化	■ なし □ あり	特にお変わりありません。

総合評価			
福祉用具サービス計画の見直しの必要性	■ なし □ あり	リフトを使用しての車いすへの着座方法を再度説明いたしました。あと1～2か月したら外出してみたいということでしたので、1か月後再度モニタリングにお伺いして、外出時の段差昇降および福祉用具の見直し、もしくは住宅改修等検討できたらと思います。

注：モニタリングシート全体は154頁参照。

> **チェックポイント**
> モニタリングは、福祉用具利用目標の達成状況確認だけでなく、利用者および介護者の状態変化から潜在的ニーズを確認すること。

4【演習①】サービス計画書の評価(グループワーク)

　グループワークというのは、テーマや目的に対してグループでディスカッション等を行い、各グループで何かをつくりあげることになります。そのためにグループごとに話し合いをすることになりますが、この話し合いのときに必要なのが、意見を聞くこと・意見を言うこと・意見をまとめること、という作業を円滑に行わなければなりません。そのためにはテーマに沿った話し合いをしなければならないので、意見がそれてきたらテーマに戻すこと。人の意見を尊重し、批判することなく聞き入れること。意見を出し合った後にまとめること。この3点を意識してグループワークを行ってください。

　演習①のサービス計画書の評価では、作成した福祉用具サービス計画をお互いに確認し合い、十分に記載されているか、不足しているところがあった場合には、どこの部分が不足して、どのように記載したらよいかをグループワークで行います。

　不足しているからといって批判をするのが目的ではありません。作成者の立場と同時に、ケアマネジャーや利用者本人および家族の立場に立って必要な情報が記載されているか、わかりやすく記載されているかなどを話し合うのが目的です。

　そのために参考様式である**福祉用具サービス計画書点検シート**(156頁参照)を参考にして、各チェック項目を評価しながら行うのも一つの方法です。

　例えば、

　チェック項目1「基本情報が漏れなく、利用計画の根拠となりうるよう、有用な内容で記載されている」という項目では、利用者の希望や心身状況(身長・体重、ADL、麻痺や筋力低下の有無、理解力)、家族状況、介護者の状況、利用予定サービスを踏まえた計画になっているか。

　チェック項目4「福祉用具の利用目標が、福祉用具が必要な理由(生活全般の解決すべき課題・ニーズ)を踏まえて記載されている」という項目では、ケアマネジャーから依頼のあった用具を選定してから福祉用具の利用目標を考えるのではなく、福祉用具が必要な理由を満たすためには(すなわち不便な生活を便利にしたり、希望する生活を送ることができるようにするためには)どのような福祉用具を利用してどのような動作ができるようになると生活が便利になるかという視点から記載されているか。

　チェック項目6およびチェック項目10「福祉用具の利用目標や選定理由は利用者にとってわかりやすく平易な言葉で具体的に書かれている」については、専門用語を使用したり、言葉の使い方がわかりにくくなっていないか。

　チェック項目12「留意事項として、利用者の状態や福祉用具の利用場所の特性等に応じて、発生しうる事故を防止するために留意すべきことが記載されているか」については、留意事項の欄にはただ「留意してください」と注意喚起するのではなく、利用者の状態と当該福祉用具の特性にあわせて事故を防止できるような操作方法等具体的に記載されているかなど、どのような書き方であればわかりやすいかなどをお互いに意見交換するのが目的です。

5【演習②】モニタリングの評価（グループワーク）

　演習②のモニタリングの評価でも、演習①のように作成したモニタリングシートをお互いに確認し合い、十分に記載されているか、不足しているところがあった場合には、どこの部分が不足して、どのように記載したらよいかをグループワークで行ってみましょう。

　必要に応じて参考様式の**モニタリング記録点検シート**（157頁参照）を使用してグループワークを行いますが、重要なのは一部達成や未達成、問題あり、再検討にチェックされているときはその詳細を記載するのはもちろん、達成や問題なし、継続の場合であっても利用者本人および家族の身体的な状態と精神的な状態に変化がみられているかの確認と、変化がみられている場合に、具体的にどのような状態なのかの記録を行うことが大切です。状態の変化に応じて福祉用具サービス計画の見直しの必要性があるかどうかに結びつくからです。

　そして継続利用であっても見直しを何か月後に行う必要があるということに気づき、その後のモニタリング時に見直しが必要かどうかを確認することで、必要なときに必要な福祉用具を使用して、送りたい生活を送ることができるようになるのです。

　また、事業所によっては最初に選定した福祉用具専門相談員ではない担当者がモニタリングを行う場合があるでしょう。その場合には、特にモニタリング時の詳細記録がその後の見直しにつながる重要な記録になりますので、グループワークでは初回選定時の福祉用具専門相談員ではない担当者やケアマネジャーの立場になって意見を出し合うとよいでしょう。

様式 「ふくせん福祉用具サービス計画書（選定提案）」（平成30年4月版）の記載例

ふくせん 福祉用具サービス計画書（基本情報）

管理番号	
作成日	
福祉用具専門相談員名	

フリガナ		性別	生年月日	年齢	要介護度	認定期間
利用者名	A 様	女性	S13年5月15日	80	5	平成○○年○○月○○日～平成○○年○○月○○日

住所		TEL	
居宅介護支援事業所	きたぞの居宅介護支援事業所	担当ケアマネジャー	B

相談内容

相談者	B	利用者との続柄	ケアマネジャー	相談日	○月○日

5年前から認知症で徘徊を繰り返し、先月の初めに外で転倒して右大腿骨頸部内側骨折にて保存療法を行うということで自宅に退院予定の方ですが、ご本人にあった車いすと特殊寝台および娘さんでもできる移乗方法を検討していただきたいと思います。

ケアマネジャーとの相談記録	病院では標準型介助式車いすで移動していますが、10分程度で姿勢が崩れています。今後ですが、来週ご自宅と病院に同行、面談していただき、再来週にカンファレンスを行う予定です。	ケアマネジャーとの相談日	○月○日

身体状況・ADL　　（　○年　○月　）現在

身長	150 cm	体重	35 kg	
寝返り	□つかまらないでできる	□何かにつかまればできる	□一部介助	■できない
起き上がり	□つかまらないでできる	□何かにつかまればできる	□一部介助	■できない
立ち上がり	□つかまらないでできる	□何かにつかまればできる	□一部介助	■できない
移乗	□自立（介助なし）	□見守り等	□一部介助	■全介助
座位	□できる	□自分の手で支えればできる	□支えてもらえればできる	■できない
屋内歩行	□つかまらないでできる	□何かにつかまればできる	□一部介助	■できない
屋外歩行	□つかまらないでできる	□何かにつかまればできる	□一部介助	■できない
移動	□自立（介助なし）	□見守り等	□一部介助	■全介助
排泄	□自立（介助なし）	□見守り等	□一部介助	■全介助
入浴	□自立（介助なし）	□見守り等	□一部介助	■全介助
食事	□自立（介助なし）	□見守り等	■一部介助	□全介助
更衣	□自立（介助なし）	□見守り等	□一部介助	■全介助
意思の伝達	□意思を他者に伝達できる	□ときどき伝達できる	□ほとんど伝達できない	■伝達できない
視覚・聴覚	やや難聴			

疾病	認知症、右大腿骨頸部内側骨折（保存療法）
麻痺・筋力低下	右下肢筋力低下あり
障害日常生活自立度	C2
認知症の日常生活自立度	Ⅲa
特記事項	排尿はバルンカテーテル使用。排便はおむつ使用。右下肢に可動域制限あり。病院では看護師の方が二人で抱きかかえて移乗介助しています

介護環境

家族構成/主介護者	長女と二人暮らし			
他のサービス利用状況	訪問介護（予定）	訪問看護（予定）	訪問診療（予定）	訪問入浴（予定）
利用している福祉用具	3モーターベッド、介助式車いす（病院内にて）			
特記事項	長女は腰痛の既往歴あり			

意欲・意向等

□利用者から確認できた　■利用者から確認できなかった

利用者の意欲・意向、今困っていること（福祉用具で期待することなど）

【長女】
福祉用具を利用して、できるだけ一人で介助できるようにしたいです。落ち着いたら必要に応じて住宅改修の工事もお願いしたいです。

居宅サービス計画

利用者及び家族の生活に対する意向	利用者	お聞きしてもお答えになりません。
	家族	できるだけベッドから離れて生活できるようにしたいです。
総合的な援助方針		自宅での生活を迎えるにあたり、いろいろ不安もあると思いますが、安全に生活できるように福祉用具を利用しましょう。体調管理のため訪問診療と訪問看護、安心して日常生活をするため訪問介護、安全に入浴し介護負担を軽減するために訪問入浴、機能の維持回復のために訪問リハビリテーションを利用していきましょう。落ち着いたら住宅改修等を行い、生活範囲の拡大を行いたいと思います。

住環境

□戸建
■集合住宅（　3　階）
（　エレベーター　■有　□無　）

例：段差の有無など

・集合住宅の1階。
・玄関や廊下と和室、トイレや浴室に段差あり。
・居室内に箪笥が多くベッドの配置に工夫が必要と思われます。
・今後落ち着いたら住宅改修等をしていく予定です。

ふくせん 福祉用具サービス計画書（選定提案）

管理番号	
説明日	
説明担当者	

フリガナ		性別	生年月日	年齢	要介護度	認定期間
利用者名	A 様	女性	S 13年5月15日	80	5	○○年○○月○日 ～ ○○年○○月○日
居宅介護支援事業所	きたぞの居宅介護支援事業所			担当ケアマネジャー		B

※	福祉用具が必要な理由（※）
1	「一人で車いすに移乗させたい」ので移動用リフトを利用します。
2	「寝返りや起き上がりができず、食事介助や排泄介助を楽にできるようにしたい」ので特殊寝台・床ずれ防止用具を利用します。
3	「ベッドから離れた生活や外出ができるようになりたい」ので車いすを使用します。

貸与を提案する福祉用具

（1 / 1 枚）

（※）との対応	種目／提案品目（商品名）／機種（型式）／TAISコード	貸与価格（円）／全国平均貸与価格（円）	提案する理由	【説明方法】カタログ Webページ TAISページ 実物 等	採否
1	移動用リフト／ベッド固定式リフト／◇○-○○	20000／21000	右大腿骨頸部内側骨折により、起き上がりや移乗動作が困難なので、車いすに移乗して食事と外出時の移動がしやすいよう支柱をベッドの頭側に固定するタイプの機種です。	カタログ	
1	移動用リフト／ベッド固定式リフト／△○-○○	25000／22000	右大腿骨頸部内側骨折により、起き上がりや移乗動作が困難なので、配置換えしたベッドから車いすに移乗して食事と外出時の移動がしやすいよう支柱をベッドの足側に固定するタイプの機種です。	カタログ	○
2	特殊寝台／介護用ベッド◇◇3モーター／◇◇-○○	10000／11000	寝返りや起き上がり、移乗が困難なので、背上げ機能と膝上げ機能と高さ昇降機能が付き、股関節と膝関節を曲げてお休みになるとき、足の関節に負担がかからない位置で曲がるタイプの機種です。	カタログ	○
2	特殊寝台／介護用ベッド□□2モーター／◇◇-△◇	8500／9000	寝返りや起き上がり、移乗が困難なので、背上げ機能と高さ昇降機能が付き、お休みになるとき、自動的に膝の関節が曲がるタイプの機種です。	カタログ	
2	特殊寝台附属品／サイドレール／○○-□◇	500／450	本人や寝具の転落を防止するための長さ96cm、マットレスの厚みを考慮した高さ56cmで、上記介護用ベッド◇◇-○○対応の機種です。	カタログ	○
2	特殊寝台附属品／サイドレール／○○-△◇	250／240	本人や寝具の転落を防止するための長さ96cm、マットレスの厚みを考慮した高さ50cmで、上記介護用ベッド◇◇-△◇対応の機種です。	カタログ	
2	床ずれ防止用具／静止型マットレス／△△-▽△	5000／5100	寝返りや起き上がりが困難で褥瘡のリスクが高いので、身体への接触面積を増やして圧の分散性能に優れ、化学繊維の構造により通気性がよい床ずれ防止用のマットレスです。	実物	○
2	床ずれ防止用具／静止型マットレス／△△-▽○	6000／5700	寝返りや起き上がりが困難で褥瘡のリスクが高いので、ウレタンとゲルの組み合わせにより圧の分散性に優れた床ずれ防止用のマットレスです。	実物	
3	車いす／姿勢保持機能付き車いす／◇◇-○○	8500／8000	座位保持機能がよく、拘縮のある股関節に対応可能な角度調整機能付きの機種です。	カタログ	
3	車いす／姿勢保持機能付き車いす／○○-□◇	10000／11000	座位保持機能があり、拘縮のある股関節に対応可能な角度調整機能付きで付属のクッションの圧分散機能が高い機種です。	実物	○

ふくせん 福祉用具サービス計画書（利用計画）

管理番号	

フリガナ			性別	生年月日	年齢	要介護度	認定期間	
利用者名	A	様	女	S 13年 5月 15日	80	5	○○年○○月○日～○○年○○月○日	
居宅介護支援事業所	きたぞの居宅介護支援事業所					担当ケアマネジャー	B	

	生活全般の解決すべき課題・ニーズ（福祉用具が必要な理由）	福祉用具利用目標
1	一人で車いすに移乗させたい。	移動用リフトを使用して、一人で車いすへの移乗介助ができる。
2	食事介助や排泄介助を楽にできるようにしたい。	特殊寝台を利用して、食事介助や排泄介助時の介護者の負担軽減を図る。
3	ベッドから離れた生活や外出ができるようになりたい。	車いすを利用して、ベッドから離れた生活や外出をすることができる。
4		

選定福祉用具（レンタル・販売） （ 1／ 1 枚）

	品目 / 機種（型式）	単位数	選定理由
①	移動用リフト / ベッド固定式リフト	2500	右大腿骨頸部内側骨折により起き上がりや移乗動作が困難なので、配置換えしたベッドから車いすに移乗して食事と外出時の移動がしやすいよう支柱をベッドの足側に固定するタイプを選定します。
②	特殊寝台 / 介護用ベッド◇◇3モーター	1000	寝返りや起き上がり、移乗が困難なので、背上げ機能と膝上げ機能と高さ昇降機能が付き、股関節と膝関節を曲げてお休みになるとき、足の関節に負担がかからない位置で曲がるタイプの機種を選定しました。
③	特殊寝台附属品 / サイドレール	50	本人や寝具の転落を防止するための長さ96cm、マットレスの厚みを考慮した高さ56cmで、上記介護用ベッド◇◇-○◇対応の機種を選定しました。
④	床ずれ防止用具 / 静止型マットレス	500	寝返りや起き上がりが困難で褥瘡のリスクが高いので、身体への接触面積を増やして圧の分散性能に優れ、化学繊維の構造により通気性がよい床ずれ防止用のマットレスを選定しました。
⑤	車いす / 姿勢保持機能付き車いす	1000	座位保持機能があり、拘縮のある股関節に対応可能な角度調整機能付きで付属のクッションの圧分散機能が高い機種を選定しました。
⑥	つり具 / シート型つり具	35000	車いすに座った時の姿勢で、首回りが安定し、右足に拘縮があるのでシート型ハーフサイズのつり具を選定しました。
⑦			
⑧			

留意事項
①リフト使用時つり具がフックにかかっているか、必ずご確認ください。また、このつり具は車いす上では外すことができません。
②ベッドから車いすに乗り移るときは、車いすのブレーキをかけてください。車いすからベッドに移るときは、車いすのブレーキを解除してリフトでつり上げるようにしてください。
③ベッドの背上げ機能を使用されるとき、ご本人がサイドレールにつかまってしまうことがあると思いますので、リモコンを操作するときには布団をめくり、手の挟み込みに注意してボタンを押してください。
④おむつ交換やシーツ交換をするときには、リモコンの「高さ」というところの「↑」というボタンを押し、腰を痛めない高さで使用してください。
⑤車いすのグリップ右側のレバーは背もたれが倒れ、左側のレバーは座面自体が傾きます。1時間に1回程度座面を少し倒したり起こしたり交互にしてください。
⑤お尻が赤くなるようなことがありましたらご連絡ください。マットレスやクッションの見直しが必要かもしれません。

☐ 私は、貸与の候補となる福祉用具の全国平均貸与価格等の説明を受けました。 ☐ 私は、貸与の候補となる機能や価格の異なる複数の福祉用具の提示を受けました。 ☐ 私は、福祉用具サービス計画の内容について説明を受け、内容に同意し、計画書の交付を受けました。	日付	○○年○月○日	
	署名	A	印
	（続柄）代理署名	（ 長女 ）	印

事業所名	板橋事業所		福祉用具専門相談員		C
住所	■■	TEL	00-0000-0000	FAX	00-0000-0000

ふくせん モニタリングシート（訪問確認書）

(1／1枚)

管理番号	
モニタリング実施日	○○年○○月○○日
前回実施日	○○年○○月△△日
お話を伺った人	□利用者　■家族　□他（　　）
確認手段	■訪問　□電話
事業所名	
福祉用具専門相談員	C
事業所住所	
TEL	

フリガナ		居宅介護支援事業所	きたぞの居宅介護支援事業所	担当ケアマネジャー	B
利用者名	A 様	要介護度	5	認定期間	○○年○○月○日～○○年○○月○日

福祉用具利用目標／目標達成状況

#	福祉用具利用目標	達成度	詳細
1	移動用リフトを使用して、一人で車いすへの移乗介助ができる。	□達成　■一部達成　□未達成	お昼ご飯と夕ご飯の時に車いすに乗って食事をしています。まだ浅く座らせてしまうことがあります。
2	特殊寝台を利用して、食事介助や排泄介助時の介護者の負担軽減を図る。	■達成　□一部達成　□未達成	腰までの高さに調整しているので、腰痛になっていません。
3	車いすを利用して、ベッドから離れた生活や外出をすることができる。	□達成　■一部達成　□未達成	浅く座らせてしまうときがあるので、長い時間車いすに乗れません。
4		□達成　□一部達成　□未達成	

利用福祉用具

#	利用福祉用具（品目）／機種（型式）	利用開始日	利用状況の問題	点検結果	今後の方針	再検討の理由等
①	移動用リフト／ベッド固定式リフト		□なし ■あり	■問題なし □問題あり	■継続 □再検討	車いすへの移乗のリフト操作がまだ十分にできていませんが、リフトは使いこなせています。
②	特殊寝台／介護用ベッド◇◇3モーター		■なし □あり	■問題なし □問題あり	■継続 □再検討	高さ調整をうまく使いこなしています。
③	特殊寝台附属品／サイドレール		■なし □あり	■問題なし □問題あり	■継続 □再検討	転落もなく十分な長さと高さです。
④	床ずれ防止用具／静止型マットレス		□なし ■あり	■問題なし □問題あり	■継続 □再検討	マットレスで褥瘡はできていませんが夏場なので汗を多くかいています。
⑤	車いす／姿勢保持機能付き車いす		■なし □あり	■問題なし □問題あり	■継続 □再検討	リフトでの着座の介助で使いこなすことができていないので再度説明が必要と思われます。
⑥			□なし □あり	□問題なし □問題あり	□継続 □再検討	
⑦			□なし □あり	□問題なし □問題あり	□継続 □再検討	
⑧			□なし □あり	□問題なし □問題あり	□継続 □再検討	

利用者等の変化

項目	状況	内容	項目	状況	内容
身体状況・ADLの変化	■なし □あり	食事量も十分で発赤もなく安定していらっしゃいます。	介護環境①（家族の状況）の変化	□なし ■あり	腰痛もなくなりお元気にされています。あと1～2か月したら外出してみたいとのことでした。
意欲・意向等の変化	□なし ■あり	入院中よりもお話しされることが多くなってきました。	介護環境②（サービス利用等）・住環境の変化	■なし □あり	特にお変わりありません。

総合評価

福祉用具サービス計画の見直しの必要性	■なし　□あり

リフトを使用しての車いすへの着座方法を再度説明いたしました。あと1～2か月したら外出してみたいということでしたので、1か月後再度モニタリングにお伺いして、外出時の段差昇降および福祉用具の見直しもしくは住宅改修等検討できたらと思います。

次回実施予定日　　年　　月　　日

6 福祉用具サービス計画書を通じた連携

　サービス担当者会議や退院時カンファレンス等において利用者の情報収集を行い、その情報を共有したうえで、福祉用具専門相談員として積極的に意見をいうことができるよう、福祉用具サービス計画書を利用してもらいたいと思います。

　利用者に対する支援として福祉用具を上手く利用することができるかどうかというのは、福祉用具専門相談員と利用者の間だけでできるわけではありません。福祉用具を使用して生活を送る場面にいる人たちが、なぜ福祉用具を利用しているのか、その福祉用具を利用して利用者はどのような生活を送ろうとしているのか、を理解してさまざまな介護サービス事業者同士が連携をとらなければ、本来の利用者支援にはなりません。特にリハビリテーションや訪問看護、訪問介護等の医療・介護サービスを利用している場合、利用者の能力、介護者の能力にあわせた福祉用具の利用が必要になりますし、リスクマネジメントの点からも正しい使用方法を理解してもらうためにも、福祉用具サービス計画を利用して、積極的に連携を図ってもらいたいと思います。

<参考様式>

福祉用具サービス計画書 点検シート

＊福祉用具サービス計画書についてチェックしてみましょう。

計画書作成者：＿＿＿＿＿＿
点検者：＿＿＿＿＿＿

◎：チェック項目の内容を十分に満たしている。
○：チェック項目の内容をおおむね満たしているが、やや修正すべき点がある。
△：チェック項目の内容があまり満たされておらず、修正が必要な点が多い。
×：チェック項目の内容がほとんど満たされておらず、修正が必要。

	チェック項目	評価 ◎○△×	十分に記載できている点	不足している点	修正内容
1	基本情報が漏れなく、利用計画の根拠となりうるよう、有用な内容で記載されている。				
2	福祉用具が必要な理由（生活全般の解決すべき課題・ニーズ）が、自ら収集した情報をアセスメントした結果に基づいて記載されている。				
3	福祉用具が必要な理由（生活全般の解決すべき課題・ニーズ）が、介護支援専門員が作成するケアプランとの連続性を踏まえて記載され、ケアプランの内容と整合性がある。				
4	福祉用具の利用目標が、福祉用具が必要な理由（生活全般の解決すべき課題・ニーズ）を踏まえて記載されている。				
5	福祉用具の利用目標に、利用者の課題・ニーズの解決に向けて、福祉用具がどういった役割を果たすのか、その結果としてどのような生活を実現しうるのか、が明確に書かれている。				
6	福祉用具の利用目標は、利用者にとってわかりやすく平易な言葉で具体的に書かれている。				
7	福祉用具の利用目標には、モニタリングで達成状況を検証できるよう、利用者の生活と利用する福祉用具の関係について具体的に記載されている。				
8	選定された福祉用具の機種（型式）ごとの選定理由が記載されている。				
9	福祉用具の選定理由として、利用者の状態像等（心身の状況、ADL、介護環境、住環境等）や利用目標を選定した理由が記載されている。				
10	福祉用具の選定理由は、利用者にとってわかりやすく平易な言葉で具体的に書かれている。				
11	留意事項として、福祉用具を適切に利用するために留意すべきことが記載されている。				
12	留意事項として、利用者の状態や福祉用具の利用場所の特性等に応じて、発生しうる事故を防止するために留意すべきことが記載されている。				

モニタリング記録 点検シート

*モニタリング結果についてチェックしてみましょう。

計画書作成者 _____　　点検者 _____

	チェック項目	評価 ◎○△×	十分に記載できている点	不足している点	必要な視点・対応	修正内容
1	福祉用具利用目標がモニタリングの記録において再確認されている。					
2	福祉用具利用目標の達成状況の判断が的確であり、その理由が明確に記録されている。					
3	貸与された福祉用具を再確認しているとともに、それらについて各々、問題発生の有無の判断がなされている。					
4	メンテナンスを行っており、その確認状況が記録されている。					
5	福祉用具の継続利用か、否かについて的確に判断され、その理由が記録されている。					
6	福祉用具の導入によって起こった、利用者の心身の状況やADLの変化を適切に記録している。					
7	福祉用具の導入によって起こった、本人の意欲や移行等の変化について的確に記録されている。					
8	福祉用具の導入によって起こった、主たる介護者をはじめとする家族の状況の変化について、的確に記録されている。					
9	その他サービスの利用状況や住環境の変化について、記録されている。					
10	導入された福祉用具について、継続利用なのか、一部および全部を更新させるのかについての総合的な判断がなされており、その理由は明確である。					

第5章 業務プロセスに関する知識と技術

第2節 ケアチームにおける福祉用具専門相談員の役割

1 人間の尊厳の理解

人間の尊厳とは、社会福祉援助活動での思想的背景ともいえる、平等、人権、ヒューマニズム、自由主義、社会正義といった広く民主主義社会に認められている「価値」の一つです。言い換えると、私たちが社会福祉援助活動を担うに際して、すべての実践での共通原理となる「人間理解」の基本的考え方です。

尊厳とは、人を何らかの属性で評価する有用価値ではなく、その存在に唯一絶対の価値、つまり誰もが存在しているそのことに意味があり、併せて人間としてすべての人に尊重され、生活支援の根拠となるものです。

高齢要援護者らの加齢、病気、障害などに伴う生活上の支障や困難に対して、介護保険など社会制度を用いて生活支援を図る福祉実践では、支援専門職として備えるべき基本姿勢ともいえます。

人間の尊厳は、具体的には「世界人権宣言」(1948年、第3回国際連合総会にて採択)や日本国憲法第13条に**基本的人権**として位置づけられています。そして、「介護保険制度」では、介護保険の目的は要介護者の尊厳の保持と、能力に応じた自立した生活を営むことができるようにすることであり、人間の尊厳と自立についての理念を示し、また、その内容には介護福祉の基本となる考え方が含まれています。

> 【介護保険法】
> 第1条(目的) この法律は、加齢に伴って生ずる心身の変化に起因する疾病等により要介護状態となり、入浴、排せつ、食事等の介護、機能訓練並びに看護及び療養上の管理その他の医療を要する者等について、これらの者が尊厳を保持し、その有する能力に応じ自立した日常生活を営むことができるよう、必要な保健医療サービス及び福祉サービスに係る給付を行うため、国民の共同連帯の理念に基づき介護保険制度を設け、その行う保険給付等に関して必要な事項を定め、もって国民の保健医療の向上及び福祉の増進を図ることを目的とする。

2 ケアマネジメントの理解

(1) ケアマネジメントとは

介護保険制度を通じて広く社会的に知られるようになった**ケアマネジメント**は、もともとソーシャルワークでの、社会福祉援助技術の一つの手法(=手段)として誕生しました。1970年代後半のアメリカで精神障害者の地域生活移行を契機に、長期療養が必要な要介護者の在宅生活支援などへも拡大、さらにイギリスでの困窮者をはじめ多様な要援護者を地方自治体レベルで支える

「コミュニティケア法」にも位置づけられ、わが国では「介護保険制度」の中核機能として導入されました。

ケアマネジメントとは「利用者の社会生活上でのニーズを充足させるため、利用者と適切な社会資源とを結びつける手続きの総体[1)]」と定義されています。

つまり、加齢や病気などで心身機能や日常生活に不自由や障害を抱え、介護等何らかの援助が必要な状態になるなど、地域での生活が難しくなった人々に対して、地域のなかで引き続き生活ができるよう、その実現を図ることです。具体的には、生じた課題（＝ニーズ）の解決等を図るために必要な保健・医療・福祉サービスなどを軸に、家族や知人・友人、ボランティアなど地域の多様な資源を調整・提供し、要援護者の生活の質を高めるとともに**自立支援**を目指して、支援を提供することです。

(2) ケアマネジメントの機能

ケアマネジメントは、単にニーズとサービスを結びつける調整機能を意味するものではありません。支援の提供までには一連の相談援助のプロセスがあり、これらを時系列的に踏まえながら支援を行います。

そこではケアマネジメントの鍵となる機能、**アセスメント**、**計画作成**、**介入**、**モニタリング**、**評価**が必ずあり、これらを実践することを通じて、利用者や家族の生活力を高めることに始まり、代弁、サービス提供者やソーシャルネットワークへのはたらきかけ、新たな支援ネットワークの形成やサービスの開発、さらに利用者・家族の**権利擁護**のための橋渡しをするなどの役割があります。

(3) 介護保険制度とケアマネジメント

介護保険制度ではケアマネジメントが、ケアマネジャー（介護支援専門員）が行う業務の流れに即して、その思考回路、機能、作業内容として導入されています。介護保険法でのケアマネジメントは**居宅介護支援**と称され、その定義は同法第8条第24条に規定されています。

「居宅介護支援」とは、要介護者に対するケアマネジメントのことです。『「利用者」が地域で生活するためのニーズ充足するために、その方々と社会資源をもっとも適切な形で結びつける手続きの総体』（一般社団法人日本介護支援専門員協会、2012）といえます。

(4) ケアマネジメントプロセスと概要

ケアマネジメントは以下のプロセスに沿って、時間の経過とともに重層的に進行していきます。

① 受付・初期面接相談（インテーク）

受付では、利用申込者からの相談対応をし、利用者が介護保険制度の対象者か否か、緊急性の有無などを判断します。

初期面接相談では、実際に利用申込者宅を訪問、利用者・家族などから情報を収集します。収集する情報は、「介護サービス計画書の様式及び課題分析標準項目の提示について」（平成11年11月12日老企第29号）に規定されている**課題分析標準項目**です。重要事項説明書（事業所の事業内容やケアマネジャーの業務内容等を記載）の説明をしたうえで、居宅介護支援の受託契約を結びます。

② アセスメント（解決すべき課題の把握）

　アセスメントとは、利用者から情報を収集し、その情報から課題を分析、そして解決すべき**課題（ニーズ）**を明らかにすることです。受付や初期面接相談では、このことを想定して、利用者の全体像が把握できるよう情報収集をします。アセスメントには利用者や家族の参加も重要です。

③ ケアプラン原案の作成

　ケアプラン原案は、必要なケア内容や提供期間を検討するために作成されるもので、利用者の望む暮らしの実現のために明確になった課題や目標を設定します。援助内容として、サービス内容やサービス種別、サービス提供事業所などを記載します。利用者の自立支援にかかわる**ケアチーム**とその役割の基本的な概要を示すものです。

　介護サービス計画は、一般に**ケアプラン**（居宅サービス計画または施設サービス計画）といわれています。ケアプラン作成は、①利用者の生活全般のアセスメント結果に基づいたものであること、②利用者や家族などが作成過程に参加していること、③解決すべきニーズからの目標を実現するものであること、④フォーマル・インフォーマル両サービスが含まれていること、⑤利用者・家族の経済的要件に配慮があること、⑥特定期間の有期限であること、そして標準化された計画用紙に記載されることが原則です。

④ サービス担当者会議

　サービス担当者会議は、利用者・家族、そしてケアチームが一堂に会して、利用者・家族の意向に対するケアプランの具体的内容と役割分担を決定する場です。ケアプラン上に位置づけられた課題と目標を、出席者全員が理解し、ケアプランの内容を検討します。確定後、サービス提供事業所では、改めて利用者のアセスメントを行い、ケアプランに沿って**個別サービス計画**を立て、利用者・家族への説明後契約を経て、サービスの利用となります。

⑤ ケアプランの実行（サービスの導入）

　ケアプランに位置づけられた支援の実行です。実際にはサービス提供事業所が担います。ケアプラン全体としてのスムーズな稼働のためにケアマネジャーによる居宅介護支援（必要な連絡・調整）も行われます。

⑥ モニタリング（追跡・把握）

　ケアプランの実行と同時に、モニタリングが始まります。モニタリングとは継続的な計画やサービスの実施状況の追跡と把握をすることです。提供サービスの効果がない場合や、新たなニーズが発生した場合には、「見直し」を図り、再アセスメントを行いケアプランの変更となります。ケアマネジャーは、少なくとも1月に1回、利用者宅を訪問して面接し、モニタリング結果を記録します。

(5) ケアマネジメントと福祉用具サービス計画

　介護保険制度での「福祉用具」の利用は、まずはケアマネジャーが利用者の生活支援における福祉用具の必要性を判断し、ケアマネジメントプロセスにおいて位置づけられることが前提です。そのうえで、福祉用具専門相談員が該当利用者の居宅サービス計画の内容に沿って、**福祉用具貸**

与計画または特定福祉用具販売計画を作成し、用具の提供となります。具体的には、福祉用具専門相談員がインテーク（利用者・家族との面接）、アセスメント（情報収集と分析・用具ニーズの把握）、用具プラン作成（目標・援助方針、選定用具等内容と種別・期間）、実際の提供、モニタリングを行います。

インテークでは、面接に加え必ず利用者の生活環境（住居等）の確認が大事です。入院加療後初めての介護保険利用者など、病院でのサービス担当者会議後、即帰宅などの利用者へは、事前の自宅訪問が望まれます。

用具プラン作成では、面接、アセスメントの結果から、生活上の困りごとと、その要因の明確化を通じて生活ニーズを抽出、目標を設定します。支援内容である福祉用具は、単に利用者や家族の希望からではなく、利用者の自立支援や介護負担の軽減といった具体的な目標を達成するもので、用具の必要性に根拠を置いたものです。

モニタリングには、初回のサービス導入後あまり日を置かず行う初期モニタリングと、その後の継続モニタリングがあります。初期では提供上での問題や課題の有無の把握などを、継続では利用状況の定期的な追跡により、目標の達成状況の確認（短期目標の到達、利用者や家族の生活状況全体と変化等）、新たな課題の出現の有無などを知ることができます。

モニタリングの結果、把握できた情報は速やかにケアマネジャーやリハビリテーション専門職などへの報告や連絡とともに、必要時には利用用具の機種変更や、再アセスメントを図り、用具プランの再提案なども行うことが必要です。

福祉用具専門相談員は、介護保険要支援者・要介護者の生活支援チームメンバーとして、利用者や家族を軸にケアマネジャーや主治医、看護師、リハビリテーション専門職らと連携を図り、協働を推進していくマネジメント力の育成が不可欠です。

3 ケアチームにおける福祉用具専門相談員の役割

ケアチームとは、利用者を中心とした支援チームのことを指します。そこには、医師や看護師、ケアマネジャーをはじめとする各種の専門職を含み、福祉用具専門相談員も、専門職としてチームの構成員となります。

一方、専門職以外の利用者を支える人々も、ケアチームの構成員になります。例えば、利用者の家族や友人、知人などです。このチームには、直接的に援助を担う構成員もいれば、利用者の精神的支援を行う構成員もいます。そのようなチームにおける、福祉用具専門相談員の役割を確認します。

(1) 介護保険制度の位置づけ

介護保険制度における福祉用具専門相談員は、福祉用具選定の援助、適合状況の確認、福祉用具サービス提供後のモニタリングから効果等の評価までを支援する専門職です。「指定居宅サービス等の事業の人員、設備及び運営に関する基準」において、ケアマネジャー等との連携が位置づけられています。

(2) チームアプローチ

ケアマネジャーが作成するケアプランは、利用者の自立生活を支援するための目標が記載され

ています。併せて、ケアプランは、各専門職種がそれぞれの役割と専門性から目標に向かって取り組む内容が記載されます。福祉用具専門相談員は、ケアプランに位置づけられた役割に基づき、福祉用具サービスの提供を通じて、利用者の目標に向けた支援を行います。

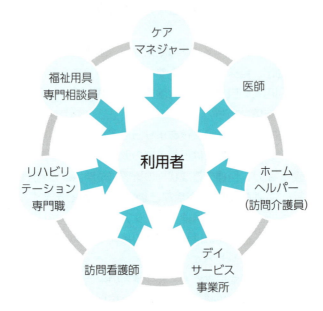

図5-1 チームアプローチ

(3) チームメンバー同士の連携

ケアプランに基づくサービス担当者は、各専門分野の取り組みを行うだけでなく、サービスを提供したことによる利用者の変化などを、チームメンバーと共有し、その変化に基づくサービス提供がなせるように、チームメンバー間の連携を図ります。福祉用具専門相談員は、福祉用具サービスの提供によって得られた変化を、モニタリング等を通じて把握し、その状況等をチームメンバーと共有します。

> **利用者の変化**
> サービス提供後の利用者状況を必ず確認しましょう。福祉用具を活用することにより、利用者の暮らしにどのような変化が生じたのか、把握することは重要です。
> 例えば、福祉用具の活用により今までできなかった生活行為ができるようになった、あるいは、活動または行動範囲が広がることにより意欲が高まり、前向きに生活を送ることができるようになった、などさまざまでしょう。
> 一方、福祉用具の活用による廃用症候群や不適切な使用による誤用症候群が発生していないか確認をすることは重要です。利用者の状態に変化が生じ、できていたことができなくなったなど、悪化の危険性が含まれます。
> 以上のことから、利用者の変化には十分に留意し、変化を把握した際には、ほかのチームメンバーと共有することは、チームの一員としての務めです。

(4) チームメンバー同士でお互いの意見を取り入れる

　チームメンバーはお互いに専門性が違います。つまり、ほかのチームメンバーは自分にはない専門性をもっていることになります。自身のサービス提供にあたり、ほかの専門職からみた援助にあたっての留意事項等は、自身では気づかなかったサービス提供の視点が含まれています。ほかのチームメンバーの意見にも耳を傾け、その意見も取り入れた援助が望まれます。福祉用具専門相談員においても、福祉用具の選定において、利用者の動作状況や禁忌事項などから、リハビリテーション専門職などの意見はとても重要になります。

　一方、福祉用具専門相談員から利用者へ日常生活における福祉用具の活用上の留意事項を伝えることは、誤用防止の観点からも重要になります。チームメンバー同士で、お互いの意見を取り入れられるように、チームメンバー間の良好な関係づくりを行いましょう。

4 サービス担当者会議

　居宅介護支援の運営基準に規定されるサービス担当者会議の目的は、①利用者の状況等に関する情報を担当者と共有すること、②ケアプラン原案の内容について、担当者から専門的見地からの意見を求めること、とあります。福祉用具専門相談員は、サービス担当者会議を通じてチームケアに取り組みます。

(1) サービス担当者会議の目的

① 支援チームの方向性を定める

　利用者や家族を中心としたケアチームのメンバーが、サービス提供を通して利用者のどのような自立生活を支援していこうとするのか、目標の共有を図ることが大切です。目標を共有することで、それぞれの専門性に基づくサービス提供が可能となります。

　福祉用具専門相談員は、ケアチームの一員として、利用者の望む暮らしについて福祉用具サービスを通じ、ほかの専門職との協働のなかで、どのように支えていく役割があるのか、把握することが大切です。

② アセスメントの共有

　サービス担当者会議においては、ケアマネジャーが把握したアセスメントの結果が紹介されます。利用者の現状を、身体的、精神的、社会的な総体と捉え、現状の暮らしづらさの原因分析と、その状況の解消に向けた改善方法の検討、その結果、利用者が一定期間のなかで、どのような変化が生じるかという見通しを示します。

　福祉用具専門相談員を始めとするサービス担当者は、サービス担当者会議を通じて、ケアマネジャーのアセスメントの結果の共有と改善方法たる支援方法の工夫や対応策などを提案します。いわゆる、専門的見地からの意見を述べることになり、見通しのなかで描く目標も検討していきます。

③ ケアプランの練り上げ

　サービス担当者会議における、アセスメントの共有と対応策の検討は、ケアプランを利用者

の望む暮らしを実現するものへと練り上げていく場となります。また、ケアチーム同士の見立てや可能性の検討意見は、それぞれの専門性を確認する場となり、チームケアの実施において、各専門職同士の連携を促進していくことになります。

　福祉用具専門相談員は、利用者の状態や目標から、適切な福祉用具の選定提案を行います。その際、アセスメントの共有等により得られた情報から、福祉用具が必要な理由と提案理由をともに伝え、そのうえで、福祉用具サービスの利用をした結果、利用者自身や利用者の暮らしがどのように変化するか、そのイメージを共有できるようにします。

④　説明と同意

　サービス担当者会議における、各サービス担当者からの専門的見地からの意見は、利用者や家族にとって、ケアプラン原案に位置づけた各種サービスが、どのようなサービスの提供を行うのかという説明の場面であり、そのサービスの利用をするという利用者や家族の表明は、同意を得られたことを指すものでもあります。

　福祉用具専門相談員においても、福祉用具の選定の提案や提案理由、福祉用具サービス利用上の留意事項等を説明することが大切です。その説明事項について、質問を受け、答えていくことで、利用者自身が安心かつ納得して福祉用具サービスを利用することにつながります。

(2) サービス担当者会議の開催準備および進行と会議終了後

① 開催準備

　サービス担当者会議におけるケアマネジャーの役割に開催準備があります。開催準備は、おおむね、①会議資料づくり、②開催の日程調整、③開催当日の進行です。

　会議資料づくりについては、利用者や家族とともに作成してきたケアプラン原案の内容の確認や、その他利用者の同意が得られた資料（アセスメントの結果としての課題整理総括表や主治医意見書、サービス担当者からの照会内容）を準備します。

　開催の日程調整については、関係者全員が参加できる工夫をしつつ会議の目的に合わせた参加者を優先して調整を行います。また、サービス担当者は出席がかなわない場合も生じてきます。その場合はケアマネジャーがサービス担当者に対する照会依頼を行います。福祉用具専門相談員には、この時点で召集連絡が入ることになります。

　開催当日の進行について、ケアマネジャーは出席するサービス担当者へ求めたい意見などの調整や進行上の時間管理について検討し、会議召集の連絡の際に各担当者へ意見の持ち寄りを依頼します。

　サービス担当者会議の参加ができない担当者がいる場合、ケアマネジャーは会議の目的に沿って意見の照会を行うことになります。福祉用具専門相談員についても、サービス担当者会議への出席がかなわない場合は、ケアマネジャーからの照会に応じ、サービス担当者会議における意見として利用者へ伝えることができます。

② 当日の進行

　ケアマネジャーが実施するサービス担当者会議の進め方と留意点の例です（**表5-15**）。

表 5-15 サービス担当者会議の進め方と留意点（例）

	項目	内容・留意点など
01	開会の挨拶	・ケアマネジャーが行う。
02	参加者の紹介	・ケアマネジャーが利用者に対して、サービス事業者を紹介する。自己紹介形式でもよい。
03	利用者からの「希望」の表明	・利用者が自分の口から希望を述べることは非常に重要である。ただし、いきなり自分から「こうしてほしい」と言いにくい利用者の場合には、「以前にうかがっていましたように、〇〇といったご希望をおもちでしたね」と水を向けていくと、利用者も話しやすい。 ・家族が同席する場合、家族の希望・意向を聞く。 ・利用者が自分で「希望」を表明できないときには（あるいは、どうしても利用者がサービス担当者会議に出席できないときなど）、ケアマネジャーが利用者の希望を代弁する。
04	課題分析の概要の説明と確認	・利用者のプロフィールを紹介するのではなく、利用者が在宅生活を継続するにあたって困っている事柄を中心に、ポイントを簡潔に説明する。あるいは生活ニーズのみを紹介する。 ・利用者にも「こういうことでしたね」と確認する。
05	「総合的な援助方針」の説明と確認	・「総合的な援助方針」を説明し、利用者にも確認する。 ・「総合的な援助方針」には、利用者の希望が反映されていること、「自立と QOL」を支援する方向性であることが求められる。
06	ケアプラン（原案）の提示と確認	・「総合的な援助方針」に沿って、生活ニーズに対応してどういったサービスが、どのように組み込まれているか、ケアプラン（原案）を簡潔に説明する。 ・担当者会議がケアプランの変更・修正のための会議である場合、前回からの変更点と理由について説明する。
07	各サービス事業者からの専門的な意見の聴取・意見交換	・提示された「総合的な援助方針」「ケアプラン」に沿って、サービス事業者はそれぞれの専門性から、ケアプランの内容について意見を述べる。 ・これは、問題解決型のカンファレンスではなく、ケアプラン（最終案）をよりよいものにしていくための意見交換である。意見交換、説明にあたっては、専門用語を使わず、利用者が十分理解できるように配慮する必要がある。 ・利用者が理解できない場合には、ケアマネジャーは話されている内容について利用者にわかりやすく説明する。
08	ケアプラン（原案）の部分修正	・意見交換からケアプランの修正案が出た場合、その内容について検討する。 ・その都度、利用者に説明するとともに、利用者の意向も確認する。 ・自己負担額が変更される場合には、その額についても確認する。
09	利用者・家族への修正されたケアプランについての合意	・修正されたケアプランについて、利用者の意見を求め、合意を図る。 ・利用者が納得してサービスを使いはじめるためには、疑問はどのような些細なことでも解消しておくことが必要である。
10	各サービス事業者への役割分担の確認	・サービス事業者ごとに、ケアプランに照らし合わせてそれぞれの役割を確認する。 ・一部負担金の関係で、必要と思われるサービスを削ってケアプランを修正した場合には、サービス事業者―特に訪問介護、訪問看護事業者等日常的にかかわる機関―に対して、その削ったことのしわ寄せが介護者の介護負担に影響することを考慮し、モニタリングのポイントを明確にしておく（ただし、この議論を会議の席上で行うか否かは、ケースバイケースである。利用者にその旨承を取っている場合は会議上で話題にすることは構わないが、そうでない場合には、会議終了後、別の機会を使って、事業者に連絡・依頼する）。
11	閉会の挨拶	・利用者に対しては「サービス利用において何か不都合が起こった場合には、遠慮なく私（担当ケアマネジャー）に連絡をください」、事業者にたいしては「（モニタリングのポイントとなるような）変化が起こってきたら、連絡をください」、連携の窓口はオープンにされていることを、改めて説明しておく。 ・利用者に対する今後の協力を約束し、利用者、事業者それぞれに時間をとってもらったことへの謝辞を述べ、閉会する。

出典：福富昌城「介護保険制度におけるサービス担当者会議の課題」『滋賀文化短期大学研究紀要』第10号、84〜85号、2001年を一部改変。

③　サービス担当者会議終了後

　　サービス担当者会議で確定したケアの内容、役割分担の内容等に基づき、福祉用具サービス計画書を作成し、利用者および家族へ当該計画の説明を行い、同意を得ます。同意を得た福祉用具サービス計画書は、利用者へ交付することと、ケアマネジャーへも交付することを、忘れないようにしましょう。

5　医療・福祉の多職種連携

　多職種連携が必要な背景は、利用者の生活支援にあります。利用者の生活を支えるには、医療の視点や福祉の視点を織り交ぜたかかわりが必要になり、お互いがチームとして協働することが大切です。福祉用具専門相談員においても、「指定居宅サービス等の事業の人員、設備及び運営に関する基準」より、事業者として「居宅介護支援事業者その他保健医療サービス又は福祉サービスを提供する者との密接な連携に努めなければならない」と、規定されています。福祉用具サービスの提供においても、多職種との連携を積極的に図りましょう。

(1) 多職種連携の意義と目的

① 　利用者の身体的側面、心理的側面、社会的側面へのアプローチ

　　利用者らしい生活の支援には、利用者を全人的に捉える必要があります。ライフステージによる特徴や疾病等による変化などを踏まえ、利用者らしい暮らしへのアプローチを行っていく必要があります。そのためには、身体面だけや心理面だけ、あるいは、社会面だけのアプローチではなく、利用者の状況に応じた各側面からのアプローチによって多職種の連携により利用者らしい暮らしの実現を図ります。

② 　職種の機能

　　多職種連携においては、それぞれの職種の専門性や機能をお互い把握することが大切です。チーム間においても、お互いを知り合うためにも、自分たちがチームのなかで何ができるかをしっかりと伝えていくことは大切です。福祉用具専門相談員においても、自らの専門性を示すことはとても重要です。特に、アセスメントから選定提案を経て、計画作成をし、計画の実施後のモニタリングなど、実践プロセスを示すことで、ほかの職種との具体的な連携場面や連携内容を明らかにすることができます。

③ 　チーム内での役割

　　ケアチームにおいては、それぞれの専門性により役割が示されます。一方、ケアの内容によっては、かかわるすべてのチームメンバーが意識することも生じてきます。それは、自らが利用者にかかわった際の利用者の状況、居宅等の環境状況、家族等の様子など訪問時における利用者の様子をチームメンバーと共有することです。福祉用具専門相談員においても、モニタリング等で自宅へ訪問した際に、福祉用具の点検等は当然のこと、利用者や家族とのコミュニケーションからサービス利用状況や意向の確認、体調面や生活環境面などを把握してきます。そこで把握した利用者の声や様子などをチームメンバーへ報告し、共有することがチーム内のコミュニケーションを促進し、チーム力を強化していきます。

(2) 地域ケア会議への参画

① 地域ケア会議とは

地域ケア会議は、地域包括ケアシステムの実現に向けた手法として、高齢者個人に対する支援の充実（在宅生活の限界点の引き上げ）とそれを支える社会基盤の整備（地域づくり）を同時に図っていくことを目的としています。

具体的には、地域の援助者を含めた多職種による専門的視点を交えて、適切なサービスにつながっていない高齢者の援助や地域で活動するケアマネジャーの自立支援に資するケアマネジメントを援助するとともに、個別ケースの課題分析等を通じて地域課題を発見し、地域に必要な資源開発や地域づくり、さらには介護保険事業計画への反映などの政策形成につなげることを目指すものです。

図5-2　「地域ケア会議」の5つの機能

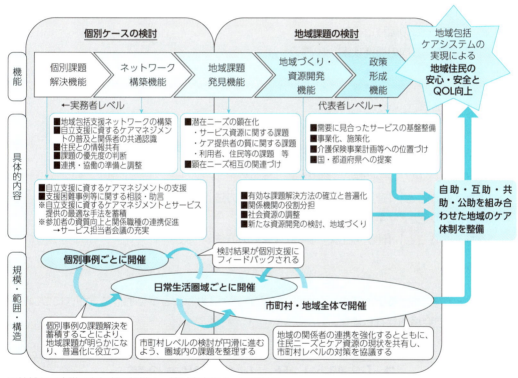

※地域ケア会議の参加者や規模は、検討内容によって異なる。

② 住まいと住まい方の支援の必要性

地域には住宅改修未実施、築年数が古くバリアフリー対応が不十分など、住まいに関する課題も多く、地域で暮らし続けるための、住まいの確保と住まい方の支援など、地域ごとで検討が必要になっています。福祉用具専門相談員としても、地域ケア会議への参画を通じて個別の利用者の検討からほかの利用者にも通ずる地域における課題を発見し、地域での解決方法の検討や必要に応じて政策提言につなげることなど、地域づくりへ関与することが期待されています。

6【演習①】ケアマネジャーとの連携

(1) 演習の目的

　本演習においては、提出事例の活用により、①ケアチーム内における福祉用具専門相談員の役割、②ほかの専門職との連携、③ケアマネジャーとの連携、の具体的な方法や工夫等についてグループディスカッションを行い、今後の実践力の向上を狙いとしています。

(2) 演習の方法

① 提出事例の活用
　　提出事例の連携状況等を確認します。
　① 事例のプレゼンテーション
　　　ⅰ　事例の概要
　　　ⅱ　ケアチームの職種と役割
　　　ⅲ　ケアチーム内の連携状況　など
　② 質疑応答

② グループディスカッション（例）
　・事例における福祉用具専門相談員の役割
　　「チームメンバーとして、できそうなこと」「連携の工夫」　など
　・事例におけるほかの専門職との連携
　　「連携すべきこと」「連携の工夫」「円滑な連携の方法」　など
　・事例におけるケアマネジャーとの連携
　　「連携すべきこと」「連携の工夫」「円滑な連携の方法」　など

③ 発表
　　グループ内におけるディスカッションの内容やディスカッションにおける気づきについて、発表を通じて会場で共有します。

7【演習②】サービス担当者会議

(1) 演習の目的

　模擬サービス担当者会議の演習を通じて、サービス担当者会議において福祉用具専門相談員の役割を、利用者を中心としたケアチームのメンバーへ適切に伝えることができることを狙いにしています。

(2) 演習の方法

① 提出事例の活用
　　提出事例の内容確認をします。ケアプラン、福祉用具サービス計画書、その他家屋図などか

② 役割決め
　ケアプランに位置づけられている、利用者、家族、福祉用具専門相談員、ケアマネジャー、その他サービス事業者等の各担当者の役割を担います。

③ ロールプレイの実施
　ケアマネジャー役の進行に基づき、模擬サービス担当者会議を実施します。

④ 振り返り（グループディスカッション）
　それぞれの役割から、役割を実施してみての気づきや感想および福祉用具専門相談員としてケアチームメンバーへ、適切に役割を伝えるための工夫や配慮についてディスカッションを行います。

⑤ 発表
　グループ内におけるディスカッションの内容やディスカッションにおける気づきについて、発表を通じて会場で共有します。

【演習の進め方】

指導項目	概要	進め方（例）	指導方針	教材
導入 （2分）	・あいさつ ・事務的な連絡など	・講義		
講義 （45分）	・本講義の意図 ・ケアマネジメントプロセスとの関係性 ・利用者の尊厳配慮 ・専門相談員としての役割など	・講義	・ディスカッションへの前段としての位置づけ ・評価の際の視点であること	・パワーポイント
演習 （35分）	・アイスブレイク ・事例提出者による説明 ・事例を用いて、ケアチーム内での福祉用具専門相談員の役割、ほかの専門職とのかかわり方や連携の工夫等についてディスカッション	・グループディスカッション	・相互の気づきの共有	・事例1
発表 （15分）	・グループでの気づきについて発表	・発表	・相互の気づきの共有	
演習 （25分）	・サービス担当者会議のロールプレイング	・グループディスカッション	・相互の気づきの共有	
発表 （20分）	・グループでの専門職種に伝えるための工夫や配慮について発表	・発表	・相互の気づきを伝える力の共有	
まとめ （8分）	・講師による全体コメント ・質疑応答	・まとめ	・伝える力の必要性を認識する	

第5章　業務プロセスに関する知識と技術

> **チェックポイント**
>
> 　利用者の人権と尊厳を保持したかかわりを行う際の留意点、ケアマネジメントや介護予防、多職種連携の目的を的確に説明できるか。
> 　ケアプランと福祉用具サービス計画の関係性を踏まえ、福祉用具サービス計画について、ケアマネジャーおよび他職種にもわかりやすく説明できるか。
> 　ケアチームにおける福祉用具専門相談員の役割を説明できるか。
> 　専門性を発揮するためのポイントやその具体的な方法について、説明できるか。

【引用文献】

1）白澤政和「ケアマネジメントの概要」『新版・社会福祉学習双書』編集委員会編『新版・社会福祉学習双書⑰　ケアマネジメント論』全国社会福祉協議会、4頁、2002年

【参考文献】

デイビット・P.マクスリー、野中猛・加瀬裕子訳『ケースマネジメント入門』中央法規出版、1994年

「新版 社会福祉学習双書」編集委員会編『新版 社会福祉学習双書⑧　社会福祉援助技術』全国社会福祉協議会、2007年

黒澤貞夫『介護福祉士養成テキスト1　人間の尊厳と自立──生活支援場面における「人間」の理解』建帛社、2009年

介護支援専門員実務研修テキスト作成委員会編『六訂 介護支援専門員実務研修テキスト　上巻』一般財団法人長寿社会開発センター、2016年

介護支援専門員実務研修テキスト作成委員会編『六訂 介護支援専門員実務研修テキスト　下巻』一般財団法人長寿社会開発センター、2016年

野中猛・野中ケアマネジメント研究会『多職種連携の技術（アート）──地域生活支援のための理論と実践』中央法規出版、2014年

一般社団法人全国福祉用具専門相談員協会編『福祉用具サービス計画作成ガイドブック　第2版』中央法規出版、2018年

一般社団法人シルバーサービス振興会編『新訂福祉用具専門相談員研修テキスト　第2版』中央法規出版、2018年

遠藤英俊監、前沢政次編集代表、2訂／介護支援専門員研修テキスト編集委員会『2訂／介護支援専門員研修テキスト　主任介護支援専門員更新研修』一般社団法人日本介護支援専門員協会、2018年

地域ケア会議実践事例集作成委員会『地域包括ケアの実現に向けた地域ケア会議実践事例集──地域の特色を活かした実践のために』厚生労働省老健局、2014年

第3節 業務プロセスに関するスキルの向上

1 介護保険制度における福祉用具の供給

(1) 指定福祉用具貸与（販売）の基本取扱方針

> 「利用者の要介護状態の軽減又は悪化の防止並びに利用者を介護する者の負担の軽減に資するよう、その目標を設定し、計画的に行わなければならない。」

　介護保険制度において、福祉用具貸与（販売）のサービス提供者である福祉用具専門相談員が遵守すべき大原則に指定福祉用具貸与（販売）の運営に関する基準の基本取扱方針（第198条・第216条）があります。この基本取扱方針こそが、福祉用具貸与（販売）サービスを提供していくうえでの判断と行動の基準となることを福祉用具専門相談員は確認するとともに、方針に沿って、実践することが求められています。

　福祉用具専門相談員は、利用者が望む生活とその生活を支える家族や介護者の生活さえも包括的に捉え、捉えた課題を整理し、課題を解決する手段として、介護保険制度における**福祉用具サービスに変換する役割**を担っています。基本取扱方針に示されている目標の設定と計画的なサービス提供が担保されるために福祉用具専門相談員が介在しているといっても過言ではありません。

(2) 福祉用具貸与（販売）のサービスプロセス

① ケアプラン

　ケアマネジャー（介護支援専門員）が作成するケアプラン（居宅サービス計画または施設サービス計画）が、利用者が活動しやすい環境を整えていく出発点となりますが、ここで注意すべき視点として、福祉用具の必要性を専門職として客観的に評価することが重要となります。言い換えると、福祉用具を使わなくても同じ生活行為が行えるかどうかというアセスメントの視点です。客観的な事前評価の視点を踏まえたうえで、真に必要とされる福祉用具を使用することで、できなかったことができるようになるか、できることが増えるか、日常的に行っていることがより安定して行えるか、介護負担を軽減できるか、といった**自立支援と生活行為の実現**の観点からケアプランの理解を深めることが重要となります。

> **チェックポイント**
> 　福祉用具の必要性を専門的立場から客観的かつ自立支援の視点で検証するために、解決すべき課題や短期目標・長期目標に記載されている生活目標など、ケアプランの理解を深められているか。

② 受付・相談と情報集約

　ケアプランの生活目標に沿って、利用者の「したい」「してみたい」を実現するための具体

な福祉用具選定の入り口です。支援を必要としている利用者を取り巻くさまざまな情報の集約と課題の整理が必要となります。情報を収集するための手段や窓口を増やし、面接技術を向上させることで、より多くの情報を得ることができます。

　リハビリテーション専門職、訪問介護員、訪問看護師など医療・介護福祉職に限らず、地域の民生委員、成年後見人、保険者など利用者を取り巻いている幅広いネットワークづくりや他職種との円滑な会話や相互理解の基礎となる共通言語の習得から始まるコミュニケーションスキル、利用者と同じ目線に立ち、**利用者の希望や意向に寄り添う**ことで磨かれる観察力と気づきが重要となります。

> **チェックポイント**
> 利用者・家族を取り巻く多職種とのネットワークづくりと受付・相談シーンにおける情報収集のためのコミュニケーションスキルや観察力を「気づき」の視点から習得できているか。

③　福祉用具の選定と福祉用具サービス計画書の作成

【基本情報】

　利用者の意向を踏まえたうえで、受付・相談で収集した情報を整理・分類し、適切な福祉用具の選定につなげるためには、収集した状況が**見える化**されることが重要となります。情報集約と課題の整理分類ツールとして福祉用具サービス計画書の【基本情報】を活用します。

　運営基準（第199条の2第1項）で義務づけられている「利用者の希望、心身の状況及びその置かれている環境を踏まえ」の部分は、この【基本情報】によって担保され、記録化することができるのです。この基本情報は次工程である【選定提案】【利用計画】の根拠となる部分であり、サービス提供開始時からの変化を記録することができますので、提供したサービスの振り返りの際にも重要な情報源となることを念頭に支援経過記録としての活用も期待されています。

> **チェックポイント**
> 福祉用具サービス計画書【基本情報】シートをサービス提供の根拠となる情報整理のツールとするとともに、状態変化や環境変化に伴う支援経過記録としての活用ができているか。

【選定提案】

　2018（平成30）年度から新たに義務づけられた「機能や価格帯の異なる複数商品を提示すること」「全国平均貸与価格と貸与事業者の貸与価格の両方を利用者に説明すること」に対応するとともに、これまで福祉用具専門相談員が頭の中で組み立てていた選定プロセスを「見える化」する役割が【選定提案】です。

　介護保険制度の理念である**利用者の「自己決定と自己選択」**を後押ししていく意味においても、福祉用具専門相談員が【選定提案】を活用する意義は大きく、自らの存在価値を高めていくうえで必要不可欠なプロセスとして定着させていかなければなりません。

> **チェックポイント**
> 介護保険制度の理念への理解を深めるとともに、制度改正に対応する【選定提案】の意義を通して、福祉用具専門相談員の存在価値を示す必要不可欠なプロセスとして定着させていく取り組みが実践できているか。

【利用計画】
　ケアプランで示されている解決すべき課題に対して、受付・相談によって把握・整理した情報をもとに、候補となる複数の福祉用具の提案並びにその貸与価格・全国平均貸与価格の提示と説明を行った結果、提供する具体的な福祉用具サービスの内容を記載する役割が【利用計画】です。

　運営基準である「指定福祉用具貸与の目標、当該目標を達成するための具体的なサービスの内容等を記載した福祉用具貸与計画を作成しなければならない」に対応する一連の福祉用具貸与計画の根幹にほかなりません。福祉用具の利用目標、具体的な福祉用具の機種、当該機種を選定した理由、関係者間で共有すべき情報を記載することが義務づけられています。

　なお、この場合において、特定福祉用具販売の利用があるときは、特定福祉用具販売計画と一体的に作成することにも留意しなければなりません。

> **チェックポイント**
> 　ケアプランと連動した解決すべき課題と福祉用具の利用目標、その目標を達成するために選定した福祉用具の具体的な機種、その機種を選んだ根拠を示す選定理由が明らかであるか。
> 　また、利用者に対する使用上の禁忌事項や利用促進のためのポイントを示す留意事項となっているか。

④　説明と同意

　介護保険制度の理念として掲げられている「利用者の『自己決定と自己選択』」に基づくサービス提供実践に欠かせないプロセスが説明と同意です。【選定提案】と【利用計画】は正にこの説明と同意によって成り立つものであり、説明による合意形成が福祉用具の利用効果や利用者・家族との信頼関係の構築を左右するといっても過言ではありません。

　だからこそ、福祉用具サービス計画書の作成にあたっては、専門用語を使わず、利用者や家族にとってわかりやすい言葉で書くことが求められているのです。専門職として、専門用語をわかりやすい言葉に変換できるスキルを習得しなければなりません。

　また、利用者・家族のプライバシーや思いを侵害しないことも専門職として求められる重要な資質となります。なぜこの福祉用具を提案したのか、福祉用具を利用するにあたり注意すべき点や禁忌事項、より効果が得られる利用方法など、福祉用具専門相談員だからこそ伝えるべきことが伝わるプレゼンテーションのスキルが求められているのです。

> **チェックポイント**
> 　利用者・家族との信頼関係の形成に欠かせない説明の過程と合意形成に至る相手に合わせたコミュニケーションスキル、相手に伝わるプレゼンテーションスキルが習得できているか。

⑤　交付

　2017（平成29）年の介護保険法の改正により、これまでの利用者への交付義務に加えて、ケアマネジャーへの交付も義務づけられることとなりました。この改正が意味することは、ケアプランと福祉用具サービス計画書との整合性に基づいたケアマネジャーと福祉用具専門相談員との情報共有と連携強化にあります。チームケアによる、より効果的で検証可能なサービス提供が求められているのです。

こうした点が、介護サービスの適正化・重点化を通じた制度の安定性・持続可能性の確保の観点から位置づけられたものであることを、介護保険サービス事業者の責務として捉える視点を忘れてはなりません。

> **チェックポイント**
> サービス提供に際し、利用者・ケアマネジャー双方へ福祉用具サービス計画書の交付を行うことで、より緊密な関係構築が図られるとともに、より効果的で検証可能なサービス提供につながることを確認できているか。

⑥ **サービス提供開始**

選定に至った福祉用具を実際に搬入する際は、環境調整や適合調整を行うとともに、利用方法の指導、利用にあたっての注意事項等の説明を行います。また、利用者と事業者間で共有すべき利用料等の受領、事故発生時の対応や個人情報保護への対応など、重要事項を記した書面にて契約を交わし初めてサービス提供が開始となります。

サービス開始の際に開催されるサービス担当者会議においても、共に支援を行う他職種との連携に必要な共有すべき情報発信の強化が求められていますので、**福祉用具専門相談員としての発言力**を備え、利用者・家族の思いを叶えていくチームケアの一員としての責任を果たしていく始まりと捉えてください。

> **チェックポイント**
> 福祉用具の搬入および適合調整を行い、介護保険給付としてのサービス提供の際に義務づけられている諸手続きを踏まえて初めてサービス提供開始となることを念頭におき、搬入がゴールではなく、チームケアの一員としての対人援助の始まりと捉えることができているか。

⑦ **モニタリング**

福祉用具サービス計画によって提供されたサービスの実施状況、ケアプランとの整合性を踏まえた利用目標の達成状況を定期的に評価・検証し、目指すべき生活目標に向かってさらに**好循環させていく原動力**となるのがモニタリングです。

利用者ごとに心身の状況や家族のかかわりなど置かれている環境は刻々と変化していきます。この変化を察知する気づきと再課題の抽出、抽出された課題解決に向けた適時適切な福祉用具サービスに変換させていく判断・決断力といった福祉用具専門職としてのスキルが求められます。

また、ケアプランへ反映させていくためのケアマネジャーや他職種との**ソーシャルワークスキル**も問われています。事故防止の観点においても、誤用や製品の不具合を発見する機会でもあり、製品メンテナンスに関するスキルも必要です。福祉用具サービスに求められているトータルスキルが凝縮されている重要な場面といえます。適時適切かつ効果的な福祉用具サービスを体現していくためにも、このモニタリングの場面を最大活用していきましょう。

> **チェックポイント**
> 福祉用具サービスを好循環させていくためのさまざまな情報収集や観察力が問われる場面であり、福祉用具専門相談員としてのトータルスキルを求められていることと、サービス継続の根拠を示す重要な位置づけであることを確認できているか。

⑧ **サービスの終結と振り返り**

　福祉用具サービスにも、始まりがあれば終わりがあり、サービスの終わりにもいろいろな理由があります。福祉用具に求められた生活目標が達成され、その役割を終えたケースもあれば、目標未達、達成半ばでのサービス中止も多いことでしょう。

　いずれにしても、そのケースにかかわった他職種を含めたサービス提供者間での振り返りの機会をもつようにしましょう。ケースを振り返り、支援方法や支援のタイミング、その支援効果を検証していくことが、サービス提供者としての経験に、より深みを増すことにつながるからです。

　また、ケースによっては、「人の死」という現実に向き合っていく専門職としての心構えや、喪失感に耐えている残された家族に寄り添う**対人援助者**としての対応力が求められます。

チェックポイント
　福祉用具専門相談員が、「物」の提供者ではなく、「物」を通じた対人援助職であることを心に刻む重要な場面であり、振り返りを通じて支援のあり方を考える機会とできているか。

(3) その他のサービス提供時の留意点

① **サービス提供拒否の禁止**

　指定福祉用具貸与（販売）の提供において、下記に掲げる正当な理由がある場合を除き、原則として利用申し込みに対するサービス提供を拒んではならないことを確認してください。特に要介護度や所得の多寡を理由とする提供拒否は禁止されています。

【正当な理由】　＊運営基準第205条・第216条
・当該事業所の現員からは利用申し込みに応じきれない場合。
・利用申込者の居住地が当該事業所の通常の事業の実施地域外である場合。
・利用申込者に対し自ら適切な指定福祉用具貸与（販売）を提供することが困難な場合。

② **サービス提供困難時の対応**

　上記の正当な理由により、利用申込者に対し自ら適切な指定福祉用具貸与（販売）を提供することが困難と認めた場合には、利用申込者に係るケアマネジャーへの連絡、適当なほかの指定福祉用具貸与（販売）事業者等の紹介や必要な措置を速やかに講じなければならないと示されています。このことは、利用申込者への適切なサービス提供を第一義的に考え、自らのサービス提供体制を客観的に観察していく視点をもつことが求められているといえます。

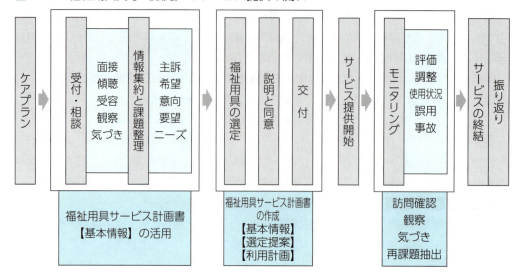

図5-3 福祉用具貸与（販売）のサービス提供の流れ

(4) 福祉用具の再生

　介護保険制度における福祉用具貸与（販売）の基本取扱方針（同基準第198条第2項）として、「常に、清潔かつ安全で正常な機能を有する福祉用具を貸与（販売）しなければならない」と定められており、この基本取扱方針をもとに、衛生管理等（同基準第203条第2項）における、「回収した福祉用具を、その種類、材質等からみて適切な消毒効果を有する方法により速やかに消毒するとともに、既に消毒が行われた福祉用具と消毒が行われていない福祉用具とを区分して保管しなければならない」ことを念頭に置き、以下の福祉用具再生の意義と具体的な流れを確認していきます。

① 福祉用具再生の意義

　利用者は、貸与にて提供された福祉用具がそれまで誰にどういう環境で、どのように使用されていたのかというような履歴情報を知るすべがないまま、搬入された福祉用具を使用しなければならない環境に置かれています。

　だからこそ、提供する側は、利用者が衛生的にも安心して使えるように万全な措置を講じなければならないのです。回収した福祉用具を汚染物としてみなし、次の利用者への貸与に備えて再生していくことが提供する側の責務であり、この責務をないがしろにすることは基本取扱方針に背く行為であることを認識しなければなりません。

② 福祉用具再生の流れ

　福祉用具貸与事業者は、利用者に提供する福祉用具を自らの資産として保有し、自社の施設・設備で一連の消毒工程を完結させる自社完結型と、福祉用具を自らの資産として保有せず、一連の消毒工程を外部に委託する外部委託型に区別することができます。両方の形態をもつ併用型もあり、福祉用具を再生する手段こそ異なりますが、提供する福祉用具がどのような流れで再生されたものであるかを利用者に説明できるようにならなければなりません。

　また、福祉用具専門相談員自らが、この消毒工程を通して再生された福祉用具の衛生面・安

全面への評価ができることが重要となります。自社完結型においては、自社の質の向上と改善につながり、外部委託型においても、前述の基本取扱方針第198条第2項の「常に、清潔かつ安全で正常な機能を有する福祉用具を貸与しなければならない」を遵守することにほかならず、続く基本取扱方針同条第3項の「自らその提供する指定福祉用具貸与の質の評価を行い、常にその改善を図らなければならない」につながることだからです。

図5-4に示した福祉用具再生の流れを確認するとともに、定期的に、福祉用具そのものの質の評価を行い、必要に応じて、改善していくことを習慣としましょう。

回収・搬送・搬入

回収・搬送にあたっては、現地で感染リスクの高い血液などの付着がある場合は、感染リスクがあることを記したカードを添付することや欠落している付属品や部品がないかなどを確認できるように貸し出し明細書等と照合できる取り組みが必要となります。回収したものは、専用区域に搬入しますが、感染リスクのあるものは汚染箇所を密封する、ビニールに入れ封をするなど二次感染を防ぐために明確に区分する必要があります。搬送には回収用と納品用の車両を別々に用意することが理想的ですが、通常は使用済みのものと未使用のものを一緒に乗せることになります。荷台を区別する、ビニールシートや布で覆うなど、物品が接触しないよう注意します。

洗浄・消毒

基本的には搬入された福祉用具は、汚れを落とし消毒効果を確保するため、まず洗浄しますが、回収の際に感染リスクの高いことを記したカードが添付されているものについては、適切な消毒方法で消毒してから洗浄します。

福祉用具の消毒は、消毒薬などの液体を使用する方法、ガスなどの気体を使用する方法があり、多種多様な消毒方法のなかから確実性、材質への安全性や作業効率を考慮して、消毒効果が確認されている方法で消毒します。

修理

故障や欠落部品がないかどうか、チェックリスト等での初期点検や動作確認を行い、必要に応じて、補修および部品交換を行います。その際に、補修および部品交換を必要とする製品は確実に区別して、混在させないことが重要となります。補修や修理がメーカー対応のものや商品の状態、部位によってはメーカーに送付し修理を依頼することになります。

また、ネジを使用するものなどはメーカーが締め付けトルクを規定していることもあります。その際は規定の締め付けトルクで締め込みます。

確認検査

整備・補修が適切に施された状態にあるか、使用する際に支障がないか、正常に機能するか否かを確認しますが、判断基準を明確にするためにも検査項目や手順をマニュアル化しておくことが大切です。

万一、苦情や事故が発生した場合にすぐさま確認が行えるよう消毒や修理の履歴など、作業記録を残しておきましょう。保管期間が長期にわたったことによる経年劣化が考えられるものについては、出荷時に再確認を行うことを定着させましょう。

梱包

確認検査を通過した製品は、保管時の埃（ほこり）や水気、臭気などが製品に付着することを防ぐために、ビニールなどの不浸透性素材で梱包します。また梱包した製品が、消毒済みであることを記したシールと検査合格票を貼付しておきます。

図5-4 福祉用具再生の流れ

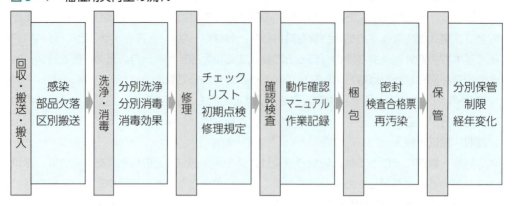

　梱包された商品が**汚染されるリスク**はありませんが、保管や出荷する際の持ち運びなどによって包装材が損傷した場合は、汚染する可能性があるため再梱包します。
保管
　清潔区域の定められた保管場所に保管します。その他に清潔区域に保管してよいものは新品の商品です。区分された汚染区域、清潔区域の往来や未消毒の福祉用具が持ち込まれることがないよう関係者以外の立ち入りを制限することも必要です。

③　福祉用具の事故

　福祉用具は、利用者特性から、より高い耐久性・安全性が求められています。この安全面に対する要求の強まりが形として表れたのが、工学的な安全基準である新JIS制度の福祉用具への適用や独立した福祉用具専門の第三者試験評価機関である一般社団法人日本福祉用具評価センター（JASPEC）による安全性評価が始まりといえます。

　また、福祉用具サービスを利用する消費者への**事故情報**として、消費者庁から公表される消費生活用製品の重大事故情報の公表や独立行政法人製品技術基盤機構（NITE）による製品事故情報・**リコール情報**が提供されています。

　このように福祉用具の事故に対して、厳しい目が注がれていることを踏まえ、福祉用具サービス提供期間における縦断的かつ継続的な点検・整備がいかに重要な使命であるかを認識しなければならないのです。

④　福祉用具と感染

　福祉用具の利用者特性の一つである老化には、生体の防御機能である免疫力を低下させ種々の感染症に罹患しやすいという特徴があります。使用された福祉用具には、汗や手垢といったような利用者自身の汚れとともに微生物も付着します。つまり福祉用具は、常に微生物による汚染を受ける環境下に置かれているといっても過言ではありません。

　微生物は、人の皮膚表面に付着したり、体内に入り込んでも大抵は体外に排出されてしまいますが、時として定着して増殖することがあります。このような状態が感染です。この感染による発症をさせないようにするためにも、福祉用具の再生過程における消毒工程は必要不可欠な要素なのです。また、利用者だけではなく、福祉用具に接する機会が多い介護者や福祉用具の提供者にとっても同じ危険が潜んでいますので、公衆衛生学的見地からも福祉用具の安全性が担保されなければならないことを認識してください。

2 利用者の生活全般についての相談対応

(1) 受付・相談の意義

　利用者が「したいこと」「やってみたいこと」や「困っていること」「必要だと感じていること」に耳を傾けて、気持ちを汲み取ることが大切です。このとき、重要なのが、利用者が自分のペースで話せるようにすることです。

　また、家族の意向や考えも確認することを忘れてはいけません。利用者と家族の思いに食い違いがある場合についても、双方の思いに耳を傾けて、ケアマネジャーやかかわる他職種との意見を交えながら、最善の道を探ります。主訴の主体はあくまで利用者であることを前提に、双方が合意できるように援助していくことを心がけてください。

(2) バイステックの7原則

① 個別化

　利用者が抱える困難や問題は、似たようなものであっても、「同じ問題は存在しない」とする考え方。表面的な情報だけで人格や介護環境を決めつけて、過去の援助手法や事例をさらい、同じ問題のようなパターン化した解決手法をとることは厳禁です。

② 受容

　利用者・家族の考えや思いは、その人生経験や長い時間をかけて形成された思考からくるものであり、頭から否定せず、「どうしてそういう考え方になるか」を理解しようとする考え方。**傾聴**で得られた利用者の主訴や家族の思いをありのまま受け止めることが**受容**であり、この受容的態度が利用者・家族との関係構築の基礎となり、その後の提案や援助を円滑に展開させることができます。

③ 意図的な感情表出

　利用者の感情表現の自由を認める考え方。利用者・家族との受付・相談に際して、さまざまな感情が表出されます。そのなかでも、あきらめ、悲しみ、怒り、困惑、負い目、情けなさといった負の感情に対して、根拠のない励ましやデリカシーに欠けた振る舞いは避けなければなりません。この負の感情に対する適切なアプローチとして**共感**があります。この「共感」こそが、利用者・家族の自由な感情表出を促すとともに、利用者・家族との援助関係を形成していくうえで欠かせない態度となります。

④ 統制された情緒的関与

　支援する側が、利用者・家族の感情に飲み込まれないようにする考え方。「共感」が強すぎると支援者として果たすべき役割が疎かになってしまうことや支援の方向性を見誤ってしまうことがあります。正確に問題解決に導くために利用者・家族との適切な距離感をとることが求められます。利用者・家族の立場に立って、同じ目線で、同じ景色を見る一方、利用者・家族と向き合った立場から、利用者・家族が見えていない景色を見る視点も大切な援助者としての役割です。

⑤ 非審判的態度

　利用者・家族の行動や思考に対して、「支援者は善悪を判じない」とする考え方。支援者は補佐役であり、利用者自身が自らの選択で問題解決を図らなければなりません。問題解決を図ろうとする考え方に「正しい」「誤り」いわゆる「善し悪し」はないはずですが、援助者側の一方的な質問や成功事例によって、利用者・家族の意向を善悪で判断してはならないのです。

⑥ 利用者の自己決定

　あくまでも、「自らの行動を決定するのは利用者自身である」とする考え方。問題解決の主人公は利用者であり、その**自己決定**にいたる過程において、援助者は専門職として、問題解決への手段や方法を選択肢として提供する役割に徹することが重要となります。この選択肢をいくつ提供できるかが専門職としての腕の見せ所であり、自身の専門的知識や経験を計るバロメーターとなります。

⑦ 秘密保持

　利用者・家族の個人情報・プライバシーは、「絶対に他者に漏らしてはならない」とする考え方。このことは、個人情報保護の観点においても、福祉用具貸与事業の運営に関する秘密保持等（第205条）においても、従業者は、正当な理由がなく、その業務上知り得た利用者またはその家族の秘密を漏らしてはならないと定められています。また従業者でなくなった後においてもこれらの秘密を保持すべき旨を、従業者との雇用時等に取り決め、例えば違約金についての定めをおくなどの措置を講ずべきとされています。

(3) 本人の選択と本人・家族の心構え

　地域包括ケアシステムにおける「五つの構成要素」を表したイメージ図（第2章45頁参照）の受け皿においても、「本人・家族の選択と心構え」から**本人の選択と本人・家族の心構え**に改変されました。家族の選択ではなく、利用者自身が当事者意識で抱えている問題を直視し、解決していくためのサービスを選択することこそが、そのサービスを活用する力につながることを意味しています。福祉用具を使用すること自体が目的ではなく、その利用を通じて、利用者が活動的で豊かな生活を送ることができるかという視点が重要視されていることを、このことからも理解を深めることができます。

3 利用者・家族とのコミュニケーション

(1) コミュニケーションとは何か

　福祉用具サービスにおける利用者の真のニーズを捉えるためには、利用者との信頼関係を構築するコミュニケーションスキルが必要となります。コミュニケーションの目的は、お互いの意思を「分かち合う」「共有する」ことであり、そのためには、情報を正しく捉えるための心構えと相手の状況に応じた、伝えるスキル、伝わる工夫が必要となります。つまり、自分本位の思い込みで「聞く」のではなく、相手の思いや考えをありのまま受け入れる受容的態度による「聴き方」と、相手の状況や心情に合わせた**心を砕く**「話し方」が求められます。

(2) 状況に応じた利用者・家族とのコミュニケーション

次の事例をもとに状況に応じた利用者・家族とのコミュニケーションを考察してみましょう。

【事例】福祉用具の担当を代えてほしい！

* 利用者：Ａ　年齢：72歳　性別：女性　要介護４
* 利用者の夫：年齢：70歳　性別：男性
* 利用者の長女：年齢：55歳　性別：女性　同市内に居住
* 福祉用具専門相談員：Ｂ　年齢：24歳　性別：女性　実務経験：２年６か月
* 担当ケアマネジャー：Ｃ　年齢：49歳　性別：女性　主任介護支援専門員

【事例のあらまし】

　英語教師の夫と結婚し、子ども５人（息子２人、娘３人）に恵まれ、専業主婦として家庭を守ってきたＡさん（72歳・女性）。子ども２人（長男・三女）は県外在住、３人（次男・長女・次女）は同市内に住み、次女が隣に住んでいる。平成10年７月に県外に住む長男が急死したショックもあり、反復性うつ病性障害でメンタルクリニックに通院を始める。平成15年からは、めまいがひどくなり、良性発作性頭位めまい症の診断を受ける。うつ病性障害による活力減退で活動性が低下するとともに、不意に起きるめまいのため、家事など日常生活を思うように過ごせなくなったため、夫が仕事を辞め、家事全般を担うようになり、以降、身の回りの世話を夫が行っている。平成24年５月には、自宅で尻もちをつき、左内側半月板変性損傷を受傷、歩行障害が出現。リハビリテーションにより、歩行障害の改善に努め、杖歩行レベルまで回復している。

　長女が毎日のように訪問し、買い物などの外出の機会をつくろうとするが拒否がみられ、長女の介助も受け付けようとしない。腎機能の低下があり、医師より透析の必要性を指摘されているが、本人が拒否している。透析の説得にあたった長女の夫が心配するあまり、強い口調で説得したことがあり、その後、長女夫婦に対して「私がこんなふうになったのは長女夫婦のせいだ」と泣いたり、怒ったり情緒不安定な様子がみられる。めまいや不眠などで不安定な状態が続いており、この１年ひきこもりに近い状態で夫の介護負担は重い。下肢筋力の低下が顕著で、室内移動の際の転倒の危険性が高まっている。医療機関への受診もままならず、適切な治療が思うようにできていない。ベッドからの起き上がりはめまいがある。不安定な状態が不意に起きることが増えてきたこともあり、介護保険制度を利用して起き上がり１モーターベッドの特殊寝台と室内の移動支援として多機能型の介助式車いすをレンタルしている。訪問リハビリテーションや訪問介護、訪問看護なども勧めているが、本人の同意が進まず、サービス提供にはつながっていない。

【支援経過記録】

平成30年６月８日（金）10：30

　担当ケアマネジャーＣが自宅訪問し、本人、夫、長女と面談。本人はベッドに横になったままであいさつされる。体調を聞くと「よくなることはありません」との返事。長女が東京みやげのお菓子を食べる？　と聞くと「食べる資格がありません」と不機嫌な様子。９月には孫の

結婚式が予定されているとの話があり、外出の機会にもなるため、目標にしましょうと声をかけて、面談終了。

平成30年6月12日（火）9:30
　担当ケアマネジャーCに長女より電話にて連絡があり、本人に歩きたい意欲が出てきたので歩行器を試したいとの相談を受付。気分に大きなムラがあり1年近く寝たきりに近い状態が続いていたが、動きたい気分になっているので安全で適切な歩行器を導入して、本人の意欲につながるように支援するため、担当の福祉用具専門相談員Bに連絡をとり、導入目的を伝えて歩行器の選定を依頼。

平成30年6月13日（水）11:00
　担当の福祉用具専門相談員Bは、夫の携帯に歩行器選定のための訪問日時の調整のため連絡。以前、担当ケアマネジャーより、午後からのほうがAさんは比較的おからだや気分がよいことが多いと聞いていたので、午後からの訪問で調整したが、夫より明後日の午前中が都合がよいとのことで、6月15日（金）11:30の訪問を取り付ける。

平成30年6月15日（金）11:30
　福祉用具専門相談員Bは訪問約束どおり11:30に自宅を訪問。玄関にて夫の出迎えを受けて自宅に入る。Aさんはベッドに端座位の状態で待っており、早速、選定候補となる歩行器を作成してきた選定提案書をもとに、持参した実機や機能が異なる歩行器をカタログにて複数提案することとなった。

【コミュニケーションの考察】
福祉用具専門相談員B：「Aさんが歩行しやすく転倒も防げるように馬蹄型の歩行器をお持ちしました。早速、お試しで使ってみませんか？」
夫：「実際に使ってみないとわからないこともあるだろうし試してみよう」
A：「……」
夫：「肘を置くところもあるし、病院でも同じようなものを見たことがある」
福祉用具専門相談員B：「そうです。特徴として、肘を置くことでおからだをしっかり歩行器にあずけることができますので、安心して歩くことができます」
夫：「こういうのを使って、自分で歩いている人も多いのでしょ？」
福祉用具専門相談員B：「はい。病院等に準備されているものよりも、コンパクトなので狭い廊下や曲がり角でも使いやすいと思います」
A：「……」
夫：「9月には孫の結婚式もあるし、頑張ろうよ」
福祉用具専門相談員B：「お孫さんの結婚式ですか！　素敵ですね。頑張って結婚式にいきましょう。」
A：「……」
夫：「A、せっかくBさんが持ってきてくれているし、使いやすそうだし、ちょっと試してみようよ」
福祉用具専門相談員B：「無理されなくても大丈夫です。また、調子がよいとき、いつでもお持

ちしますので、気になさらないでください」
夫：「娘も少しでもよくなればと思って、せっかく手配してくれたのにね」
Ａ：「娘は関係ない……」
夫：「Ｂさん、悪いね。せっかく持ってきてくれたのにね。夕方、娘も来るので、Ａには、一緒に話をしておくので」
と夫から気づかいの言葉を受け、歩行器の実機を玄関先まで運んでもらうなど、特に問題を感じないまま歩行器選定のための訪問が終了。Ａさんと夫にあいさつをして自宅を後にする。

平成30年6月15日（金）17：00

　担当ケアマネジャーＣに長女より電話にて連絡があり、母が福祉用具の担当を代えて欲しいといって、父と夫婦喧嘩をしている。理由を聞くと、入り込んで欲しくない部分まで入ってきたとか性格が嫌いとかいっている。福祉用具専門相談員Ｂに当日の様子を確認するが、思い当たるようなことはないとのことで、再度、長女に連絡をとり事情を確認する。長女より、その後、母が落ち着いてから話を聞くと、福祉用具専門相談員Ｂが歩行器の選定で訪問したときに、夫が自分の話は聞こうとせず、Ｂとばかり話をして、歩行器のことを決めようとすることが気に入らなかったとのこと。一度、言い出すと頑固なところがあり、変わらないので担当を代えてほしいとのことで、福祉用具事業所とも相談をして担当変更となる。本人の気持ちが落ち着き、歩行器を必要とされるときにまた再度、選定を行うことで調整終了。

Q1　利用者Ａの心情を考えてみましょう。

Q2　利用者Ａが福祉用具の担当変更を希望した理由を考えてみましょう。

A1　考えられる利用者Ａの心情例
□自分自身への情けなさ
□家族（急死した長男）の喪失感
□このままではいけないという焦り
□夫への負い目
□福祉用具専門相談員Ｂへの嫉妬

A2　考えられる利用者Aが福祉用具の担当変更を希望した理由例
□嫉妬している自分に自分が情けないため
□また同じ場面で自分が情けない振る舞いをとってしまいかねないため
□自分以外の人で夫がうれしそうに話をしていることが我慢できないため
□夫への負い目を八つ当たりと受け取られたくないため
□できないと決めつけられているような気がしたため

4　利用者の状況に応じた福祉用具サービス計画書の説明

(1) 選定提案書の説明

　選定提案書のねらいは、福祉用具専門相談員が提供するプロセスの「見える化」を図ることです。「見える化」は、コミュニケーションにおける重要な要素の１つにほかなりませんので、相手の状況に合わせて、伝わることを念頭に置き、福祉用具の専門職だからこそ、専門的な言葉や用語が相手に伝わるように変換して説明することが重要です。つまり、選定提案書の作成段階から相手の状況を頭に思い浮かべ、控えなければならない言葉や用語を排除し、伝わりやすい言葉や用語を選択できるように日頃から**シミュレーション**する習慣を身につけるようにしてください。

(2) 福祉用具サービス計画書【選定提案書】の説明の実際

選定提案書説明の実践ポイント

□利用者が抱えている課題を明確にする。
□課題を明確にすることで、自分が福祉用具を使用する心構えとなる。
□心構えができることで、自分で福祉用具を選択する意欲を高められる。
□自己選択することが、福祉用具を利用する**動機づけ**となる。
□動機づけが自分の力を引き出す原動力となる。
□自分の力を引き出しやすくするために、利用者が前向きに捉えられる表現をする。
□利用者の状況、環境等に着目していることを具体的に表現する。
□利用者の心情に寄り添う表現に心を砕く。

選定提案書

ふくせん 福祉用具サービス計画書（選定提案）

管理番号	○○○○○○○○
説明日	6月27日
説明担当者	B

フリガナ		性別	生年月日	年齢	要介護度	認定期間
利用者名	A 様	女性	S ○年○月○日	72	要介護4	29年12月1日 ～ 31年11月30日
居宅介護支援事業所	居宅介護支援事業所 ○○				担当ケアマネジャー	C

	福祉用具が必要な理由（※）
1	「めまいなどからだを動かすことがつらいときもありますが、調子がよいときに自分のペースで家の中を移動できるようになりたい」ので歩行器を利用します。
2	
3	

（1／1 枚）

貸与を提案する福祉用具					
（※）との対応	種目／提案福祉用具品目／機種（型式）／TAISコード	貸与価格（円）／全国平均貸与価格（円）	提案する理由	【説明方法】カタログ Webページ TAISページ 実物 等	採否
1	歩行器 ／ ○○○○ ／ 00000-000000	4000 ／ 3800	足の力が弱くなってきて、歩行が不安定な状態ですが、肘を置ける台があるため、からだを歩行器に預けることができます。ベッドから歩行器に移る際も、手元のレバーで歩行器が動かないようにできますので安心です。横幅が○○cmとスリムなコンパクトタイプで使いやすい機種を選びました。	実物	○
1	歩行器 ／ △△△△ ／ 00000-000000	3500 ／ 3600	休憩用の座面がついている歩行器ですので、自分のペースに合わせた歩行ができます。横幅が○○cmで小回りがよく、タイヤが大きいので居間と廊下の間の段差も乗り越えることが可能です。折りたたみができるので、車に積みやすく、外出先でも使いやすい機種を選びました。	実物	×

(3) 基本情報・利用計画の説明

　基本情報の役割は、利用者への福祉用具サービスの提供にあたって必要とされる情報を整理・集約したものであることを踏まえて、利用者・家族の意向や疾患・状態像を再確認できる場として位置づけるようにしましょう。進行性のがんなど利用者本人に告知していないケースや基本情報を文章表現として説明することがはばかられるケースは説明を差し控える判断を適切に行わなければならないことを付け加えておきます。

　利用計画が福祉用具サービスの支援内容を具現化していることを踏まえて、説明に多くの時間を割くことが求められます。マスタープランであるケアプランとの連動を明示する意味においても解決すべき課題を共有し、利用目標で目指している生活目標や生活行為を相互に確認します。具体的な福祉用具の機種については、選定提案書を通じて、自己選択や合意形成に至った選定機種を再確認することを念頭に、選定理由をわかりやすい言葉で相手に伝わるように説明します。

　留意事項は事故防止の観点からも重要な位置づけですので、実際の福祉用具を使用しながら説明することも有効です。最後に全国平均貸与価格の提示、複数提案の実施を振り返りながら説明し、同意署名に至ります。このプロセスを丁寧に実施していくことを**福祉用具専門相談員の責務**として捉え、確実に実行していかなければなりません。

(4) 福祉用具サービス計画書【基本情報】【利用計画】の説明の実際

① 利用計画説明の実践ポイント

- 抱えている課題をケアマネジャーも含めて共有していることを表現する。
- 共有していることが伝わることで潜在的な課題の表出にもつながる。
- 利用目標は、福祉用具の使用が目的ではなく、利用を通じて実現する（したい）生活をイメージできるように表現する。
- 選定理由は、選定提案書をもとに自己選択した振り返りを交えながら、決定した決め手や課題の解決、利用目標と紐づけて表現する。
- 福祉用具を使用するにあたっての注意点や禁忌事項のなかで、特に注意して欲しい事項については、繰り返して説明することやアンダーラインを引く、ヒヤリ・ハット情報イラストシート（公益財団法人テクノエイド協会）等の配付など視覚的にも訴える。
- 同意・署名では、これまで説明してきたことを、丁寧に振り返りながら、**納得感**を得るように確認しながら行う。その際に、手続きだけの作業にならないように相手の表情も確認しながら行うようにする。

② サービス担当者会議活用の実践ポイント

- ケアプランに沿った福祉用具サービス計画書であることを確認する。
- 課題の共有に関して、ケアプランの記載事項を言い換えで表現することで、自分の解釈で間違いがないかを確認することができる。
- 福祉用具サービス計画書にて設定した利用目標を伝えることで、ケアプランの短期目標の達成状況と連動したモニタリングにつなげることができる。
- 選定提案場面からの選定過程を振り返りながら選定理由を伝えることで、かかわるサービス事業所の担当者との福祉用具活用につながる根拠を共有することができる。
- 留意事項に記載した注意点や禁忌事項を会議の場で取り上げて、参加者全員で共有することで、事故防止に対する全員の**共通認識を創造**することができる。
- 専門性や経験に基づく、アドバイスの提供やプラスアルファの提案、先を見越した予後提案など積極的に担当者会議で発言することで、ケアチームの一員として、一緒に取り組む姿勢や熱意を伝えることができる。

居宅サービス計画書(1)

作成年月日　平成30年7月1日

初回 ・ 紹介 ・ ⦿継続　　　⦿認定済　申請中

| 利用者氏名 | A 殿 | 生年月日 | 昭和21年3月15日 | 住所 | 〒○○○○○○○　○○県○○市○○町○○丁目○○-○○ |

| 居宅サービス計画作成者氏名 | C |

居宅介護支援事業者・事業所名及び所在地　〒○○○○○○○　○○県○○市○○町○-○　居宅介護支援事業所○○

| 居宅サービス計画作成(変更)日 | 平成30年7月1日 | 初回居宅サービス計画作成日 | 平成24年5月25日 |

| 認定日 | 平成29年10月28日 | 認定の有効期間 | 平成29年12月01日 ～ 平成31年11月30日 |

| 要介護状態区分 | 要介護1 ・ 要介護2 ・ 要介護3 ・ ⦿要介護4 ・ 要介護5 |

| 利用者及び家族の生活に対する意向 | 利用者：足の力が弱くなり、シャワーも車いすを使っています。おむつをするようになって楽になりましたが、夜間頻尿で大変でした。まだ不眠が続いており、食事量も少なく、気分がすぐれません。
家族(夫)：外出できないので、薬は娘が代理受診して2か月ごとにいただいています。腰痛があるので、背上げ機能を使って寝起きできて助かっています。 |

| 介護認定審査会の意見及びサービスの種類の指定 | なし |

| 総合的な援助の方針 | 不眠、めまいなど、つらい症状が続いており、臥床時間が増え、からだの痛みや下肢筋力低下などで日常生活に支障が生じ、トイレ移動も大変な状態が続いています。
疼痛緩和やめまいの軽減ができ、安全な移動で病院受診ができることで、適切な治療が受けられ、つらい症状の軽減や、精神的な安定につながり、徐々に離床ができると考えます。
福祉用具を活用することで、家族の介護負担を軽減し、自分のペースで不安なく安全に動けるよう支援します。
緊急連絡先
かかりつけ医：○○ハートクリニック
(夫)自宅○○○-○○○○　携帯090-○○○○-○○○○　　(長女)090-○○○○-○○○○ |

| 生活援助中心型の算定理由 | 1　一人暮らし　　2　家族等が障害、疾病等　　3　その他（　　　） |

居宅サービス計画書1、2、3表について説明を受け内容に同意し交付を受けました。また、複数の居宅サービス事業者等の紹介を受けサービス計画書に位置付けられた居宅サービス事業所の選定理由の説明を受け同意しました。

平成　　年　　月　　日　　利用者(代理人)氏名　　　　　　　　　印

居宅サービス計画書(2)

利用者名　A　殿　　　　作成年月日　平成30年7月1日

生活全般の解決すべき課題(ニーズ)	目標				援助内容					
	長期目標	(期間)	短期目標	(期間)	サービス内容	※1	サービス種別	※2	頻度	期間
不眠が長く続き、ベッド上で過ごすことが多いので足がゆるくいがひどくならないように注意して生活をしていきたい。	病状が安定し、活動できることが増え、自的に過ごせる。	H29/12/1 ～ H31/11/30	自分の体調によってうまく動作をする活用し、症状が悪化しないように生活ができる。	H29/12/1 ～ H31/11/30	起き上がり時にめまいのない動作ができるように背上げ機能の1モーター特殊寝台の貸与	○	福祉用具貸与	株式会社○○	毎日	H29/12/1 ～ H31/11/30
					立ち上がりのふらつきを防止するためのサイドレールの貸与		本人		毎日	H29/12/1 ～ H31/11/30
					寝たり起きたりするときは、自分でリモコンを操作して、ベッドでの立ち座り時はサイドレールを使って転倒防止 確実な服薬、定期受診 無理のない程度で家事の参加 足が弱らないよう体操や運動の継続		家族	夫・子ども	随時	H29/12/1 ～ H31/11/30
					受診介助 状態観察 必要時移動介助 入浴の一部介助 家事支援		主治医	○○パートクリニック	定期	H29/12/1 ～ H31/11/30
					医学的管理の継続 療養指導	○	居宅介護支援	居宅介護支援事業所○○	必要時	H29/12/1 ～ H31/11/30
			室内を安全に移動できる。	H29/12/1 ～ H31/11/30	症状変化時に早急な対応ができるように経過確認 リハビリや介護負担軽減などのサービス調整やアドバイス		本人・家族		随時	H30/7/1 ～ H31/11/30
					室内移動時や通院などの外出時に、体調に応じて車いすを利用する 車いす移動時の介助を行いできるだけ段差時の衝撃を回避する	○	福祉用具貸与	株式会社○○	随時	H29/12/1 ～ H31/11/30
					室内の移動手段として歩行器を利用する 体調を考慮しながら、無理強いすることなく、本人のペースに合わせて利用する	○	福祉用具貸与	株式会社○○	随時	H29/12/1 ～ H31/11/30
					体調不良時の移動手段として車いすの貸与 状態に応じた適切な福祉用具の検討					

※1 「保険給付対象かどうかの区分」について、保険給付対象内サービスについては○印を付す。
※2 「当該サービス提供を行う事業所」について記入する。

188

サービス担当者会議の要点

利用者名	A 殿			作成年月日	平成30年7月1日
開催日	平成29年7月1日	開催場所	自宅	居宅サービス計画作成者（担当者）氏名	開催時間 13：00～13：40　開催回数 12

会議出席者	所属（職種）	氏名	所属（職種）	氏名	所属（職種）	氏名
	（本人）	A 様	夫（夫）	○○様	（長女）	○○様
	株式会社○○（福祉用具専門相談員）	B 様	居宅介護支援事業所○○（ケアマネジャー）	C		

検討した項目	室内移動時の歩行器貸与の検討
検討内容	①体調がよいときに、歩行意欲がでることがあり、室内移動の際に歩行器を利用し、自分でできることを増やすことで、自信につなげられるのではないか。 ②福祉用具の必要性について、強いうつ状態が続いており、長女夫婦ともに口をきかない状態。また、長女夫婦に対して不満をもつこともある。この1年閉じこもり状態で下肢防力もますます低下。室内移動も転倒の危険性が高い。 ③夫の介護負担について、介護は夫以外にさせないため夫は厳しい状態である。家事以外にも妻のシャワー浴介助や髪染め、身の回りの世話等多岐にわたって行っている。訪問リハビリや訪問介護、訪問看護、訪問入浴など勧めているが、本人の同意が得られない。
結論	①本人の状態にあった歩行器を導入し、体調のよいときや意欲があるときに移動支援として歩行器を利用して、生活が活性化するようにはたらきかけていく。 ②ベッドの起居動作は本人のリモコン操作で自分のペースでできており、今後も継続が必要である。室内移動や状態悪化時は車いすを使うことで、安全に移動が図れており、今後も福祉用具の利用継続は必要である。 ③夫の身体状況にあわせて今後も介護保険サービスの提案を行う。
残された課題（次回の開催時期）	うつ状態が長期に及んでおり家族の疲弊状況も深刻な状況である。 （サービス内容変更時）

ふくせん 福祉用具サービス計画書（基本情報）

管理番号	○○○○○○○○
作成日	平成30年7月1日
福祉用具専門相談員名	B

フリガナ		性別	生年月日	年齢	要介護度	認定期間	
利用者名	A 様	女性	S ○年○月○日	72	要介護4	平成29年12月1日～平成31年11月30日	
住所	○○県○○市○○町○○丁目○○-○○				TEL	○○-○○○-○○○○	
居宅介護支援事業所	居宅介護支援事業所 ○○				担当ケアマネジャー	C	

相談内容

相談者	○○様	利用者との続柄	夫	相談日	平成30年6月27日

これまで家の中の移動は車いすで行っていたが、本人が歩きたいといっている。歩行器を使って少しでも歩く機会があれば、こんなよいことはない。最初は上手くいかないかもしれないけど手伝っていきたいので支援してほしい。

ケアマネジャーとの相談記録	以前も相談して、保留としていました歩行器の件ですが、歩きたいとの意向が確認できました。状態にあった歩行器の選定をお願いします。	ケアマネジャーとの相談日	平成30年6月25日

身体状況・ADL （ 30 年 6 月 ）現在

身長	155 cm	体重	70 kg	
寝返り	□つかまらないでできる	□何かにつかまればできる	■一部介助	□できない
起き上がり	□つかまらないでできる	□何かにつかまればできる	■一部介助	□できない
立ち上がり	□つかまらないでできる	■何かにつかまればできる	□一部介助	□できない
移乗	□自立（介助なし）	■見守り等	□一部介助	□全介助
座位	□できる	□自分の手で支えればできる	■支えてもらえればできる	□できない
屋内歩行	□つかまらないでできる	□何かにつかまればできる	■一部介助	□できない
屋外歩行	□つかまらないでできる	□何かにつかまればできる	□一部介助	■できない
移動	□自立（介助なし）	□見守り等	□一部介助	■全介助
排泄	□自立（介助なし）	□見守り等	■一部介助	□全介助
入浴	□自立（介助なし）	□見守り等	■一部介助	□全介助
食事	□自立（介助なし）	■見守り等	□一部介助	□全介助
更衣	□自立（介助なし）	□見守り等	■一部介助	□全介助
意思の伝達	□意思を他者に伝達できる	■ときどき伝達できる	□ほとんど伝達できない	□伝達できない
視覚・聴覚	問題なし			

疾病	・反復性うつ性障害・左内側半月板損傷・発作性頭位眩暈症
麻痺・筋力低下	両下肢の筋力低下顕著
障害日常生活自立度	I
認知症の日常生活自立度	Ⅲa
特記事項	腎機能の低下があり、透析の必要性を医師が指摘しているが、本人の拒否がある。

介護環境

家族構成/主介護者	夫と二人暮らし／夫
他のサービス利用状況	
利用している福祉用具	特殊寝台、同付属品、車いす、シャワーチェア
特記事項	透析の説得にあたった長女の婿と険悪な関係となり、長女夫婦への攻撃的な言動あり。

意欲・意向等

■利用者から確認できた　□利用者から確認できなかった

利用者の意欲・意向、今困っていること（福祉用具で期待することなど）	少しでも歩きたい……

居宅サービス計画

利用者及び家族の生活に対する意向	利用者	足の力が弱くなり、シャワーも車いすを使っています。夜間頻尿で大変でしたが、おむつをするようになって楽になりました。まだ不眠が続いており、食事量も少なく、気分がすぐれません。
	家族	夫：外出できないので、薬は娘が代理受診して2か月ごとにいただいています。腰痛があるので、背上げ機能を使って寝起きできて助かっています。
総合的な援助方針		不眠、めまいなど、つらい症状が続いており、臥床時間が増え、からだの痛みや下肢筋力低下などで日常生活に支障が生じ、トイレ移動も大変な状態が続いています。疼痛緩和やめまいの軽減ができ、安全な移動で病院受診ができることで、適切な治療が受けられ、つらい症状の軽減や、精神的な安定につながり、徐々に離床できると考えます。福祉用具を活用することで、家族の介護負担を軽減し、自分のペースで不安なく安全に動けるように支援します。

住環境

■戸建
□集合住宅（　　　階）
（　エレベーター　□有　□無　）

例：段差の有無など

玄関に手すり設置済み。

ふくせん 福祉用具サービス計画書（利用計画）

| 管理番号 | ○○○○○○○○ |

フリガナ		性別	生年月日	年齢	要介護度	認定期間
利用者名	A 様	女性	S ○年○月○日	72	要介護4	平成29年12月1日～平成31年11月30日
居宅介護支援事業所	居宅介護支援事業所 ○○			担当ケアマネジャー		C

	生活全般の解決すべき課題・ニーズ（福祉用具が必要な理由）	福祉用具利用目標
1	不眠が長く続き、ベッド上で過ごすことが多いので足が弱った。めまいがひどくならないように注意して生活をしていきたい。	特殊寝台・付属品を利用して、起き上がり時のめまいによる転倒防止やからだに負担をかけずに離床ができるようにする。
2	不眠が長く続き、ベッド上で過ごすことが多いので足が弱った。めまいがひどくならないように注意して生活をしていきたい。	車いすを利用して、家族の介助負担を減らし、日常必要とされる家の中での移動ができるようにする。
3	不眠が長く続き、ベッド上で過ごすことが多いので足が弱った。めまいがひどくならないように注意して生活をしていきたい。	歩行器を利用して、家の中での移動が自分で少しでもできる機会をつくり、生活への自信につながるようにする。
4		

選定福祉用具（レンタル・販売） （1／1 枚）

	品目／機種（型式）	単位数	選定理由
①	車いす／多機能型介助式車いす	500	家の中での移動が主となることから、廊下や狭いスペースでも小回りがよい介助式車いす、ベッドからの乗り移りの際など、肘掛けや足のせが取り外せることで、からだへの負担が少なく、スムーズにおこなえる多機能型介助式車いすを選定。
②	特殊寝台／起き上がり1モーターベッド	750	不眠やめまいなどのつらいときでも、背上げ機能を利用して起き上がりができ、膝の状態がよくなったため一定の高さに設定することで立ち上がりに問題がないことから起き上がり1モーターベッドを選定。
③	特殊寝台付属品／サイドレール	25	ベッドからの転落やベッド上にて起き上がりの姿勢で過ごすときなどの支えになり、寝具の落下も防げる JIS認証規格のベッド本体と適合するサイドレールを選定。
④	特殊寝台付属品／サイドレール	25	ベッドからの転落やベッド上にて起き上がりの姿勢で過ごすときなどの支えになり、寝具の落下も防げる JIS認証規格のベッド本体と適合するサイドレールを選定。
⑤	特殊寝台付属品／マットレス	200	就寝や寝返り、起き上がりの際に、過度にからだが沈み込まない適度な硬さのマットレスを選定。
⑥	歩行器／馬蹄型歩行器	400	肘を置き、からだをあずけながら進むことができ、手元のレバーで歩行器が不意に動くことを防止できるので、ベッドからの乗り移りのときから動き出しまで自分のペースで行える歩行器を選定。
⑦			
⑧			

留意事項

①特殊寝台・付属品
ベッドの背上げの際に付属のサイドレールに手や腕を挟み込まないように十分に注意してください。
立ち上がりの際に不便を感じましたら、高さの設定を再調整いたします。
背上げする角度は、手元のリモコンにて調整できますので、体調にあわせた使用をお願いいたします。
②車いす
車いすへの乗り移りの際には車いすの横の両方の駐車ブレーキをかけて行ってください。車いすが不意に動き転倒など事故につながる可能性があります。
③歩行器
乗り移りの際には手元レバーでロックを必ず行ってください。歩行器が不意に動き転倒などの事故につながる可能性があります。廊下の曲がり角では、早めに曲がりすぎると歩行器の内側を廊下の壁などにぶつけてしまいますので、大きくふくらんで曲がるようにするとぶつからずに曲がれます。

□私は、貸与の候補となる福祉用具の全国平均貸与価格等の説明を受けました。
□私は、貸与の候補となる機能や価格の異なる複数の福祉用具の提示を受けました。
□私は、福祉用具サービス計画の内容について説明を受け、内容に同意し、計画書の交付を受けました。

日付	年 月 日
署名	印
（続柄）代理署名	（　　） 印

| 事業所名 | | 福祉用具専門相談員 | |
| 住所 | | TEL | | FAX | |

第5章 業務プロセスに関する知識と技術

5 【演習①】グループディスカッション
   ―利用者・家族とのコミュニケーション

　第3節の3利用者・家族とのコミュニケーションの(2)で取り上げた事例「福祉用具の担当を代えてほしい！」の利用者Aの心情と担当変更にいたった理由をグループディスカッションにて意見交換をして、グループ間で気づきの共有を図りましょう。

6 【演習②】ロールプレイング
   ―利用者・家族とのコミュニケーション

　第3節の3利用者・家族とのコミュニケーションの(2)で取り上げた事例「福祉用具の担当を代えてほしい！」の【コミュニケーションの考察】シーン利用者Aの「……」を前向きな言葉として引き出すためのコミュニケーションを実際にロールプレイングを通して、グループ間で共有を図りましょう。

【参考文献】

　白澤政和・岡田進一・川越正平・白木裕子・福富昌城編『介護支援専門員現任研修テキスト第4巻 主任介護支援専門員更新研修』中央法規出版、2016年

　介護支援専門員実務研修テキスト作成委員会編『六訂 介護支援専門員実務研修テキスト』一般財団法人長寿社会開発センター、2016年

　『介護報酬の解釈2 指定基準編 平成30年4月版』社会保険研究所、2018年

　一般社団法人シルバーサービス振興会監、秋山茂編『三訂 安全な福祉用具貸与のための消毒ハンドブック』厚有出版、2015年

　『車いす安全整備士養成講座講習会テキスト』

　一般社団法人シルバーサービス振興会編『新訂 福祉用具専門相談員研修テキスト 第2版』中央法規出版、2018年

　一般社団法人全国福祉用具専門相談協会編『福祉用具サービス計画作成ハンドブック 第2版』中央法規出版、2018年

第6章 総合演習

目　的

- 受講者から提出された事例を教材として用いて、福祉用具による支援におけるポイントを再確認する。
- 適切、的確な福祉用具サービス計画の作成・活用技術を習得する。

到達目標

- 福祉用具サービス計画の作成・活用における一連の手順のポイントについて、具体例をもとに説明できる。
- 事例に即して、福祉用具サービス計画を作成し、主要なポイントについて解説することができる。

1 総合演習の概要

(1) 総合演習の意義と目的

　総合演習では、これまでの講義や演習を通じての学びを活かし、自らの実践の振り返りおよび福祉用具サービスの提供における、支援のポイントの確認と説明が、適切に実施できるようにします。事例に即した福祉用具サービス計画の作成・活用における一連の手順を受講者間で相互に評価、点検し、必要に応じて福祉用具サービス計画の修正を行います。

(2) 総合演習の種類

　総合演習では、次の「事例演習」と「ロールプレイ演習」をグループワークで行います。
・事例演習①福祉用具サービス計画書作成の点検
・事例演習②モニタリング記録等の点検
・ロールプレイ演習

(3) 総合演習における留意点

　総合演習は、受講者同士が実践において培った、知識や技術、価値・倫理を「語ること」が大切です。受講者同士の専門性を交わすことが、お互いの「気づき」を得ることになります。受講者同士が学びあうため、以下に留意点を示します。

① 他の受講者の話をよく聴く

　受講者間の意見交換においては、意見の善し悪しや優劣を競う場ではありません。お互いの実践を語ることにより、「自分が経験したことのない事例の疑似体験ができる」「自分では考えていなかったような発想や方法に気づく」「自分のできているところ、足りないところに気づく」などの、気づきを得る機会になります。そのためには、受講者同士が、発言を独占せず、お互いの意見をよく聴くことが大切です。

② 批判・否定をしない

　受講者同士の意見交換で、批判や否定をしてしまうと、発言することに萎縮し、自由な意見交換ができなくなってしまいます。気づきを得ることの妨げになることと同時に、演習の目標も見失ってしまうことになります。楽しく議論することを、心がけましょう。

194

> **チェックポイント**
>
> 　気づきを得るためのポイントは、「比較」です。
> - 他者の実践と自分の実践の比較
> - 研修受講前の自分と受講後の自分　など
>
> 　例えば、前者の比較からは、自分に足りているところや足りないところに気づくことができます。また、自分の気づいていないことを意識することにつながります。これは、自分の強みや弱みを知ることになります。
>
> 　後者の比較からは、研修において身につけたことや今後取り組むことに気づくことができます。
>
> 　専門性を高めていくには、気づきから実践力を向上させていくことが重要です。実践力の向上は、福祉用具専門相談員として、質の高い福祉用具サービス等の提供につながります。

(4) グループ構成と役割分担

　グループワークの際のグループ人数は、6名から8名程度の受講者で編成することを基本としています。グループのなかで、「司会」「記録」「発表」の役割を決め、演習の進行に合わせて交代していきます。

　受講者数が、おおむね50名を超える場合には、効果的なグループワーク進行のため、ファシリテーターを配置することが望ましいと考えられます。

◎グループ演習の役割の例

役割	役割内容
司会者	・演習テーマに沿って、グループ内の意見交換の進行を行います。 ・グループメンバーの意見を引き出すため、メンバーへの発言を促します。 ・グループメンバーの意見を調整し、まとめていきます。
記録者	・グループメンバーの意見をメモします。 ・成果物の作成の際は、意見交換のメモに基づき、グループメンバーとともに、意見内容を記載していきます。
発表者	・発表者は、グループ内の意見交換内容の発表を行います。 ・発表は、グループ内の意見の発表、成果物の発表、グループ討議を通じての気づきや感想の発表、発表者自身の気づきや感想など、さまざまな機会があります。
メンバー	・テーマに沿って、意見をしっかり述べる役割です。 ・お互いの気づきを得るために、メンバーが率先して意見を述べることが重要です。
タイムキーパー	・講師やファシリテーターの設定する時間内で、グループメンバーが意見交換できるように、時間管理を行う役割です。 ・司会やメンバーへ残り時間をお知らせします。

2 事例演習の展開

(1) 「事例演習①福祉用具サービス計画書作成の点検」の進め方

　受講者が担当した事例を活用します。事例検討を行うためのものではなく、自己点検および相互点検を行い、他者の視点からの意見により気づきを得るために活用します。
　事例演習①においては、事例に基づくアセスメント、利用目標の設定、選定、福祉用具の貸与および福祉用具サービス計画の作成について、点検を行います。

【事例資料】
○福祉用具サービス計画書（基本情報、選定提案、利用計画）
　[直近のものかつマスキングがなされたもの]
○モニタリング記録
　[直近のものかつマスキングがなされたもの]
○その他、事例の説明に必要となる記録など

進め方	内容
講師説明	・事例演習の意義と目的の説明 ・事例演習の留意点の説明 ・事例演習の進め方の説明（事例説明10分、質疑応答5分）
事例の説明方法	・司会者の進行により、グループ内で事例の説明、質疑応答の進行を行います。タイムキーパーは発表者が行います。 ・事例の説明の際は、グループメンバーへ事例を配付します。 ・事例の説明の進め方 ❶事例の概要の説明（利用者基本情報に基づき、かかわりの初めからの経緯（相談内容等）、ケアマネジャーとの連携状況とケアプランの内容の説明など） ❷事例の状況の説明（利用者基本情報に基づき、福祉用具専門相談員のアセスメント内容の説明） ❸選定提案内容の説明（アセスメントの結果としての、選定提案と利用者との合意状況の説明） ❹利用計画書の説明（ニーズに対する目標の設定および選定内容、留意事項の説明）
質疑応答の方法	・質疑応答は、事例の説明がすべて終わった後に、説明のなかでより深く確認が必要な事柄や計画作成等に関する内容を確認します。
個人ワーク	・福祉用具サービス計画書点検シート（156頁参照）の活用 ・事例の説明および質疑応答に基づき、自己点検および相互点検、評価を行います。
グループワーク	・個人ワーク内容を、グループ内で発表します。 ・事例提供者は、自主点検内容およびグループメンバーからの意見や評価を受けての気づきを発表します。 ・グループメンバー間の気づきを共有します。

チェックポイント

　加齢に伴う心身機能の変化の特徴や介護が必要となる原因疾患など、福祉用具貸与サービスの活用が必要な高齢者の状態像を把握しておきましょう。
○脳血管疾患に関する事例
○筋骨格系疾患に関する事例
○認知症に関する事例
○廃用症候群に関する事例　など

　それぞれの特徴から、他職種との連携による福祉用具貸与サービスの活用に必要な留意点や支援のポイントを明らかにしましょう。

---

(2)　「事例演習②モニタリング記録等の点検」の進め方

　「事例演習①」と同様に受講者が担当した事例を活用し、他者の視点からの意見により気づきを得るために活用します。

　事例演習②においては、モニタリング時の目標達成度の評価・再計画変更等、点検を行います。

【事例資料】
○福祉用具サービス計画書（基本情報、選定提案、利用計画）
　[直近のものかつマスキングがなされたもの]
○モニタリング記録
　[直近のものかつマスキングがなされたもの]
○その他、事例の説明に必要となる記録など

進め方	内容
講師説明	・事例演習の意義と目的の説明 ・事例演習の留意点の説明 ・事例演習の進め方の説明（事例説明10分、質疑応答5分）
事例の説明方法	・司会者の進行により、グループ内で事例の説明、質疑応答の進行を行います。タイムキーパーは発表者が行います。 ・事例の説明の際は、グループメンバーへ事例を配付します。 ・事例の説明の進め方 ❶事例の概要の説明（利用者基本情報に基づき、福祉用具専門相談員のアセスメント内容の説明） ❷選定提案および利用計画書の説明（アセスメントの結果としての、選定提案と利用者との合意状況およびニーズに対する目標の設定および選定内容、留意事項の説明） ❸計画の実施状況の説明（利用計画書に基づくサービスの利用状況および利用者の変化の説明） ❹モニタリングシート（訪問確認書）の説明（モニタリングの結果の内容および目標の達成状況と再検討、総合評価）
質疑応答の方法	・質疑応答は、事例の説明がすべて終わった後に、説明のなかでより深く確認が必要な事柄やモニタリング等に関する内容を確認します。
個人ワーク	・モニタリング記録点検シート（157頁参照）の活用 ・事例の説明および質疑応答に基づき、自己点検および相互点検、評価を行います。
グループワーク	・個人ワーク内容を、グループ内で発表します。 ・事例提供者は、自主点検内容およびグループメンバーからの意見や評価を受けての気づきを発表します。 ・グループメンバー間の気づきを共有します。

チェックポイント

　モニタリングにおける心身の状況等に関する変化の把握は、利用者・家族からの聞き取りで行います。利用者・家族からの情報だけでは不十分な場合、必要に応じて利用者のケアチームのメンバーである、保健医療福祉の専門職等との連携により、情報の収集を行います。

　モニタリングの結果は、利用者・家族へ説明を行うとともに、ケアマネジャーを始めとする、利用者を中心としたケアチームメンバーとも共有することが望まれます。そうすることにより、安全かつ効果的な福祉用具サービスの提供をケアチームとして実施することが可能になります。

(3) 研修の進め方（例）点検シートを用いた演習

　本書掲載の点検シート（156・157頁参照）を用いて、事例の点検・評価を行います。点検・評価を通じて得た気づきを今後の実践に活かします。

指導項目	概要	進め方（例）	指導方針	教材
導入 （2分）	・あいさつ ・事務的な連絡など			
演習1 （110分）	・点検シートを用いての事例の評価（3事例） 　（事例演習①または②）	・評価 ・グループ内発表	・相互の気づきの共有	・事例2～6
演習2 （110分）	・点検シートを用いての事例の評価（3事例） 　（事例演習①または②）	・評価 ・グループ内発表	・相互の気づきの共有	・事例2～6
発表準備 （20分）	・発表準備		・理解してもらえる発表	
発表 （50分）	・代表1事例の点検状況と気づきの発表		・伝える力を重要視する	
まとめ （2分）	・講師による全体のまとめ ・質疑応答			

3 ロールプレイ演習の展開

(1)「ロールプレイ演習」の進め方

　ロールプレイは、現実の状況や架空の状況を設定し、特定の役割を演じることでその役割にあった発言や動作を体験する経験学習の一つです。ここでは役割の疑似体験を通じて、以下の気づきを得ることを目的とします。

① 自分の実践の振り返り
② 利用者・家族の立場や思いの理解を促進
③ ケアチームの一員としての福祉用具専門相談員

【事例資料】
○福祉用具サービス計画書（基本情報、選定提案、利用計画）
　［直近のものかつマスキングがなされたもの］
○モニタリング記録
　［直近のものかつマスキングがなされたもの］
○その他、事例の説明に必要となる記録など

進め方	内容
講師説明	・ロールプレイ演習の意義と目的の説明 ・ロールプレイ演習の留意点の説明 ・ロールプレイ演習の進め方の説明 　（場面設定：利用者・家族への福祉用具サービス計画の説明） 　（活用事例：代表事例）
役割決めと役づくり	・利用者・家族役チームと福祉用具専門相談員役チームに分かれて役づくりを行います。 ・利用者・家族役チームは、利用者はどのような人か、サービス利用にあたりどのような気持ちをもっているのか、また、家族はどのような支えを行っていく人なのか、それぞれの利用者・家族になり、役づくりをします。

	・福祉用具専門相談員役チームでは、利用者の状況からどのように福祉用具サービス計画の説明を行い、利用者の意向を確認しつつ、福祉用具サービス計画への同意を得るようにするか、留意点等の確認を行う役づくりをします。
ロールプレイの実施①	・利用者役、家族役、福祉用具専門相談員役以外は、観察者になります。 ・観察者は、ロールプレイの実施状況を文字どおり観察し、福祉用具専門相談員の説明の状況(説明の進め方、説明の仕方、利用者や家族の意向、福祉用具サービス計画の同意)、利用者・家族の様子などの観察を行います。 ・ロールプレイ時間は、20分／回です。
グループワーク振り返り①	・ロールプレイを実施してみての気づきの意見交換を行います。 ・利用者役、家族役、福祉用具専門相談員役、観察者役、それぞれの立場からの気づきや感想を述べます。 ・ロールプレイにおける気づきや感想から、実際の説明の場面における留意点を意見交換します。
ロールプレイの実施②	・①とは別に役割を決めます。 ・先ほどの実施後の振り返り内容に留意して、ロールプレイを実施します。 ・ロールプレイ時間は、20分です。
グループワーク振り返り②	・ロールプレイの実施②の内容に基づき、気づきや感想の意見交換を行います。 ・グループワーク振り返り①と同様に、留意点について意見交換を行います。

(2) 「ロールプレイ演習」の展開

　ロールプレイ演習においては、利用者・家族への説明場面以外に、多職種協働場面におけるロールプレイも効果的です。具体的には、サービス担当者会議における福祉用具専門相談員の役割や、地域ケア会議等への参加場面です。

> **チェックポイント**
> ◎サービス担当者会議場面におけるロールプレイ(例)
> 【準備物】
> ア．ケアプラン(居宅サービス計画書)(1)(2)　週間サービス計画表
> イ．福祉用具サービス計画書(基本情報、選定提案、利用計画)
> ウ．その他、家屋図(写真)など
> 【役割決め】
> 　ケアプランに位置づけられている、利用者、家族、福祉用具専門相談員、ケアマネジャー、主治医、訪問看護、訪問介護、訪問リハビリテーション、通所介護、通所リハビリテーションなどの各担当者の役割を担います。
> 【ロールプレイの実施】
> 　ケアマネジャーの進行により、サービス担当者会議のロールプレイを行います。会議の進行例は次のとおりです。
> 　① 開会のあいさつと自己紹介
> 　② 課題分析状況と利用者の意向表明
> 　③ ケアプラン原案の説明
> 　④ 各サービス担当者からの、ケアプラン原案に係る専門的意見の聴取

(福祉用具専門相談員は、ケアプラン原案に基づく目標やサービス内容と福祉用具サービスに係る利用者の意向の確認を行います。意向や課題分析状況から、どのような福祉用具の活用が望ましいか、提案や説明を行います。)
⑤　ケアプラン原案の修正と合意
⑥　次回開催時期の確認と閉会

【振り返り】
　サービス担当者会議場面における、福祉用具専門相談員から福祉用具サービスに関する説明や目標に対する福祉用具選定の提案などの実施状況の確認を行います。また、ほかの専門職との連携状況と役割分担の確認を行います。

(3) 研修の進め方（例）点検シートによる事例の点検と模擬サービス担当者会議演習

　点検シートを用いた点検・評価を踏まえ、その内1事例を活用して、模擬サービス担当者会議を実施します。

指導項目	概要	進め方（例）	指導方針	教材
導入 （5分）	・あいさつ ・事務的な連絡など			
演習1 （110分）	・点検シートを用いての事例の評価（3事例） （事例演習①または②）	・評価 ・グループ内発表	・相互の気づきの共有	・事例2〜4
発表準備 （20分）	・発表準備		・理解してもらえる発表	
発表 （35分）	・代表1事例の点検状況と気づきの発表		・伝える力を重要視する	
演習2 （100分）	・ロールプレイング	・評価 ・グループ内発表	・相互の気づきの共有	
発表 （20分）	・気づきの共有		・理解してもらえる発表	
まとめ （10分）	・講師による全体のまとめ ・質疑応答			

(4) 研修修了時の確認ポイント

・福祉用具サービス計画の作成・活用における一連の手順のポイントについて、具体例をもとに説明できるか。
・事例に即して、福祉用具サービス計画を作成し、主要なポイントについて解説することができるか。

【参考文献】
中井俊樹編著『シリーズ大学の教授法 3 アクティブラーニング』玉川大学出版部、2015年
介護支援専門員実務研修テキスト作成委員会編集『六訂 介護支援専門員実務研修テキスト（下巻）』一般財団法人長寿社会開発センター、2016年
一般社団法人全国福祉用具専門相談員協会編集『福祉用具サービス計画作成ガイドブック 第2版』中央法規出版、2018年
一般社団法人シルバーサービス振興会編集『新訂 福祉用具専門相談員研修テキスト 第2版』中央法規出版、2018年

索引

アルファベット

ADL　85
AI　129
BPSD　65
HDS-R　58
IADL　85
ICF　57
ICIDH　57
ICT　129
IoT　129
JIS　16
MCI　63
QOL　58
SG　16
WHO　57

あ

アサーション　78
アセスメント　136
アルツハイマー型認知症　62

い

移乗動作　125
移動・移乗介護　96
移動用リフト　35, 119

お

起き上がり　83

か

臥位　81
介護医療院サービス　32
介護給付　23, 36
介護サービス情報　28
介護支援専門員　21
介護負担の軽減　17
介護報酬　25
介護保険施設　32

介護保険審査会　29
介護保険法　20
介護予防サービス　32
介護予防サービス計画　21
介護予防サービス計画費　25
介護予防サービス費　25
介護予防支援　33
介護予防住宅改修費　25
介護予防福祉用具購入費　25
介護予防福祉用具貸与　10, 33
介護ロボット　131
回収　177
改訂長谷川式簡易知能評価スケール　58
確認検査　177
簡易浴槽　123

き

記憶障害　65
基本情報　138
共生型サービス　33
居宅介護サービス計画費　24
居宅介護サービス費　24
居宅介護支援　32
居宅介護住宅改修費　24
居宅介護福祉用具購入費　9, 24
居宅サービス　30
居宅サービス計画　21

く

車いす　35, 115
…（ロボット技術）　130
車いす付属品　35, 115
訓練等給付　36

け

ケアチーム　161
ケアプラン　171
ケアマネジメント　158
ケアマネジャー　21
計画相談支援給付　39

軽度認知障害　63
血管性認知症　62
見当識障害　65

こ

更衣介護　94
高額介護サービス費　24
高額介護予防サービス費　25
後期高齢者医療制度　41
後縦靱帯骨化症　53
行動・心理症状　65
高齢者医療確保法　41
高齢者の医療の確保に関する法律　41
国際障害分類　57
国際生活機能分類　57
腰掛便座　123
骨粗鬆症　54
コミュニケーション　180
…（異質性）　78
…（カンファレンス）　79
…（ケアチーム）　71
…（所属組織や他機関の人）　72
…（地域包括ケアシステム）　72
…（チーム形成と運営）　78
…（認知症の人）　66
…（福祉用具専門相談員と家族）　75
…（福祉用具専門相談員と利用者）　74
…（福祉用具専門相談員と利用者・家族）　76
…（利用者や家族）　71
コミュニケーション技術　68
梱包　177

さ

サービス担当者会議　160, 163
座位　82
財源構成　29

し

支給限度基準額　26
施設介護サービス費　24

施設サービス　32
市町村特別給付　23
実行機能障害　65
失語　65
失行　65
失認　65
自動運転　129
自動排泄処理装置　35, 124
住所地特例　20
住宅改修　31, 100
修理　177
手段的日常生活動作　85
障害高齢者の日常生活自立度　140
障害者総合支援法　30, 36
障害者の日常生活及び社会生活を総合的に支援するための法律　30, 36
生涯発達　55
消毒　177
情報サポート　71
情報通信技術　129
食事介護　90
自立支援医療　36
自立支援給付　36
心筋梗塞　51
人工知能　129
心理的サポート　71

す

水洗ポータブルトイレ　129

せ

生活習慣病　51
生活の質　58
整容介護　95
生理的変化　52
世界保健機関　57
脊髄小脳変性症　50
脊髄損傷　53
洗浄　177
全身性生理的変化　50
選定提案　141

選定提案書　184
前頭側頭型認知症　63

た

第1号被保険者　21
体位変換器　35, 115
大腿骨頸部骨折　52
第2号被保険者　21
多系統萎縮症　51
多職種連携　46, 166
立ち上がり　83
多点杖　121

ち

地域共生社会　44
地域ケア会議　46, 167
地域支援事業　27
地域生活支援事業　39
地域相談支援給付　37
地域包括ケアシステム　4, 43
地域包括支援センター　27
地域密着型介護サービス費　24
地域密着型介護予防サービス　33
地域密着型介護予防サービス費　25
地域密着型サービス　31
チームアプローチ　79, 161
中核症状　65

て

適応機制　56
手すり　117

と

糖尿病性神経障害　51
糖尿病性腎症　51
糖尿病性網膜症　51
特殊寝台　35, 114
特殊寝台付属品　35, 114
特定介護予防福祉用具販売　11, 33

特定健康診査　41
特定福祉用具販売　11, 31
特定福祉用具販売計画　3
特定保健指導　41
床ずれ防止用具　35, 114

に

日常生活動作　85
日常生活用具　12
日本工業規格　16
入浴介護　92
入浴補助具　122
認知症　62, 108
認知症高齢者の日常生活自立度　64, 140
認知症老人徘徊感知機器　35, 119

ね

寝返り　83

の

脳血管疾患　51
脳卒中　104

は

パーキンソン病　50, 106
バーセル・インデックス　60
パーソンセンタードケア　62
バイステックの7原則　179
排泄介護　91
廃用症候群　54
搬送　177
搬入　177

ひ

被保険者　20

ふ

福祉用具サービス計画書　136
福祉用具専門相談員　2
…の仕事内容　2
福祉用具貸与　10, 30
福祉用具貸与価格の適正化　6
福祉用具貸与計画　3
福祉用具の機能　112
福祉用具の研究開発及び普及の促進に関する法律　8, 42
福祉用具の再生　176
福祉用具の定義と種類　8
福祉用具分類コード95　15
福祉用具法　8, 42
ふくせん版福祉用具サービス計画書　138
ふくせん福祉用具サービス計画書（基本情報）　151, 190
ふくせん福祉用具サービス計画書（選定提案）　152, 185
ふくせん福祉用具サービス計画書（利用計画）　153, 191
ふくせんモニタリングシート（訪問確認書）　154
ふくせん様式　138
フレイル　50

へ

閉塞性動脈硬化症　51
変形性関節症　53
変形性頸椎症　53

ほ

防衛機制　56
保管　178
保険者　20
保険料　29

歩行　84
歩行器　120
…（ロボット技術）　130
歩行補助つえ　121
補装具　12, 36

ま

またぎ　84
慢性閉塞性肺疾患　52

も

モニタリング　146

よ

予防給付　23

り

立位　83
リハビリテーション　57
利用計画　144
利用者負担　26
倫理綱領　4

れ

レビー小体型認知症　63

ろ

老人日常生活用具　42
老人福祉法　40
ロコモティブ・シンドローム　52, 86
ロボット技術　129

編集委員

白澤政和
桜美林大学大学院老年学研究科教授

東畠弘子
国際医療福祉大学大学院福祉支援工学分野教授

渡邉愼一
一般社団法人日本作業療法士協会制度対策部福祉用具対策委員会委員長

執筆者（五十音順）

加島守（かしま　まもる） ……………………………………………… 第5章第1節
高齢者生活福祉研究所所長

金沢善智（かなざわ　よしのり） ……………………………………… 第4章第1節
株式会社バリオン代表取締役

久留善武（くどめ　よしたけ） ………………………………………… 第1章第1節
一般社団法人シルバーサービス振興会事務局長

後藤真澄（ごとう　ますみ） …………………………………………… 第3章第4節1
中部学院大学看護リハビリテーション学部教授

白澤政和（しらさわ　まさかず） ………………………………………… はじめに
桜美林大学大学院老年学研究科教授

飛松好子（とびまつ　よしこ） ………………………………………… 第3章第1節
国立障害者リハビリテーションセンター総長

内藤佳津雄（ないとう　かつお） ……………………………………… 第3章第2節
日本大学文理学部教授

中井孝之（なかい　たかし） …………………………………………… 第2章第5節
一般社団法人シルバーサービス振興会常務理事

成田すみれ（なりた　すみれ） ……………………………… 第5章第2節、第6章
社会福祉法人いきいき福祉会総合施設長

東祐二（ひがし　ゆうじ） ………………………………… 第4章第2節・第3節
国立障害者リハビリテーションセンター研究所障害工学研究部部長

東畠弘子（ひがしはた　ひろこ） ……………………………………… 第5章第1節
国際医療福祉大学大学院福祉支援工学分野教授

肥後一也（ひご　かずや） ……………………………………… 第5章第3節
株式会社カクイックスウィング鹿児島営業所所長

村山尚紀（むらやま　なおき） ………………………………… 第5章第2節、第6章
社会福祉法人芳春会ビオラ和泉施設部部長

山田美代子（やまだ　みよこ） ………………………………… 第3章第3節
西片医療福祉研究会代表

吉田節子（よしだ　せつこ） …………………………………… 第3章第4節2・3
ユマニテク看護助産専門学校校長

渡邉愼一（わたなべ　しんいち） ……………………………… 第1章第2節・第3節
一般社団法人日本作業療法士協会制度対策部福祉用具対策委員会委員長

福祉用具専門相談員更新研修（ふくせん認定）テキスト

2019年1月10日　発行

監　修	一般社団法人　全国福祉用具専門相談員協会
	一般社団法人　シルバーサービス振興会
発行者	荘村　明彦
発行所	中央法規出版株式会社
	〒110-0016　東京都台東区台東3-29-1　中央法規ビル
	営　　業：TEL03-3834-5817　FAX03-3837-8037
	書店窓口：TEL03-3834-5815　FAX03-3837-8035
	編　　集：TEL03-3834-5812　FAX03-3837-8032
	https://www.chuohoki.co.jp/

装幀・本文デザイン	ケイ・アイ・エス
本文イラスト	小牧良次
印刷・製本	株式会社太洋社

ISBN978-4-8058-5827-1

本書のコピー、スキャン、デジタル化等の無断複製は、著作権法上での例外を除き禁じられています。また、本書を代行業者等の第三者に依頼してコピー、スキャン、デジタル化することは、たとえ個人や家庭内での利用であっても著作権法違反です。

定価はカバーに表示してあります。
落丁本・乱丁本はお取り替えいたします。